世纪波
Century Wave

特里·莫里森
［美］韦恩·A. 康纳维 著　　魏春宇 赵 雪 译
乔治·A. 伯顿

国际商务礼仪指导手册

亲吻、鞠躬、握手或拥抱

KISS, BOW, OR SHAKE HANDS

The Bestselling Guide to Doing Business in More Than 60 Countries

電子工業出版社
Publishing House of Electronics Industry
北京·BEIJING

版权贸易合同登记号 图字：01-2005-5932

图书在版编目（CIP）数据

国际商务礼仪指导手册：亲吻、鞠躬、握手或拥抱 /（美）特里・莫里森（Terri Morrison），（美）韦恩・A.康纳维（Wayne A. Conaway），（美）乔治・A.伯顿（George A. Borden）著；魏春宇，赵雪译. 一北京：电子工业出版社，2020.4

书名原文：KISS, BOW, OR SHAKE HANDS: The Bestselling Guide to Doing Business in More Than 60 Countries

ISBN 978-7-121-38436-3

Ⅰ. ①国… Ⅱ. ①特… ②韦… ③乔… ④魏… ⑤赵… Ⅲ. ①商务－礼仪 Ⅳ. ①F718

中国版本图书馆 CIP 数据核字(2020)第 028766 号

责任编辑：杨振英　　文字编辑：孙润月
印　　刷：三河市鑫金马印装有限公司
装　　订：三河市鑫金马印装有限公司
出版发行：电子工业出版社
　　　　　北京市海淀区万寿路 173 信箱　邮编：100036
开　　本：720×1000　1/16　印张：27.5　字数：478 千字
版　　次：2020 年 4 月第 1 版
印　　次：2020 年 4 月第 1 次印刷
定　　价：128.00 元

凡所购买电子工业出版社图书有缺损问题，请向购买书店调换。若书店售缺，请与本社发行部联系，联系及邮购电话：（010）88254888，88258888。

质量投诉请发邮件至 zlts@phei.com.cn，盗版侵权举报请发邮件至 dbqq@phei. com.cn。
本书咨询联系方式：（010）88254199，sjb@phei.com.cn。

序　言 Preface

现代商业的繁荣与成功与全球化密不可分，拒绝外国市场带来的机遇无异于扼杀企业的未来。

全球化，究其定义，需要你同其他国家或地区的人们打交道，与他们买卖商品。这些人很可能讲不同的语言，持有迥异的文化态度，拥有别样的历史背景。如果你用与国内公司接触的方式与他们打交道、做买卖，那显然是行不通的。

在全球化营销策略中拥有多元文化的意识至关重要，本书即为激发这一意识而著。

当然，一本书不可能写尽一位执行人员在海外遇到的所有情况——那需要数倍于此的篇幅才能加以陈述。但是，目前它的确囊括了如何成功地向海外拓展业务的所有必要信息。

换言之，对于自己所在的企业，你可能从里到外、从前到后都比别人熟悉。然而一旦你踏出国际航班的机舱，这些专业知识就不足以制胜了。如果你对国外的商业惯例、谈判技巧、认知方式及其社会习俗一无所知，那么最终的结局无疑就要以失败告终了。

事实上，不了解这些信息就漂洋过海去做生意，不亚于不带撑杆就去滑雪。运气好的话你可能暂时遇到平坦的滑坡，但是当最终加速的时候，你肯定会跌倒。因为，你在自己还没有起步时，就已经将自己置于不利境地了。

把握住有利时机，读完本书以后再去实施自己的全球营销计划吧。

汉斯·库伯勒

沃顿出口网络公司董事

前　言 Introduction

现在，你已经决定融入全球化的大潮流了！

这不失为一个明智之举。不论你的国内市场有多么广阔，在浩瀚的国际市场面前也会相形见绌。

大多数蒸蒸日上的公司已经取得共识，共同付诸努力迈向全球化。但同时也会面临种种难题。例如：

- Thom McAn 是一家出售鞋类的老牌公司，所出售的鞋子都带有“Thom McAn”字样的标识，不过字迹模糊难辨。但正是这样的字迹在公司将产品打入孟加拉国的时候引发了一场暴乱，将近 50 多人因此受伤。因为 Thom McAn 的字样看起来颇似阿拉伯语中的“阿拉”。愤怒的穆斯林认为 Thom McAn 通过卖这样的鞋以使孟加拉人走路时践踏和玷污真主。这对任何文化而言都称得上是一种侮辱，在孟加拉国尤其如此，因为双脚在这个国度被视为不洁之物。
- 福特汽车公司在向巴西推广福特“Pinto”系列时非常不成功。公司没有意识到“Pinto”在葡萄牙语中有粗俗的含义，所以毫不奇怪，没有人愿意与某种粗俗含义产生联系。（福特后来更换了名称，才得以挽回投资损失。）

这些事例说明，一步走错可能导致企业在国外的营销努力满盘皆输。本书将引领你避免重蹈覆辙，不犯他人曾犯下的错误。

本书的每一章都集中讲述一个国家或地区的商务礼仪，每一章都分为四个部分。“基本资料”涵盖一些基本信息：语言、宗教等。“商业惯例”讲述你在特定国家或地区做生意会遇到的情况：时间观念，如何会面，如何谈判，等等。不论是到国外旅行还是招待访问者，“社交礼仪”都可以作为你同当地人打交道时的行为指南，这个部分包括问候方式（接吻、鞠躬或握手）、称呼方式、肢体语言，以及如何赠礼。最后一部分是“文化定位”，它从学术的角度探讨文化间的交流，这部分内容将在下面具体阐述。

记住，你要与之打交道的是不同的个体，每一条真理都有例外。例如，书中说大多数日本行政官员都很保守、彬彬有礼、十分安静，很少表露情绪。但是，你也可能在某地遇到一个大嗓门且频繁使用手势的日本人，其激烈的情绪与专横的性格可能使你惊讶。书中虽然未加陈述，但并不意味着这样的人不存在。

交流的过程是动态发展而非静止不变的。文化间交流的成功与否取决于你自身，以及你的信息质量。本书为你提供了最新、最优秀的信息，教你有效应对开拓国际市场时可能遇到的商业和社交行为。

文化定位 *Cultural Orientation*

本书中的近60个国家（地区）都设有“文化定位”的内容。文化定位这一学习领域为我们提供了理解与预测文化间冲突的模式。但是，模式毕竟只是一种理论，有关我们行为发生的根源还有待于继续发掘。

此外，交流发生的载体是个人，而不是整体的文化，很少有哪个个体能够完美地代表自己的文化。美国人通常用名字称呼彼此，这个习惯在大多数国家或地区都不流行。但是，也有许多美国人习惯用正式的礼节，喜欢用姓氏及头衔称呼他人。这不会有损于他们作为美国人的地位，只不过是他们个性化的体现而已。

文化定位这一模式到底对你有何裨益呢？

它会帮助你预测特定文化中的人群讲话、行动、谈判及做决策的方式。现实中我们与之打交道的都是不同的个体，极容易出现差异。例如，一个德国人可能被本国同事称为 Ernst Schmidt 博士，但是面对美国顾问时，他会这样介绍自己：“叫我 Ernst 吧。”这显然不是德国标准的称呼方式，但是既然要同美国行政人员经常共事，他就必须试着适应美国的称呼方式，好让对方感觉更舒服。

既然许多外国人都采用美国人的行为方式，为什么美国的执行人员还要学习国外的方式呢？这里有许多原因。首先，有些外国商人不能或不愿仿效美国模式。若把他们从全球化的计划中排除出去，你能承受为此带来的损失吗？其次，你可能打算向国外市场里的普通大众出售商品，这些消费者当然不会与美国消费者拥有同样的习惯与品位。再次，尽管上文中提到的 Ernst 先生的行为及说话方式似乎与我们相同，但其实不然。他不是用英语思维的，而是用德语思维的。对德国人做决策的方式加以了解会使你处于有利地位。难道我们不需要在每一个商业环境中处于优势地位吗?

以下是文化定位部分的详细讲解。

认知形式：我们组织并传递信息的方式

“认知”一词指的是思维，所以“认知形式”指的是思维模式。我们都会有意识地接受信息。有些信息只是废话，我们将此忽略不计；有些信息没有价值，我们听过就忘；有些信息总是需要我们在接受与忽略之间做出抉择。

（1）认知形式方面的研究表明，人的思维分为两类，一类是开放型思维，另一类是封闭型思维。开放型思维的人在做决策之前总是搜寻更多的信息，而封闭型思维的人经常管中窥豹——只着眼于一小部分信息，而忽略了其余的数据。

有些文化定位方面的专家认为，美国和加拿大的公民属于封闭型思维，此结论可能让你感到吃惊。

开放型思维的人更容易看到问题的相对性。他们承认对所有的问题不是全然了解，所以在做出正确决定之前需要学习。坦白来说，世界上没有多少文化能够做到这一点。大多数文化孕育出了封闭型思维模式的人。

例如，一些神权国家孕育出了封闭型思维的人，这种文化有一个特征：上帝会告诉你什么是重要的，此标准范围之外的事物都是可以忽略的。从商业的角度来看，这是一个弱点。比如说，伊斯兰教禁止在借贷上加收利息。对于他们，这一点无可辩驳：收利息是错误的。但很显然，经营一家现代银行而不收利息是非常困难的。

为什么说加拿大人和美国人属于封闭型思维?

设想阿拉伯国家的人告诉北美人：美国是邪恶的，应该将其变成一个神权国家。北美人很可能嗤之以鼻。把美国变为神权国家？无稽之谈！知道吗，美国国父们创建国家时奉行的一个神圣信条就是政教分离。

北美人是属于封闭型思维的，他们甚至拒绝考虑穆斯林式的推理模式。然而真正的开放型思维的人会考虑这一提议，思考过后才会驳斥这一提议的可行性，但那也是在经过全面的评价之后。

事实上，想学习文化定位的人应该对这些问题加以考虑。大多数商业人士会想当然地认为美国不应该成为一个神权国家，但是对此话题加以考虑能够引发一系列的有益思考，可能其中最重要的一点是应该意识到并不是世界上所有的国家都会认同美国政教分离的理念。政教分离是典型的西方观点，是欧洲在经历新教革命引发的数百年宗教战争之后得出的理念。

实际上，只要一切正常，多数文化都会孕育出封闭型思维的公民，经常对人们思维模式变得开放会造成巨大灾难。

（2）认知形式的另一个方面是讲述人们如何传递信息。我们将处理信息的方式分为联想式和抽象式。

联想式思维的人通过个人经验过滤新信息。新信息（我们称为 X）只能通过相似的过往经验加以理解（这新的 X 是否类似于过去的 A 或 B，或者 C?），如果 X 与过去的任何经验都不相似怎么办？联想式思维的人仍然会继续用其他事物对新信息进行分类。（X 是 B 的另一种情况。）而抽象式思维的人能够对任何全新的信息处理。抽象式思维的人在接触新信息的时候，不会将其与任何过往经验混淆。（它既不是 A，也不是 B 或 C，它是全新的，是 X!）抽象式思维的人更倾向于推理信息，用假设的情形考虑事物。（“我从来没有遇到过 X，但是我读过这方面的书，知道这些事如何发生发展。”）

（3）文化没有优劣之分。但是，有些文化注重抽象式思维，有些则注重联想式模式，这大多与教育体系有关。死记硬背的教育体系容易培养出联想式思维模式，而注重解决问题的教育体系能够开发出抽象式思维。科学方法在很大程度上源于抽象式思维模式，美国和加拿大都培养出了众多的抽象式思维者。

最后一个分类是关于人们在思维及行动中的关注点。人们被分为两种：一种关注特性，一种关注共性。关注特性的人认为人际关系比遵守法律法规更为重要；关注共性的人倾向于遵守法律法规，认为人际交往并不像担负对企业、对社会及对权威的职责那般重要。

毫不奇怪，这些分类与相应的模式结合在一起，并行不悖。抽象思维者经常实施共性行为，因为抽象思维容易超越人际关系，而更多地着眼于“对社会有益”。（这是非常抽象的理念。）

谈判策略：我们接受事实的方式

通常来讲，我们认为每个人都会根据如何获得自己的最大利益而采取行动。（明明是一桩好生意，他却对其加以拒绝。这不在本书讨论的范围之内，这属于心理学！）问题是：我如何才能判定这是不是一桩好生意？或者从更广泛的意义上来说，什么是我能够接受的事实依据？

不同的文化接受事实依据的方式不尽相同。这些方式可以归根结底区分为信仰、事实、情感。

依据信仰行事的人会依赖宗教或政治意识形态。举例来说，一些小国信仰自给自足。人们有时对极有好处的生意加以拒绝，仅仅因为他们想让本国人民的力量参与其中。你能提供的物美价廉的产品可能并不重要，重要的是他们认为自己民众生产出来的产品质高一筹，尽管事实上可能这种产品质量很差、价格昂贵。向这种人陈述事实无异于浪费时间，因为他们的信仰脱离事实而存在。

相信事实的人希望你用证据支持你的论点。与他们打交道更有预测性，如果你的价位很低，那么这桩生意就归你了。

相信情感的人在世界上普遍存在。这种人凭本能行事，为了同他们做生意，你需要让他们喜欢你。你可能需要花费很长时间才能与他们建立人际关系，但是一旦关系建立，就将是一种稳固的联系。他们不会轻易转向同你竞争的公司。

价值体系：行为的基础

每一种文化都有区分正误善恶的体系。概括评价价值体系之后，本部分详述文化的三个价值体系分类（决策核心、减压之道及平等与不平等问题）。以下三个部分将确定主流文化的价值体系——用以区分正误善恶的方法。

决策核心

本部分探讨一种文化在多大程度上将个人主义与集体主义对立。有些国家，如美国，比较盛行个人主义。而有些国家，如中国，则比较崇尚集体主义。美国人在做决策的时候只考虑自己，而中国人大多遵循集体主义观念行事。

在一系列同心圆中间，可能存在一个决策的圆心。在中心地带，在最小的圆圈里面，存在的是每个个体。其次稍大的圆圈是家庭，许多文化都希望个体在每一次决策中都考虑“什么对我的家庭最有益处”。接下来的圆圈代表更大的群体，它可以是一个种族、一种宗教，甚至是一个国家。有些文化希望个体能够对整个延伸群体的最大利益加以考虑。

当然，当一个人代表的是一家公司时，公司的最大利益就是至关重要的。

减压之道

地球上的每一个人都在承受压力。如何处理？怎样减压？

对于人们追求的安全感和稳定感，我们可以将之归类为四个类别：人际关系、宗教、科技、法律。人们经常将各种类别合而为一，加以使用。

必须对一桩重要生意做出决策的人不可避免地要承受压力。如果这个人是你的客户，了解减压之道会帮助你明白他会向谁寻求帮助或建议。确实，他们会经常求助于自己的人际关系网络。

平等与不平等问题

所有的文化都包含一个重要特征：权力的划分。谁掌控政府？谁操纵商业资源？

“人人生而平等”是美国的神圣信条。尽管如此，这个国家针对许多群体仍然存在歧视。

所有的文化都有自己的弱势群体。这些弱势群体可以依据经济地位、种族或性别加以定义。一般而言，工业化最先进的国家拥有庞大而稳定的中产阶级。许多国家的状况都是富裕的精英分子占少数，大量民众都处于贫困交加的最底层。

本部分还分析了男女平等问题。对一个女性商人来说，了解外国妇女的状况很有用处。

永远不要忘记，以上介绍的文化模式未必适用于所有与你打交道的个体。不妨把这本书当作一个向导，以灵活开放的态度处理我们在国外遇到的新问题。

目　录 Contents

阿根廷 Argentina

文化注释

在阿根廷受西班牙控制的时期，其移民主要由西班牙人组成。获得独立后，遍布欧洲的移民纷纷涌入。新的阿根廷民族不但包括西班牙人，还包括意大利人、英格兰人、爱尔兰人、德国人、波兰人、犹太人和乌克兰人。移民现象至今还在继续，但是移民主要来自太平洋周边国家。

基本资料

语言

官方语言是西班牙语，许多人也讲英语、意大利语或其他语种。阿根廷人讲的西班牙语很大程度上受意大利语的影响，与欧洲大陆其他地方的西班牙语不大相同。

宗教

教堂与政体相互独立，但是 90%的人口视自己为罗马天主教徒。犹太教徒和新教徒各占 2%。

文化定位

认知形式：阿根廷人组织并传递信息的方式

阿根廷人受到欧洲思维模式的强烈影响，比起大多数拉丁美洲国家的人来说，他们不太乐于接受新思想的讨论。受过高等教育的人更倾向于抽象思维，尽管联想式或基于经验的思维模式更加实用。阿根廷人受强烈的个人关联影响，对事件结果的关注重于对事件本身。

谈判策略：阿根廷人接受事实的方式

在各种力量的情感、信仰与事实之间注定存在冲突。阿根廷人看待问题容易从主观的角度出发，但是这些主观情感通常会受一定意识形态下（主要指天主教、政治派别或种族优越感）的信仰的影响，只要事实不与情感或信仰相冲突就能被接受。但是，外来者可能永远也意识不到这一点，因为阿根廷人很难公开地对他们所喜欢的人的意见表示异议。

价值体系：行为的基础

阿根廷人有强烈的人道主义价值观，但是拜金主义的思潮也导致了一个更加物质化的社会的形成。以下三个部分刻画了阿根廷主流文化的价值体系——他们区分正误善恶的方法。

决策的核心

决策通常由个体做出，但是个体在每一项决策中都会考虑更大群体的最大利益。最受尊敬的群体是个体的大家庭，这是一个人赢得个性认同的源泉。亲戚和朋友在决策过程中会起很重要的作用。

减压之道

尽管老一辈依赖教堂和大家庭来寻求稳定，年青一代却把重心放在对社会结构的信仰上。这有时候会导致他们对强势政治人物或意识形态产生不切实际的效忠情绪。

平等与不平等问题

有权力的人会认为自己被赋予了一切特权。尽管大男子主义依然强烈，但是这种情绪正遭受来自各个层面的挑战。现在，接受教育的女性多于男性，女性在政治及商业领域也在扮演着重要角色。

商业惯例

约会

准　时

- 拜访者务必要准时。但是，不要期待阿根廷人同样守时。一般来讲，接见者的地位越重要越有可能让你久等。
- 记住，不同的社交场合有不同的规则。晚宴或聚会时，即使是北美人也应该迟到 30～60 分钟，按时到达被视为一种不礼貌的行为。但是对于午餐或按时间表开始的事件（如戏剧）则务必要准时。
- 当需要知道阿根廷人是否期望你按时出现时，你可以询问：“¿En punto?”（准时吗？）

- 切记，许多欧洲人和南美人在书写日期时，通常按照日、月、年的顺序（例如，1999 年 12 月 3 日被写成 3-12-99）。阿根廷也遵从此惯例。
- 在阿根廷的初次约会不妨约见一位业内交游广泛的人士，此乃明智之举。这种人士会为你开启商业大门，在很大程度上铺平你做生意的道路。你可以通过大使馆或公司的法律、会计事务机构得到一份重要人士或当地代表人物的名单。
- 以前阿根廷的电话系统不可靠，所以预定约会的方式更倾向于发邮件而不是打电话。阿根廷多年来电话服务状况恶劣，因此阿根廷人已经习惯于不事先打电话就登门造访，如果主人不在，他们会留下一张便条。
- 阿根廷行政人员一天的工作时段可能非常长，经常持续到 22：00。在 20：00 召开商务会议也毫不罕见。

谈判

- 阿根廷的谈判进度通常比美国缓慢。历经数个回合才达到目标不足为奇。
- 业务进程缓慢的原因之一是阿根廷是一个高度官僚化的国家，并且是一个极其乐于诉诸法律诉讼的国度。每一项决定都必须数人首肯才能获得通过。
- 私人交情远比公司之间的交往更为重要。每次公司更换代理人都无异于使各项业务又重新回到起跑线上。在能够开展业务之前必须建立新的私人交往关系。
- 不论何时，你想与阿根廷政府打交道都必须由一位阿根廷联络人充当媒介。没有这样的联络人，你可能连一次约会也不能搞定。
- 不要以为一旦某项合同的一部分达成协议就意味着这部分可以束之高阁了。不到合同全部签订，任何一部分都可能重新谈过。

商务款待

- 商务宴会很流行，一般都在饭店里举行。对比来讲，阿根廷人很少邀请客人到家中用餐。
- 在召唤侍者时，举起手伸展食指，或者直接呼喊 mozo（男侍者）或 moza（女侍者）。不要采用当地习俗用类似亲吻的声音吸引侍者，这种做法尽管常见，其实被视为不礼貌。
- 除了在布宜诺斯艾利斯，谈生意很少共进午餐，因为大多数阿根廷人都回家吃午餐。
- 阿根廷人通常不在用餐的时候讨论生意，因为用餐被视为单纯的社交场合。
- 因为晚餐 22：00 才开始（周末更晚），所以 16：00—18：00 阿根廷人会喝些茶或咖啡，吃点糕点。如果这个时段你恰好与会，他们会为你提供上述食物。即使不想要，你也要试着喝点东西。阿根廷人不在咖啡里放牛奶，所以可能不会提供牛奶。
- 吃饭的时候把手放在桌子上，不要放在膝上。
- 记住，进口酒要加昂贵的税金。受邀出去的时候主人会付钱，所以除非主人首先点了进口酒，否则不要主动点。尽量点当地酒，大多数酒都是当地生产的。

- 如要示意用餐完毕，已经吃饱了，可以在餐盘上交叉放置刀和叉（叉在下）。
- 阿根廷有世界上最好的牛肉，用餐时你会大饱口福。

文化注释

如果可能的话，尽量不要主动斟酒。关于斟酒有些复杂的忌讳，外来者会在毫不知情的状态下触犯禁忌。例如，用左手斟酒是极大的侮辱，把酒向后倒入玻璃杯意味着充满敌意，诸如此类，不可尽数。

时差

- 阿根廷的时间比格林尼治标准时间晚三小时（G.M.T.–3）。

社交礼仪

问候方式

- 如果不是亲密的朋友，传统的问候方式只是简单地握一下手，然后朝男性和女性都点头致意。
- 亲密的男性朋友之间相互握手，或者见面就拥抱；男性会亲吻亲密的女性朋友。交情深厚的女性朋友之间通常彼此亲吻。完整的拥抱形式包括用双臂环抱一下，握手，随后在肩膀上拍打几下，然后以再一次握手告终。

称呼方式

- 尽管在阿根廷的大街小巷会听到多种语言（英语、法语、德语、意大利语及一些印第安语），但是所有你遇到的生意人都能讲一口流利的西班牙语，所以在称呼时要使用西班牙头衔。
- 记住阿根廷式的西班牙语有其特别之处，有其他讲西班牙语的国家找不到的特征，这主要是受了意大利语的影响。
- 在招呼遇到的人时，应该使用头衔外加姓氏的方式。只有孩子、家人及亲密的朋友之间才用名字称呼。

- 没有正式头衔的人应该被称呼为先生、夫人、小姐，然后加上他们的姓氏。在西班牙语中分别是：
  - 先生=Señor
  - 夫人=Señora
  - 小姐=Señorita
- 大多数阿根廷人有两个姓氏：一个来自父亲，通常列在第一位，随后是另一个来自母亲的姓氏。在称呼时通常使用父亲的姓氏，例如，Señor Juan Antonio Martinez García 被称呼为 Martinez 先生，Señorita Ana María Gutierrez Herrera 被称呼为 Gutierrez 小姐。当女性结婚的时候，通常会加上丈夫的姓氏，在以后的岁月中使用这个姓氏。如果上例中的两个人结婚，女性的名字是 Señora Ana Maria Gutierrez Herrera de Martinez，人们会用 de Martinez 夫人来称呼她，不太正式的称呼方式是 Martinez 夫人。
- 如果一个人有头衔，那么头衔加姓氏是重要的称呼方式。博士或医生被称为 Doctor，教师的头衔是 Professor，工程师用 Ingeniero 的头衔，建筑师是 Arquitecto，律师是 Abogado。

肢体语言

- 阿根廷人交谈时彼此距离很近，经常把一只手拍在对方的肩或衣领上，这种近距离是美国人不习惯的。控制自己不要向后退，因为阿根廷人很可能向前一步再一次拉近距离。
- 眼神的交流很重要。这对北美人来说有些困难，在如此近的距离内双目相对他们会不习惯。
- 在肩上轻轻拍打是友好的表示。
- 一些北美人用来表示“马马虎虎”的手势（把伸开的手掌从一边移到另一边）在阿根廷也很常见，传达的意义与之相同。
- 手势从下颌一直轻拂至头顶上方意味着“我不知道”或“我不关心”。
- 拇指和中指轻触在一起（就像捏住一撮盐），用食指轻轻敲击，意味着“快点”或“非常多”。
- 在讲话的时候不要把手放在臀部。

- 打哈欠或打喷嚏时一定要用手捂住嘴巴。
- 就坐时要坐在椅子上，不要坐在壁架、箱子或桌子上。
- 除了脚凳或横杆，不要把双足搭在任何地方，把脚搭在桌子上是一种粗鲁的举止。
- 在街道上或公共交通工具上吃东西被视为不礼貌的行为。

文化注释

- 尽量避免发表任何政治言论，尤其在表扬阿根廷的邻国（特别是智利）时要谨慎。阿根廷曾无一例外地与各个邻国交战。
- 阿根廷人迫切希望将福克兰岛战争遗忘，所以切记不要提及这个话题。在不得不谈的情形下，记得要提到以阿根廷人命名的岛屿——马尔维纳斯岛。
- 阿根廷人戏弄人的方式可能有些奇特，他们会对你的衣着或体重略加嘲笑。别当真，其实这种嘲弄意味着你与阿根廷同事相处融洽。
- 阿根廷人是狂热的体育运动爱好者，谈论体育运动永远是打开话题的灵丹妙药。足球是最受欢迎的体育运动。
- 大多数阿根廷人都喜欢戏剧，所以这也是一个谈论的好话题。餐馆和观光旅游也是可选的谈资。

服饰衣着

- 在阿根廷，得体的衣着是给人留下良好印象的重要方式。你全身上下的行头会被阿根廷人细细观察，有时会加以评论。
- 比起许多拉丁美洲国家来说，阿根廷人的衣着更符合欧洲风格，他们的总潮流趋向中庸及柔和。例如，在巴西流行的那种撩人服装在阿根廷就很少见。
- 阿根廷的职业服装非常保守：男士身着深色西装，打领带；女士穿白衬衫、深色西装或裙装。
- 对于晚礼服的着装，男士可以同样穿深色西服，但是可能需要把领带换成阔领结。女士应该穿礼服或裙装。
- 男士和女士都把短裤视为家居服饰。如果你要会见商业伙伴（如在户外烧烤活动上，这种活动在阿根廷很流行），尽量不要穿牛仔服，可以穿一件夹克衫或运动上衣。女性不要穿短裤，除非被邀请去游泳池。

- 印第安服饰是印第安人穿的，不要试着尝试任何当地服装，不管它是多么吸引人。同样的道理也适用于高卓牧民的服饰。
- 夏季来阿根廷要带轻柔服饰，冬季带轻便大衣和毛衣。不要忘记南美的季节与北美恰好相反。
- 在狂欢节期间外出不要穿那些容易被水损坏的服装。把路人淋湿是狂欢节期间年轻人最喜欢的消遣方式。

礼物

- 进口酒高昂的附加税使其成为极其受欣赏的礼物，最流行的品种有苏格兰和法国香槟。不要带葡萄酒，因为阿根廷南锥地区盛产高品质的葡萄酒。
- 在任何国家送出的礼物都必须确保质量优良。如果礼物是由公司自己生产的，那么公司的名字或商标应该看起来丝毫不张扬，不要醒目地装饰在整个礼物表面。
- 不要把刀具作为礼物送出，它们意味着断交。
- 诸如便携式计算器之类的电子器具很受欢迎。
- 阿根廷是一个主要的家畜生产国，因此盛产皮革制品。所以，要避免送皮革礼物。
- 如果受邀去阿根廷人的家里，可以送鲜花、进口巧克力或威士忌作为礼物。天堂鸟是受大多数阿根廷人珍视的鲜花礼物。

澳大利亚 Australia

文化注释

对于那些摆架子的人，澳大利亚人会毫不留情地挫其锐气。所谓“枪打出头鸟”，这种习惯的形成与澳大利亚的民族根源密不可分。作为英国的流放犯殖民地，这些囚徒对作为上等人的英国管理者充满仇恨。在今天，这种情绪依旧非常强烈，许多政客拒绝被授予英国爵士的称号，因为他们担心会与选民产生距离感。

基本资料

语言

英语是澳大利亚的官方语言，95%的人口讲英语。澳大利亚的语法和拼写是英式英语与美式英语的混合体。例如，澳大利亚的多数党——工党被拼写成“Labor”（美式拼法），而不是“Labour”（英式拼法）。

文化注释

尽管大多数澳大利亚人都讲英语，但是他们同外国人用英语沟通起来可能存在困难，这种困境确实经常出现。在发展历史上形成了大量的口音和俚语，造就了奇特的澳大利亚口语。一些意义不同的成语包括：

“Full bottle” = 见多识广的，知识渊博的

“No worries” = 没问题

"Fair dinkum" = 真的

"Bludioth!" (Bloody oath!) = 是的（表示强调）

澳大利亚人习惯于把单词缩短到一个音节，然后在词尾增加一个长音[i:]。所以"户外烧烤"（barbecue）简化成"barbie"，"蚊子"（mosquito）变成了"mozzi"，澳大利亚人自己也成了"Auzzies"而不是"Australians"。在交谈时不要使用 stuffed 这个词汇（这是美国人用来表示"吃饱了"的用语），也要避免使用 rooting（在美国指为最喜欢的球队打气加油），这些词语在澳大利亚都有粗俗的含义。

宗教

76%的人口是基督教徒，其中圣公会教徒和罗马天主教徒各占一半。犹太教徒、穆斯林和佛教徒也有一定的数目，还有相当比例的人群（大约 13%）宣称无宗教信仰。

文化定位

认知形式：澳大利亚人组织并传递信息的方式

澳大利亚人思想开放，崇尚平等，除非有充足的理由，否则他们不会放弃自己的观点。在思维模式上惯于分析演绎，考虑问题时往往遵循规则定律，不受个人情绪的影响。所以，不论是谁在掌管商业谈判，公司政策都能够得到从一而终的执行。

谈判策略：澳大利亚人接受事实的方式

澳大利亚人习惯于从客观的角度进行推理，所以事实依据被给予高度信任，人们很少依赖感性思维，因为个人情绪是不可信的。澳大利亚人有优越的种族情绪，所以对其民族的基本信仰深深根植于他们的谈判过程中。

价值体系：行为的基础

犹太教和基督教共有的伦理道德贯穿所有的行为体系，但是物质文明的进步远比人文主义的进步更为重要。以下三个部分刻画了澳大利亚主流文化的价值体系——他们区分正误善恶的方法。

决策的核心

在决策过程中，个人主义占有重要地位，但是它服从于公司的整体政策。澳大利亚人从来不认为说“不”是件困难的事。个人生活属于隐私，不宜在商业谈判中提及；友谊很少见，根据需要才有具体的诠释。

减压之道

澳大利亚人很少对生活感到焦虑，因为外部结构（民主、各种组织及科学方法）提供了稳定的绝缘生活。由父母和子女组成的小家庭占主导地位，是最强大的社会力量。任何事情都有章可循，只有时间期限及最终结果才会让他们产生焦虑感。

平等与不平等问题

平等主义为整个社会提供了富裕安康的最低标准，公开展示平等，将与社会等级结合在一起的特权降到最低。社会注重的是个人能力。传统上关于性别的分工发生了飞速的转变，但是女性仍然在为求得同工同酬、权力平等而不断付出努力。

商业惯例

约会

准　时

- 约会一定要准时出席。对澳大利亚商务人士来说，拖拉缓慢传递的信息是轻率马虎的商业态度。
- 对于一名雇主来说，要求传统上以抵制权威著名的澳大利亚雇员永远守时绝非易事。仅仅要求人们按时到达还远远不够，你还必须证明他们的拖拉造成了危害。

- 在社团各个层次安排约会都相对容易。大多数行政管理人员都很友好，平易近人，他们会很乐于约定时间谈论商务。约会要通过电话或电报提前一个月安排。

- 上班时间是周一至周五为 9：00—17：00，周六为 9：00 至中午。
- 最佳访问时间是 3 月至 11 月，因为 12 月至来年 2 月是旅游高峰季节，以圣诞节和复活节为最甚，那时许多行政人员都在度假。

谈判

- 通常来讲，澳大利亚人不喜欢讨价还价，也不喜欢强制性的推销手段。他们喜欢的是直来直往，所以你在个案分析时应该尽量用坦率的方式，把利弊一一做出陈述。
- 谦逊及不拘小节是澳大利亚人的性格。一份夸大其词的商务陈述不会给澳大利亚人留下深刻印象；相反，还会招来一通让陈述者沮丧不已的幽默挖苦。
- 较之市场占有率，澳大利亚人更看重利润的大小。
- 不要离题万里，也不要事无巨细地一一陈述。简洁的澳大利亚人把言简意赅视为一种美德。
- 决策的做出需要和高层管理人员协商。这会花费一定的时间，所以通常比美国的效率慢，要有耐心。
- 澳大利亚人非常直率，也喜欢善意地取笑他人。如果你被戏弄了，那么不妨以幽默的风度接受，在不伤害任何人的情况下揶揄地回敬一下。
- 澳大利亚人对权威反感，对自视过高的人厌恶。所以在交往的过程中要谦逊，对自己的知识和技能轻描淡写。让成绩自己说话。
- 在开始商业会谈之前，先花上一小段时间进行闲谈。这种社交时间虽然短暂，但是可以建立一种彼此熟悉的亲善关系，这对澳大利亚人来说是很重要的。
- 如果你受邀出去小酌一杯，以建立友好关系，那么除非主人自己提及，否则不要主动开口谈业务。工作与娱乐在澳大利亚人眼中占同等地位，两者不可混淆。

商务款待

- 澳大利亚人从来不会突然来访，他们总是提前打电话预约。
- 在澳大利亚酒吧，要记住至关重要的一点：每个人都要请在座各位喝上一轮酒。如果轮到你叫酒而机会被你错过，那肯定会给人留下不好的印象。

- 澳大利亚人不会直接邀请陌生人去家中。他们通常会先花费一定时间加以了解，然后才提出邀请。吃烧烤是最受欢迎的聚会理由。
- 为避免混淆，切记“afternoon tea”是 16：00 左右的下午茶，“tea”是下午 18：00—20：00 用的晚餐，“supper”是深夜的加餐。
- 体育运动是很受欢迎的交流话题，观光旅游也可供一谈，因为澳大利亚人对他们的国家引以为傲。政治和宗教的话题要慎重对待，当你讨论此类话题时很可能遭遇激烈的辩驳。
- 记住，澳大利亚人尊重有见地的人，即使这些见地与他们自己的观点相左。争论被视为一种娱乐，所以不要羞于支持任何站得住脚的信仰。
- 不要讨论澳大利亚人如何对待土著居民的问题。（此种情形与美洲原著部落遭受的待遇并无差异。）
- 有传言认为美国中央情报组织秘密参与了 1980 年澳大利亚国民大选。不管是真是假，许多澳大利亚人相信这个传言。让他们憎恶的是一个难以定夺的局面：要么承认中央情报局对大选的干涉，或者暗示了澳大利亚是所谓的香蕉共和国阵营中的一分子，美国可以不受任何惩罚地颠覆其中的政权。

时差

- 澳大利亚有三个时区，最西的时区包括佩斯在内的城市，比格林尼治标准时间早八小时（G.M.T. + 8）。中央时区包括阿德莱德、艾丽丝泉和达尔文市，比格林尼治标准时间早九个半小时（G.M.T. + 9.5）。最东的时区（最靠近美国）比格林尼治时间早十小时（G.M.T. + 10）。许多大城市都在这个时区，其中包括悉尼、墨尔本和堪培拉（国家首都）。澳大利亚人把这些时区分别命名为东部、中央和西部标准时间。
- 澳大利亚采用夏令时，只有昆士兰州和西澳大利亚除外，这些地区终年采用标准时间。由于季节恰好相反，所以美国采用夏令时的时候（4—10 月），澳大利亚正使用标准时间。
- 从美国去往澳大利亚的时候，记住会穿越国际日期变更线：向西飞行的时候（从美国到澳大利亚）就“丢失”了一天；向东飞的时候（从澳大利亚到美国）就“获得”了一天。

文化注释

澳大利亚人对阶级表示蔑视，表现之一就是乘车时应与司机一起坐在前排，不论乘坐的是计程车还是豪华轿车。如果一名单独的乘客坐后排的位置，他会被视为在摆架子。

社交礼仪

问候方式

- 澳大利亚人友好亲善，很容易接近。他们没有英国人祖先的保守作风。拜访者在社交场合可以自己介绍自己。
- 澳大利亚人彼此打招呼时说“Hello”，或者一种不正式的招呼语“G’day”，但是观光者对后者的滥用会让他们感到厌倦。
- 会议开始与结束时互相握手是澳大利亚的习俗。女性通常并不握手，打招呼的时候经常在面颊轻吻。
- 介绍自己的时候呈递一张名片不失为恰当的行为，但是如果得不到名片的回赠也无须诧异，因为许多澳大利亚人没有名片。

文化注释

接近澳大利亚人的最好策略是友善、放松、谦逊及不矫揉造作。澳大利亚人认为外国人（尤其是北美人）竭力给人留下好印象的做法非常可笑。给澳大利亚人留下深刻印象很困难，即使你做到了，他们也不会承认这一点。

与澳大利亚人打交道的通常建议是“做你自己”。但是，如果你平时的举止就是易于激动、紧张不安、过分殷勤，或者妄自尊大，那你就必须把性格中的这些成分尽量淡化。

称呼方式

- 最初见面称呼对方使用全名，“Sir”是尊敬的称呼语。澳大利亚人很快就会进入直呼其名的阶段。等到他们这么做的时候，你就得到暗示也可以照做了。
- “伙伴”（mate）的使用频率远远高于“sir”。它指的是与自己同性的任何人，但是与代词“我的”合用时（my mate）指朋友。女性同样用“mate”称呼其他女性。

- 作为澳大利亚无等级社会的一部分，学术技能往往被轻描淡写，尤其在公共场合。张口闭口谈自己履历的人会惹来澳大利亚人的嘲笑。
- 在称呼方式上效仿他人。在澳大利亚，无论是学术上还是工作上的头衔都不能让人自然而然地产生敬意。每个人仍然需要用自身的努力赢得别人的尊重。

肢体语言

- 翘拇指在美国意味着要搭车或表示满意，但在澳大利亚这是一个粗鲁无礼的手势。
- 男性对女性眨眼睛，即使是在示意友好，也是不恰当的行为。
- 男性不宜使用过于强烈的肢体语言。

服饰衣着

- 澳大利亚的服饰通常很随意。时尚潮流追随北美风格，但是女性远不像美国人那样爱穿长裤。
- 澳大利亚位于南半球，所以季节与北美恰好相反。国土的大部分处于热带地区，但是考虑到澳大利亚幅员辽阔，各个地区情况也有所不同。南部地区夏季炎热，冬季温和，轻便的衣着为最佳。在冬季的几个月中，保暖的衣服及雨具是必备的。
- 工作服饰很保守。男性身着深色套装，打领带（夏季的时候可以脱去外套）。女性可以穿裙子和衬衫，或穿套装。

礼物

- 在谈公事时澳大利亚人通常不送礼物。但是如果你受邀去参加家庭晚宴，不妨从家中带去一份薄礼，如鲜花、葡萄酒、巧克力，或者民间工艺品。
- 作为一名外国人，一本从本国带去的附有插图的书籍不失为一份好礼物。还可以从家乡带去储藏的食品，但是非罐装或瓶装的食物会被澳大利亚海关没收。

白俄罗斯 *Belarus*

文化注释

这个民族在西方有几个不同的名字（Belarus、White Russia、Byelorussia、Belorussia 等），现在正式的名称是白俄罗斯共和国。

基本资料

语言

官方语言是白俄罗斯语，这是一种与俄语和乌克兰语很接近的斯拉夫语言。白俄罗斯语用古代斯拉夫字母书写。大多数人也会讲俄语。

宗教

大多数人信仰白俄罗斯东正教。教堂与政权彼此独立。有相当数量的人认为自己是无宗教信仰者。然而现在教堂依然很流行。除了东正教，还有天主教、立陶宛新教和犹太教。

文化定位

认知形式：白俄罗斯人组织并传递信息的方式

尽管白俄罗斯人对独立和自治有极大的渴望，但是其根深蒂固的传统使得他们总是毫不怀疑地追随领导者。大多数教育都是以培养技能为主的，针对实际应用，而非理论培养。白俄罗斯人关心的是当前的特定情势。

谈判策略：白俄罗斯人接受事实的方式

白俄罗斯人往往在即时的个人感觉中找到真理。这种真理会由于意识形态方面的信仰或强有力领导者的存在而使人更加深信不疑，但是客观的事实陈述没有这种功效。

价值体系：行为的基础

尽管名字叫“白俄罗斯”，但是比较俄罗斯而言，这个民族在价值体系方面与乌克兰人更加相似。以下三个部分刻画了白俄罗斯主流文化的价值体系——他们区分正误善恶的方法。

决策的核心

白俄罗斯人在个人自由与对集体的义务之间不断斗争。传统上，数代同堂的大家庭是做出决策的基本单位，但是这个基本单位中也包括那些没有血缘关系而被接纳进家庭的人。所有的成员都需要对这个集体的幸福做出贡献，但是最终的决策由家庭或单位的首领做出。

减压之道

白俄罗斯曾被波兰、立陶宛和俄罗斯控制，关于国名、语言、传统及民族遗产存在的争议让这个民族产生很大的不确定感，因此对雇主或当地领袖的忠诚能够让他们有一定的安全感。这种情绪让数代同堂的大家庭或集体单位在逃避不确定感中扮演重要的角色。信仰宗教的白俄罗斯人主要是白俄罗斯东正教基督徒，教会在构建人们的生活上发挥了很大的作用。

平等与不平等问题

尽管强烈渴望自治、个人自由及私有财产，但是其发展传统让白俄罗斯人更能接受并尊敬集体主义。权力属于领导者，领导者对下属的行为负责。例如，孩子不听话要归咎于父母。男性和女性有泾渭分明的角色划分，但是每一方都享有受到另一方尊重的自主权。丈夫和妻子之间地位绝对平等。

商业惯例

约会

准时

- 白俄罗斯人（及俄罗斯人和乌克兰人）认为守时是外国商业行为的标志性特色。所以典型的西方商业代表的形象就取决于是否准时。如果迟到，他们甚至会怀疑你是一名假冒者。
- 对白俄罗斯高层人士的迟到行为不要惊讶。守时是对你的要求，不是对他们的。

- 如同俄罗斯和其他独联体国家一样，白俄罗斯书写日期的方式是先写日，然后是月，最后是年。你会发现 4.11.99 或 4.11.1999 都指 1999 年 11 月 4 日，而不是 1999 年 4 月 11 日。
- 要得到每一层官僚机构的肯定都需要扎实的根基及中间人的帮助。
- 在你们最初会面之前，公司的高级管理人员应该知道你的身份、你的兴趣所在、你的方案，最重要的是，你已经获得了哪些白俄罗斯官僚的赞同或支持。
- 这些信息通常靠雇用的中间人来有效地传递。你的联系人可以是中层行政人员，但是他或她必须被高层人士熟知且受到尊重。
- 初次会谈的时候，白俄罗斯官僚关于眼下讨论的方案会想得到一份直截了当的书面纲要。你的中间人应该准备好在必要的时候对细节做出陈述。
- 中间人不但应该提出方案，还要贯彻到底，加强效果。一位称职的中间人要确保双方的传真和电报准备充分、翻译得当、传输通畅，并且接收正常。设备和传输状况的效率会低到让人尴尬。
- 应该立即组织进一步的磋商，并且确定日期；参与者的名字（及他们的传真号码）也应该得到确认。如果会议要一个月以后才召开，那就要给中间人带备份的跟踪信息。

文化注释

落实方案的最有效方法就是阿曼德·哈默和罗伯特·麦克斯韦使用过

的——得到议会首脑和其他国家高级领导者的支持。当然，这可能是大多数企业力所不能及的。

- 上班时间通常为 9：00—18：00，12：00—12：30 或 13：30—14：00 是午餐时间。一般来说，上班的最后一小时不是与高层约会的最佳时段。记住，在开展官方业务时，白俄罗斯使用的是 24 小时制时刻表（与美国军方相同）。
- 食品店通常 8：00—20：00 营业，非食品商店从 9：00 或 11：00—19：00，百货商店的营业时间是 9：00—20：00。一些非食品商店在 13：00—14：00 停业进午餐，食品店则在 14：00—15：00 关门。

谈判

- 多带些名片。在白俄罗斯只能找到少数几本电话簿，而且涵盖范围窄、发行量小。西方的姓名地址录很少见，人们通常靠收集一夹子名片来联系。你可能有时交换不到名片，所以在离开之前尽量记下所有的电话号码。
- 基本上，如果官僚们除了赞同而没有讨价还价的余地时，他们经常用“不”来回答一项提议。确实，说“不”是他们唯一的实权。
- 管理者层级越高，越容易得到“是”的答复。但是在较低层次的管理者中不能保证得到这样的肯定回答。即使是日常的西方商务行为也有可能不为人所知，这时必须在各个层次的管理者中间就方方面面做详细的解释。
- 目前，国家货币的兑换率如此之低，以致对美元的些许投资就能换回巨额收益。
- 如今，在白俄罗斯商业及法律法规方面的专家非常少。即使是白俄罗斯商人自己也不能完全理解法律问题。所以你要雇用一名白俄罗斯法律专家来监管整个商业环境，独立地向你进行汇报。牢记在这样一个政治经济转型时期，地方与联邦的法律及利益可能并不总是保持一致的。

文化注释

在苏联时代，文件必须加盖一个大大的国家徽章，外加相关的官员签名，才被视为有效，这意味着得到了政府的同意。白俄罗斯人会期待你的组织带来的文件印有公司印章，否则他们可能不认为这些文件具有约束力，除非这些文件真正需要严格遵守。

- 白俄罗斯谈判者在商谈过程中至少会中止谈判两次。这个策略经常让西方人惊恐，这也正是白俄罗斯人使用它的原因及期望得到的效果。如果谈判细节进展得太顺利，这项交易会被认为不是一个好交易。
- 你的白俄罗斯对手会期望从你这里得到让步，所以会谈前最好提前为自己准备一份清单，上面列出你认为可以讨价还价的项目。一次让步一项，让你的对手认为这样的收益是他们努力的结果。一旦达成交易，白俄罗斯人通常不再重新谈判。
- 在适当的时机做出选择，确认双方针对交易中涉及的所有本国法律条款达成一致。

商务款待

文化注释

大多数白俄罗斯人会认为你对他们甚为了解，喜欢谈论他们的政治、经济前景。

- 白俄罗斯人喜欢邀请商业伙伴到饭店或家中做客。他们的好客有悠久的历史。
- 欣然接受他们的邀请。记住，那里的饭菜丰盛，酒性醇烈。事实上，通过欢畅饮酒使得商业伙伴更加放松，这会让白俄罗斯人感觉商务安排进展得更加顺利。白俄罗斯人对自己的酒量十分自信，并且引以为傲，一个人可以一晚上喝半升伏特加酒而没有任何明显反应。
- 学几句祝酒词会让人感觉亲切。最常用的是 na zdo ro vie（祝您健康）。
- 主持会议的时候，一定要用瓷器而不是塑料容器来上食品和饮料。还要提供香烟、打火机、计算器等。开会的时候，白俄罗斯人通常需要种类繁多的食品和饮料，欣赏互惠原则。
- 饭店的餐桌通常可以坐四个或六个人。如果你们的小团体只有两三个人，那将不得不与陌生人分享一张桌子。你坚持独坐或维持两三个人的私人团体，这种努力可能得不到餐厅领班的理解。
- 在就座的时候酒通常已经摆在桌上。一旦开瓶，你就必须为整瓶酒付钱，哪怕是你只喝了一点点。许多餐馆和咖啡馆只接受紧俏货币。

- 受邀到白俄罗斯人家中做客是你的一份荣耀，也是主人的传统。主人准备的食品和饮料是客人能够消化的 3~4 倍，因为提供令人舒适的丰盛宴席是他们的传统。品种丰富的苏打、葡萄酒、鸡尾酒、白兰地，以及“世界上最好的白俄罗斯伏特加酒”将在晚宴上用来招呼宾客。
- 在家宴氛围中，你会发现孩子也参与其中。
- 晚宴邀请一般是在周六 18：00，但是聚齐客人要花费一小时。

文化注释

进旅馆之前，门卫会要求出示宾客身份卡。大多数门卫是退伍警察或安全人员，诚恳不是他们的天性。如果有分歧，记得要讲英语，语气坚定有力，绝不让步。大多数情况下你都能达成所愿。

记住，通常貌似或听似外国人对你有利，因为外国人几乎在各地都受到优待。基本上，你的祖国越强大你越会得到更多的尊重（小国和穷国的国民沮丧地发现了这一事实）。如果一个新西兰人被误当作一名美国人，在纠正这一错误之前，一定要三思而后行。

时差

- 白俄罗斯位于独联体时区的西部，比格林尼治标准时间快三小时（G.M.T.+3）。
- 白俄罗斯实行夏时制，时间调整时期一般是在 3 月和 10 月末。时间调整的确切日期逐年宣布，通常与西欧的日程有所差异。

社交礼仪

问候方式

- 白俄罗斯人在公共场合下并不外露感情。只有亲戚、好朋友或长期的商业伙伴之间才会兴高采烈地加以问候，通常彼此拥抱，亲吻两颊。
- 除了在正式或官方场合，白俄罗斯人通常不使用“你好”之类的问候语，而是只握手，报上自己的名字。你可以以同样的方式作答。
- 男性和女性之间会欣然握手。

称呼方式

- 白俄罗斯人的姓名书写顺序与西方一致，中间是源自父亲的姓或名字。以 Svyatoslav Alesevich Bryl 为例，Svyatoslav 是名字，Alesevich 意味着“Ales 的儿子”，Bryl 是姓氏。
- 女性经常在姓氏前面加一个“a”，有些人甚至在其丈夫的姓氏前加一个“a”。
- 留心不要混淆姓名的顺序。泛泛之交使用名字来称呼的做法现在已经被接受；例如，Bryl, Gospodin Bryl（礼貌的称呼方式），甚至 Bryl 先生都是恰当的称呼方式。他的夫人可以被称呼为 Gospozha Bryl 或 Bryl 夫人。但是不要把两者像“Gospozha Bryl 夫人”那样结合使用。
- 白俄罗斯传统上唯一表示尊敬的头衔是教授。它用来称呼理科博士、年长的科学家，或者小学级别以上的教师。
- 白俄罗斯人的名字和姓氏变化范围不大。一些姓名使用频繁（如 Vasil、Vasilievich 及 Vasiliev），所以混淆在所难免。还有，如果你被允许用名字来称呼一个人，记住所有的名字都有后缀、绰号和昵称，使用哪一个取决于你们的交往程度。最好的建议是开口询问，他或她会很乐意解释。

肢体语言

- 白俄罗斯语言中有大量的咒骂语，也有为数众多的粗俗姿势。北美人表示“OK”的手势（拇指和食指圈成一个圆）以及任何一个挥拳头的动作都被视为低俗。
- 就座时两腿劈开或脚搭在桌子上都是不礼貌的行为。
- 拇指伸在食指和中指之间表示“你什么也得不到”。
- 在音乐会或运动会上吹口哨并不是赞许欣赏的标志，相反，它意味着你极度不赞赏。
- 在一栋建筑物里吹口哨也是一种不恰当的行为，因为有种迷信的说法，认为这样会让一个人丢钱。
- 回家之前静坐一分钟会带来好运。同样，在木头上敲三下也能带来好运气。
- “拇指上翘”的寓意与美国相同，意味着“好”“可以”。

- Nyekulturny 是一个俄语词，在白俄罗斯使用方式相同，指的是事情“还没做完”，或粗野行为。
- 一些粗野行为包括：
  - 在公共场合、音乐厅、饭店，尤其是在剧院身着外套大衣。应该把大衣脱在衣帽间，许多公司和建筑都有这个设施。
  - 在音乐会或饭店里坐在大衣上。但是在电影院里这种行为却可以接受。
  - 站立时手插在口袋里，在公共建筑物、地铁或街道上大声说笑。
- 在公共场合吐痰的行为很普遍，白俄罗斯男人在街道上小便的情形也并不少见（公共设施内除外）。
- 白俄罗斯人经常身穿睡衣或浴袍在旅店的大厅里怡然自得地闲逛。你也可以这样做。

服饰衣着

- 不要在商务会议上身穿非传统式服装。白俄罗斯用来办公的服装很保守，比西方潮流落伍好几年。
- 一些建筑可能冬季供暖不足，所以身着夹层大衣才能更舒服。
- 在受邀参加晚宴时的着装可以随意选择，从打黑领带到身穿蓝牛仔服，不一而足。主人通常提供拖鞋，但是客人有时候要额外带鞋具，尤其是在冬季，那时防潮和防雪的套鞋都被脱在门口。

礼物

- 白俄罗斯人喜欢收到小礼物——钢笔、名片夹、摇滚乐或西部乡村音乐唱片、画册或艺术书籍、精细香皂、日历、随身听、美国香烟、廉价的太阳能计算器、便宜的金银首饰，或者是小型家用电器。香水是女性珍视的礼物，而电子产品是男士的最佳选择。棒球帽也很受欢迎，蓝牛仔服过去货源短缺，如今在白俄罗斯也随处可见了。
- 记住，一些拜访者可能赠送昂贵的名牌手表、钢笔、打火机，诸如此类。你不必在送礼物方面攀比。鲜花永远是赠送女士和主妇的恰当选择。
- 西方酒尤其是高质量的昂贵酒可能不是一份好礼物。白俄罗斯城市中现在有许多商业亭，里面有各种各样的西方酒，大多数都价格便宜、品质低下，几乎没有几个白俄罗斯人能够辨别 12 年的黑牌威士忌醇酿与商业亭中出售的酒类之间的差别。只有得知你接触的人具备鉴赏醇酿的能力，一个昂贵的品牌才有可能成为一份好礼物。

- 异国风味的食物，尤其是海鲜，能够成为一份佳礼。但是不要送鱼子酱、鲟鱼、鲑鱼和龙虾，这些在白俄罗斯都很常见。

比 利 时　　*Belgium*

文化注释

比利时拥有欧洲最复杂的语言立法。宪法承认三种语言：法语、佛兰德语（荷兰语的变体）和德语。布鲁塞尔的官方语言是双语种，但是讲法语的瓦龙人数量多于讲佛兰德语的人数。国家北部是佛兰德地区，南部是瓦龙地区，东部讲德语。开展业务需要使用佛兰德语和法语。

基本资料

语言

三种语言得到比利时宪法的承认：法语、佛兰德语（荷兰语的变体）和德语。

宗教

世界上所有主要的宗教派别都可以在比利时找到，但是罗马天主教在比利时有压倒性的优势。假日和文化节日都依照罗马教堂的日历进行。

文化定位

认知形式：比利时人组织并传递信息的方式

通常来讲，比利时人对外界的信息持开放的态度，任何人都可以加入事实、原则与理论的讨论当中。他们一般从观念的角度处理信息，对自己的文化遗产深感自豪。讲德语的比利时人倾向于抽象的行为模式，而说佛兰德语的比利时人更侧重于人与人之间的交往关系。在这三个群体中，友谊都占有重要地位，意义独特，影响深远。

谈判策略：比利时人接受事实的方式

尽管客观事实是最有说服力的证据，但是比利时人的强烈人文主义观点使得个人感觉在任何谈判场合中都占有重要地位。比利时人对自己的宗教意识形态也有很强烈的信仰。

价值体系：行为的基础

以下三个部分刻画了比利时主流文化的价值体系——他们区分正误善恶的方法。

决策的核心

个体对自己的决策负责。尽管比利时人信仰种族或集体主义价值观，但是参与者之间的人际关系是决策过程中一个很重要的变量。决策过程缓慢繁杂，因为所有的外围因素都要考虑到过程之中。比利时人坚持常识和折中的原则。

减压之道

由父母和子女组成的小家庭是基本的社会单位，但是大家庭是一个人终其一生的生活重点，使社会有序、稳定。三种社会单位塑造了一个人的生活：他或她出生在天主教、社会主义还是自由主义家庭中，这个因素决定了他们将来要参加哪种社交活动的机构。比利时人是社交活跃分子，所以针对各种需要的组织名目繁多。

平等与不平等问题

尽管大多数比利时人是天主教徒，而且是双语甚至三语使用者，但是关于宗教和语言分裂他们还没有达成一致，有相当数量的团体和种族歧视。讲法语的人认为他们的阶级更高，瓦龙人认为自己比佛兰德人优越。女性地位仍然比男性低下，但是这种现象正在改变。

商业惯例

约会

准 时

> 在比利时赴商业约会永远要准时。

- 记住有些欧洲人和南美人书写日期时先写日子，然后是月份，最后是年（如 1999 年 12 月 3 日被写成 3.12.99），比利时即遵从此惯例。
- 比利时人每周工作 35.8 小时，是世界上工作时间最短的国家之一。
- 上班时间是 8：30，17：30 下班，每天大都如此，但是有些地方在周五会工作到 21：00。
- 商店营业时间是 9：00—18：00，周一至周六。
- 大多数比利时人都可以每年享受一个月的假期。
- 约会要至少在一个星期以前通过电话或写信的方式敲定。
- 比利时公司将为约会设定时间。11：30 的约会是午餐会议。
- 第一次将是社交型的约会。许多比利时人必须首先了解你才能决定是否想与你做生意。

谈判

- 比利时人做生意的风格不同。有些人愿意立刻展开业务，而有些人会执意先花费一段时间相互了解。
- 对待天分和财富要保持谦虚、中庸的态度。
- 相互信任是比利时人十分珍视的信条。
- 高级行政人员到达办公室的时间通常比下属晚。不要求你通过提前到达的方式与员工"示好"，因为比利时人对地位阶层很敏感，这会让他们不舒服。
- 比利时人尊重隐私，敲门后等到回应再进入，办公室的门要关闭。
- 对比利时办公室发来的任何一项请求都要立即回复，这一点很重要。
- 向客户保证你随叫随到，并且永远会在截止日期之前完成任务。

- 交换名片是一个商业准则。
- 最好将名片加以翻译：一面是英语，另一面是法语或佛兰德语，这取决于该地区的主要语种。
- 商业伙伴讲哪种语言，就把的名片的那一面呈递给他或她。
- 有关这个国家的文化及语言分割的问题是一个敏感话题。不要把三个文化群体及其语言搞混淆。
- 一般来讲，比利时人不愿讨论私人话题。用美国人打开话题的“你在干什么”不是一个好方式。
- 宗教不是交谈的好话题。
- 在与佛兰德人交谈时，除非你的佛兰德语很流利，否则记得要使用英语，而不要用法语。

商务款待

- 晚宴通常 19：00 或 20：00 开始。
- 在餐桌上，让比利时人自己开口提业务。
- 比利时人对自己的食物非常自豪，所以恭维话必不可少。
- 比利时最出名的烹饪食品是贻贝、巧克力、华夫饼、300 种啤酒，以及法国油炸食品（比利时人声称是他们发明的）。
- 与大多数欧洲国家相同，餐刀要拿在右手，餐叉拿在左手，切记不要交换。
- 受邀到比利时人家中是一份莫大的荣耀。
- 聚会中没给你的食物不要自己动手吃。
- 没说祝酒词之前不要饮酒。
- 在佛兰德人之中，祝酒的时候酒杯要举杯两次：祝酒词过程之中举一次，然后彼此进行眼神交流，再次举杯。只有这时才可以开始饮酒。
- 比利时人以节俭出名，所以最好把提供给你或你点的食物全部吃完。
- 如果你去乡下旅行，鞋子脏了，那么在进屋之前要有礼貌地把鞋脱掉。

时差

- 比利时比格林尼治标准时间早一小时（G.M.T.+1）。

社交礼仪

问候方式

- 比利时人在见面和离开的时候会和房间里或办公室里的每一个人握手。
- 朋友之间，比利时人的问候方式是接触脸颊，对着空气吻三下，然后换另一面脸颊。男性之间也是如此。

称呼方式

- 记住比利时有三种语言：法语、佛兰德语（荷兰语的变体）和德语。
- 与讲德语或佛兰德语的人交谈时应该使用英语词汇 Mr.（先生），Miss（小姐），Mrs.（夫人）和 Ms.（女士）。
- 称呼讲法语的人 Monsieur（先生），Madame（夫人）或 Mademoiselle（小姐）。
- 永远不要用 Monsieur 或 Madame 称呼佛兰德人，可以使用 Mr.（先生），Miss（小姐），Mrs.（夫人）或 Ms.（女士）。
- 与所有欧洲国家一样，称呼名字不是一个恰当的方式，除非在亲密的朋友之间。
- 姓名的顺序与美国相同：先是名字，然后是姓氏。

肢体语言

- 一般情况下要尽量避免打手势。中规中矩远比手势狂野给对方的印象好得多。
- 打响指是粗野的行为。
- 讲话的时候手插在裤袋里给人的印象很粗鲁。
- 比利时人在公共场合不用牙签。
- 用食指指指点点是粗鲁的行为。

服饰衣着

- 保守的服装是最佳选择。
- 像懒汉鞋这样的休闲皮鞋并不适合男士，皮鞋应该擦亮。
- 比利时人在周日会穿上最精美的衣服，不管是去拜访别人还是只是出去闲逛。

礼物

- 赠送礼物通常不是比利时开展商业关系的一部分。
- 如果你打算给一个亲密的商业伙伴赠送礼物，不要把名片夹在其中，也不要把送礼物当作宣传公司品牌的手段。
- 如果受邀去比利时人的家里，可以给女主人带去巧克力或鲜花（不要送菊花，它象征着死亡），送任何鲜花都不要送 13 朵。红玫瑰只限于情人之间互赠。
- 送礼物要在饭前，而不是饭后。

玻利维亚 Bolivia

文化注释

玻利维亚的最著名之处恐怕是它的与世隔绝，它确实是大陆上最遥远、最孤立的国度。维多利亚女王的大使在玻利维亚被公然侮辱，女王怒而欲加惩罚（据说玻利维亚独裁君主 Mariano Melgarejo 剥光了英国大使的衣服，使其由一只猴子拖出了城）。女王被告知玻利维亚内陆如此遥远，非英伦大炮射程所能及，女王遂提笔一挥，将玻利维亚从南美地图中划了出去。不管这个故事是真是假，但外界经常忽略玻利维亚的事实是真。只有当外界人士死于玻利维亚时，这个国度才能被人提及，就像 1911 年的 Butch Cassidy 和 Sundance Kid，以及 1967 年的 Che Guevara。

基本资料

语言

玻利维亚现在有三种官方语言：西班牙语、艾马拉语和奇楚亚语。所有的商人都讲西班牙语，但是许多印第安人只讲自己的本族语——艾马拉语或奇楚亚语。

宗教

虽然新教教义已赢得一席之地，但是 93%的玻利维亚人是罗马天主教徒。天主教是国教，同时法律也保障信仰自由。

文化定位

认知形式：玻利维亚人组织并传递信息的方式

玻利维亚人的基本倾向是乐于接受新思想的讨论，但是每个种族群体中存在的种族主义优越感会冲淡这种倾向。接受过高等教育的人已经学会进行抽象思维，但是联想式及基于经验的思维模式占主导地位。紧密的连带关系使玻利维亚人关心事件的结果甚于关心事件本身。

谈判策略：玻利维亚人接受事实的方式

在情感、信仰与事实等各种力量之间存在着剧烈的冲突。基本上，玻利维亚人看待事物容易从主观的角度出发。朋友或家人的话语或情感受到很高的重视，但是某种意识形态（如天主教、某个政治团体或种族优越感）可能凌驾于这种情感之上。如果不与其他两种力量冲突，客观事实总是能够被接受的。记住，让玻利维亚人反对他们喜欢的人物的意见是一件困难的事。玻利维亚人的真正想法可能不会被你轻易捕捉到。

价值体系：行为的基础

四个种族群——奇楚亚人、艾马拉人、混血人和白人拥有迥异的价值体系。拜金主义在白人之间很普遍。

以下三个部分刻画了玻利维亚白人主流文化的价值体系——他们区分正误善恶的方法。

决策的核心

决策通常由个体做出，但是经常会把更大群体的最大利益考虑在内。个人的认同建立在社会体系及大家庭的历史之上。一致的决议构成了团体决策的基础，其中亲戚和朋友关系占有主导地位。

减压之道

教堂有很大的精神影响力，为生活提供一种安定感，小家庭因此非常稳固。亲戚和家人是个人社会结构的核心所在，因此玻利维亚人在很大程度上把重心放在承担亲戚之间的义务和职责上。他们对生活持慵懒随意的态度，所以总能找到时间与朋友分享闲谈，任务的最后期限从来不是他们考虑的重点。

平等与不平等问题

种族划分是国民生活的焦点，白人精英对其他人群持有很大的偏见。贫富差距过大。大男子主义盛行，女性被视为低男人一等，是男人的附属品，这给她们的社会角色和工作行为带来了很大限制。

商业惯例

约会

准　　时

- 准时不是玻利维亚人考虑的首要因素。但是，他们会期待北美人守时。
- 玻利维亚商业会议很少会按时开始。做好心理准备，你的玻利维亚伙伴很可能迟到。
- 注意不同的社交场合有不同的规则。即使是北美人参加晚宴或聚会也应该迟到 15～30 分钟，准时出现是一种不礼貌的行为。但是午宴或按时间表顺序进行的事件（如看戏剧）则要准时到达。
- 当必须知道玻利维亚人是否希望你按时到达时，你可以问："¿En punto?"（准时吗？）

- 记住许多欧洲和南美人书写日期的时候先写日，然后写月，最后写年（如 1999 年 12 月 3 日写作 3.12.99）。玻利维亚也遵照这种方式。
- 上午是最佳约会时间。
- 提前 2~3 小时预定约会。
- 尽量提前一天到达玻利维亚，给自己留下充足的时间适应它的高海拔。
- 上班时间通常在周一至周五 9：00—12：00，14：00—18：00。一些商务人士周六上午也上班。
- 政府办公室一周工作六天，时间如下：周一至周五，9：00—12：00，14：00—18：30；周六，9：00—12：00。

- 商店营业时间大致是周一至周五的 9：00—12：00，14：00—18：00。一些商店周六上午也营业。
- 在玻利维亚开展业务的最佳时间是 4 月和 5 月，9 月和 10 月。圣诞节和复活节的前后两周、狂欢周（圣灰星期三的前一周）及独立周（8 月的第一周）几乎什么业务也开展不了。1—3 月是玻利维亚典型的度假时间。

谈判

- 拉丁美洲的商业谈判步伐远远慢于美国。这在玻利维亚身上尤其能够得到验证，靠施加压力促成交易的做法往往失败。
- 在玻利维亚完成你的目标可能要经历一系列的峰回路转，无须诧异，玻利维亚人只对低调的、慢步伐的谈判做出最好回应。
- 色彩鲜艳的视觉辅助工具，如图表或模型，在玻利维亚商人中间很受欢迎。
- 在玻利维亚，个人关系远比公司之间的关系重要。每次公司更换代表，都意味着要从起跑线开始重新建立关系网。只有新的关系网建立以后业务才能开展起来。
- 不要以为一旦某项合同的一部分达成协议就意味着这部分可以束之高阁了。不到合同全部签订，任何一部分都可能重新谈过。
- 如果你下榻的不是享有国际盛誉的宾馆，玻利维亚人可能怀疑你的重要地位。
- 直接的眼神交流在玻利维亚至关重要，对别人的凝视躲躲闪闪会被诠释为不可信任。
- 相对于北美人来讲，玻利维亚人更愿意采用近距离交谈的方式。如果你本能地向后推开，玻利维亚人很可能向前迈步，再次拉近距离。这种近距离下眼神交流对美国人来说更加困难。
- 在宴会之类的聚会上，你可能必须介绍自己。只有在正式场合（或由年长人士主持的聚会）上，你才能指望由其他人介绍你。
- 在街道上吃东西是不恰当的行为。
- 避免窃窃私语，这对听不到谈话的人是无礼的，会引起猜疑。等到能够单独见面的时候再谈为宜。

- 尽量避免任何政治言论。对玻利维亚人表扬它的邻国（尤其是智利）时要谨慎。玻利维亚与所有邻国的战争都以失败告终。

文化注释

几乎没有几个行政人员是印第安人或带有印第安血统的。确实，玻利维亚商人大多数是欧洲后裔，如果你认为他们是印第安人，他们会感受是一种侮辱。所以如果一个深色皮肤的玻利维亚人向你解释他是西班牙人而不是印第安人时，你不用感到奇怪。

目前称呼印第安人的礼貌词汇不是 indios，而是 campesinos。

美裔非洲人在玻利维亚很少见，所以流传着一个迷信说法：看到了会带来好运。如果他们看见一个黑人就欢呼，你不用吃惊。

- 尽管大多数你会见的行政人员都讲英语，你还是有必要提前确认一下是否需要带翻译。
- 所有发放的印刷材料都要译成西班牙语，其中包括从名片到报告到手册的所有事物。
- 玻利维亚人念北美人的名字会有困难，所以向每一个你被介绍的人递出名片。
- 玻利维亚人狂热喜欢运动，谈论体育运动永远是开启话题的好方式。足球是最受欢迎的运动。
- 家庭和食品也是谈论的好话题。玻利维亚人很欣赏对他们国家有些了解的访问者。

商务款待

- 商业宴会在玻利维亚很流行。宴会通常在饭店举行，邀请客人去家中就餐不太常见。
- 尽管人们可以在饭桌上谈论业务，但是晚宴一般被视为一种社交场合，所以除非玻利维亚人自己在晚宴上谈业务，你最好不要主动开口提这个话题。
- 午饭是一天之中最大的一餐。晚饭可以在 19：30—21：30 的任意一个时间开始。正式的晚宴通常在 21：00 进行。

文化注释

妻子通常不被邀请去参加饭店里的商务宴会——尤其是在星期五晚上，周五被称为“单身汉星期五”，男人不带配偶出去吃饭喝酒。

- 吃饭的时候把手放在桌子上，不要放在膝盖上。
- 永远不要用手指抓东西吃。即使是香蕉之类的水果也要用水果刀和叉子吃。
- 在可能的情况下尽量避免斟酒。关于斟酒有许多复杂的禁忌（如左手斟酒是很大的侮辱，把酒向后倒入玻璃杯意味着敌意，等等）。
- 留心玻利维亚食物里可能有非常辣的胡椒。
- 在玻利维亚人家中进餐时，切记每个人——包括客人——都应该吃完盘中的所有食物。主人会劝你多吃一点，习俗上即使你想再要一些也应该拒绝主人的第一次劝说。等到他们坚持的时候再接受，否则你会被食物淹没。对食物的恭维被看作加餐的暗示，所以留着赞赏的话等饭后再说。
- 等到所有的人都用餐完毕再离开桌子。礼貌上来讲，应该饭后半小时再起身告辞。

时差

- 玻利维亚比格林尼治标准时间慢四小时（G.M.T.–4）。

社交礼仪

问候方式

- 除非是亲密的朋友，否则传统的问候方式只是同男性或女性用力握手。
- 亲密的男性朋友之间见面握手或彼此拥抱，男性亲吻关系亲密的女性朋友。女性好朋友之间也通常彼此亲吻。完整的拥抱方式是一个拥抱，然后握手，在肩膀上轻拍几下，最后以再一次握手告终。
- 不论男女，亲密朋友在走路时都会臂挽臂。亲密的女性之间经常手拉手。
- 好朋友每次见面都会彼此问候，即使当天他们已经在别的场合打过招呼了。

称呼方式

- 尽管艾马拉语和楚奇亚语这两种印第安语（和西班牙语）是玻利维亚的官方语言，但是所有你遇到的商务人士都讲流利的西班牙语，所以要使用西班牙的称呼方式。
- 大多数人使用头衔加姓氏的称呼方式。只有孩子、家人之间及亲密朋友才用名字打招呼。
- 没有正式头衔的人用 Mr.、Mrs.或 Miss 外加姓氏的方式来称呼。西班牙语中：
  - 先生 = Señor
  - 夫人 = Señora
  - 小姐 = Señorita
- 大多数玻利维亚人有两个姓氏：一个来自父亲，通常列在第一位，随后是另一个来自母亲的姓氏。称呼时通常使用父亲的姓氏，例如，Señor Juan Antonio Martinez García 被称呼为 Martinez 先生，Señorita Ana María Gutierrez Herrera 被称呼为 Gutierrez 小姐。女性结婚的时候，通常会加上丈夫的姓氏，在以后的时光使用这个姓氏。如果上例中的两个人结婚，女性的名字是 Señora Ana María Gutierrez Herrera de Martinez，人们会用 de Martinez 夫人来称呼她，不太正式的称呼方式是 Martinez 夫人。
- 如果一个人有头衔，那么头衔加姓氏是重要的称呼方式。博士或医生被称为 Doctor，教师的头衔是 Professor，工程师用 Ingeniero 的头衔，建筑师是 Arquitecto，律师是 Abogado。

肢体语言

- 拍拍肩膀是友好的表示。
- 北美人用来表示“马马虎虎”的手势（把伸开的手掌从一边移到另一边）在玻利维亚意味着“不”。公交车和出租车司机用这个手势表示他们的车已经满员了，街道商贩用这个手势表示他们卖的东西已经没有了。
- 挥动食指也意味着“不”。

- 手掌向下做出铲的动作表示召唤。可以用这个方式叫孩子，但是如果是大人，会感到身份被贬低。
- 打哈欠或咳嗽的时候切记捂住嘴。
- 坐在椅子上，不要坐在壁架、箱子或桌子上。礼貌上要求保持直立的坐姿，不要懒散地坐着。

服饰衣着

- 玻利维亚的商业服装很保守：男士穿深色西服，打领带；女性穿白色衬衫、深色套装或裙装。女性在夏天不要穿尼龙服装，男性夏季何时打领带和脱夹克会效仿同事。
- 服装的正式程度在不同的城市有不同的要求。在拉巴斯穿戴要正式，三件套在当地很普遍（因为拉巴斯的高海拔使得天气很寒冷）。在科恰班巴，两件套的套装很常见；在无拘无束的热带圣克鲁兹，商务人士一般身着轻便的套装，出外不穿夹克。
- 在玻利维亚着装要因时制宜。低地夏季气温高，湿度大，大多数当地人身穿棉质服饰。不要忘记南美的季节与北美恰好相反。
- 建议在冬季或海拔较高的城市夜晚穿毛衣。
- 不管季节如何，都要做好气候和温度突变的准备。
- 男士通常在出席正式场合时同样身穿深色套装(如在剧院、正式的晚宴等)，但是女性应该穿正式的晚礼服。收到这样的邀请就意味着要出席正式的场合，但是男士很少穿礼服。
- 男性和女性都把裤子作为便装来穿。如果你要与商业伙伴见面，不要穿牛仔服，要穿夹克外套或运动夹克。女性不要穿短裤。

文化注释

印第安服饰是印第安人穿的，不要尝试任何土著服饰，不管它有多么吸引人。

戴圆顶硬礼帽会让你成为笑料，印第安女性就戴这种像保龄球的帽子。

- 在狂欢节期间外出不要穿那些容易被水损坏的服装，因为把路人淋湿是狂欢节期间年轻人最喜欢的消遣方式。

礼物

- 任何礼物都会给玻利维亚人留下好印象。送礼的寓意比礼物本身更重要。
- 同在所有国家一样，送出的礼物必须确保质量优良。如果礼物是由公司自己生产的，那么公司的名字或标志应该看起来丝毫不张扬，不要醒目地装饰在整个礼物表面。
- 因为美国目前在玻利维亚很受推崇，所以带有“美国制造”的礼物很受重视。
- 不要送刀具，它们意味着绝交。

文化注释

要意识到玻利维亚是一个拥有大量富庶消费者的商贸中心，每种商品都能在拉巴斯找到市场。美国来的非卖品可能要下一番功夫才能在玻利维亚找到。事实上，如果同商人讨价还价的话，同样的商品可以以更低的价格买到，电子产品尤其如此。

- 比较受欢迎的礼物包括制作精良的皮革公文包、国际象棋、西洋双陆棋或者毛巾之类的亚麻产品。厨具很受厨师和主妇的欢迎。
- 当受邀请去玻利维亚人家中时，带一束鲜花、巧克力、葡萄酒或威士忌作为礼物。不要带紫色的花，它在葬礼时才使用；也不要带黄色的花，因为它意味着蔑视。

巴　西 *Brazil*

文化注释

巴西人不认为他们是西班牙人，用西班牙语同他们交谈会引起他们的厌恶。确保所有的文件——包括名片——都是用葡萄牙语和英语印刷的。

基本资料

语言

葡萄牙语是官方语言。有些人群讲西班牙语、意大利语或各种美国印第安语。

宗教

没有官方宗教。巴西的主流教派仍然是罗马天主教，受到 90%的人口的拥护支持，其中有各种不同的分派。16%的巴西人信仰非洲巴西教，它结合了部族和天主教的教义（有时被称为巫师天主教）；天主福音派教徒占 9%；巴西的新教教徒已经做出许多转变，人数不到 9%；犹太教、佛教和其他一些宗教也在巴西存在。

文化注释

尽管存在巨大的经济问题，巴西仍然被看作潜在的富庶之地，拥有强大的工业部门、巨额的农业产量及丰富的自然资源。它有效利用资源的潜力例证之一就是从甘蔗中提取乙醇，为 150 万辆巴西汽车提供燃料。它的自然资源包括金、镍、锡、石油，以及从亚马孙热带雨林砍伐的木材——此行为带有争议，受到国际社会的关注。

文化定位

认知形式：巴西人组织并传递信息的方式

巴西人对待许多问题都愿意公开讨论，但是家庭是非常隐私的话题，不在泛泛之交之间谈论。巴西人比其他拉丁美洲人善于分析，而且思维更抽象。看待问题他们不仅仅着眼于一般规律，更侧重于每一种情况的独特之处。

谈判策略：巴西人接受事实的方式

巴西人倾向于以间接的方式处理问题，凭自己的情感摸索出解决办法。事实可以作为依据，但是经常随谈判者的需要而进行改变，而且客观事实很少能够驾驭主观情感。

价值体系：行为的基础

巴西有大量的德国人（他们使用自己的语言）以及日本人（他们学会了葡萄牙语），他们拥有自己的价值体系，在某些方面与巴西人有很大不同。以下三个部分刻画了巴西人主流文化的价值体系——他们区分正误善恶的方法。

决策的核心

个体对他或她的决定负责，对于家庭的忠诚是一个人的最高职责。任用亲属是有影响力的家庭成员的首要义务。巴西人眼中家庭的重要性在拉美国家中首屈一指，在构建巴西社会结构时，它是唯一最重要的因素。

减压之道

最有影响力的群体是从双方家庭传承下来的亲戚——这可能包括成百上千与一个杰出祖先有关系的人。这构建了一个给予个体很大安全感的社会结构。天主教堂是文化和社会生活中很重要的一部分，尽管大多数巴西人是有名无实的天主教徒，但是教堂的确构建了他们的生活。

平等与不平等问题

巴西的等级观念很重，可能决定一个人找到什么样的工作。阶级从经济的角度加以形容，也存在很大的种族歧视。贫富之间存在鲜明对比，但是有权力的人被赋予办公特权的观念正受到质疑。大男子主义很盛行，巴西男人仍然希望女人处于从属地位。

商业惯例

约会

准 时

> 缺乏守时观念是巴西人生活的写实，要习惯于等候你的巴西伙伴。

- 巴西狂欢节时尽量避免进行商业交易，这个节日在圣灰星期三之前，是四旬斋的开始。
- 约会至少要提前两个星期预定时间。永远不要即兴给商业或政府办公室打电话。
- 上班时间一般对外宣称是 8：30—17：30，但是决策者通常上班时间迟于规定时间，下班也比较晚。所以尽量把约会时间定在 10：00—12：00，15：00—17：00 的时段。如果你的约会正好赶上午餐，那么要做好至少花费两小时的准备。
- 在巴西建立强大的关系网络要做好准备，承诺长期的资源投入（时间和金钱上）。没有这样的投入，在那里做生意根本毫无意义。
- 巴西人通常通过私人关系开展业务，并且希望建立长期联系。在你做投资之前，要在你的企业内雇用一位合适的联系人，以帮助你会见正确的人物，你的巴西联系人的作用将是无价的。联系人可以通过美国商务部、美国驻巴西商会或其他你所在的国际组织来寻找。

谈判

- 要有耐心。完成一个交易要经历好几个过程。

- 谈判过程中，准备好同时讨论合同中的所有方面，而不是按部就班地一个一个讨论。
- 一些看似无关的数据会一而再，再而三地讨论，所以尽可能地灵活，不要给绝对的承诺。
- 有时候巴西人会认为美国人咄咄逼人的业务态度令人不快——不要试图直入主题。避免对抗，把挫折掩藏。
- 如果你更换了谈判团队成员，就可能破坏整个合同。巴西人更看重的是他们与之做生意的人，甚于公司的名称。
- 确保雇用一名当地的会计师或律师处理合同问题。巴西人会反感外界法律人员的介入。
- 谈话可能变得极度火热，不停被打断，中间穿插着“不”的呼声，以及大量的身体对抗。
- 巴西人是热情的足球迷，足球是生动活泼的聊天话题。
- 避免深入谈论政治，回避任何关于阿根廷的话题（阿根廷是巴西的宿敌）。
- 巴西人用句号给千位数字加标点，用逗号表示分数。
- 记住巴西人也把自己视为美洲人。不要用“在美洲”这个短语，如果你指的仅仅是美国。

商务款待

- 让可能成为你顾客的商人的秘书推荐一家享有盛誉的饭店。
- 不要期望在饭桌上谈论业务。你可以加入谈话之中，但不要把话题开展得过于深入。等到上咖啡的时候再开口谈业务。
- 下榻一流的宾馆，如果这家宾馆有出色的餐馆，就在那里举办娱乐活动。
- 如果受邀出席一个聚会，那很可能在私人俱乐部举行，而不是家中。要迟到至少 15 分钟。
- 点心包括小甜饼、蛋糕，通常饮料的服务时间是 16：00—17：00。
- 在 19：00—22：00 的任何时间都可以吃晚餐。晚宴举办到凌晨 2：00 是家常便饭，甚至一场晚宴到第二天早晨 7：00 才结束的情况也不是没有听说过！

时差

- 巴西大部分地区都比格林尼治标准时间晚三小时（G.M.T.–3），巴西西部比格林尼治标准时间晚四小时（G.M.T.–4）。

社交礼仪

问候方式

- 巴西人的问候方式热情洋溢，初次见面的人握手，一旦建立友谊就发展成拥抱。女性通常彼此在两颊亲吻：已婚的亲吻两次，未婚的三次。第三次意味着有“好运气”找到伴侣。
- 到达与离开时都应该与到场的团队的每一个人握手，这是礼貌的表示。

称呼方式

- 在能够知道的情况下使用博士或教授等方式称呼商务熟人，或者使用 Senhor（先生）或 Senhora（夫人）加姓氏的方式称呼。记住，有时候人们介绍自己时使用头衔加名字的方式（如“约翰博士”）。

肢体语言

- 巴西人交谈时非常靠近。他们会一直保持肢体接触，在整个谈话过程中拍打手臂、肩膀。他们友好且外向，身体上的接触只是巴西人个性的延伸，不要向后退。
- 美国人表示“好”的手势（拇指和食指圈成一个环）在巴西完全不可接受，它是粗野的标志。
- 示意“过来”时，掌心向下，朝身体的方向挥动手指。
- 手上下抽打的时候打响指使言论重点更加突出，意味着“很久以前”。
- 企盼带来好运，握拳时把拇指伸到食指与中指之间。这也是为人熟知的“无花果”手势。

- 在下颌轻弹指尖意味着你不知道某个问题的答案。

服饰衣着

- 巴西是热带国家，所以天气很炎热。天然纤维制成的衣物更凉快、更舒适（巴西的季节与北美恰好相反——7 月正值冬季，1 月恰逢夏季）。
- 有时候三件套的套装是“行政人员”的身份象征，而两件套是办公人员的穿戴。
- 巴西国旗是绿黄两色的，所以要避免这样的着装搭配。
- 身着保守的服装对女性来说很重要。任何服饰或行为的失当之处都会波及你的公司，甚至可能决定着别人同不同你做生意。要确保指甲被精心修剪过。
- 只有年轻人才穿牛仔服（总是干净且加以熨烫）。男性的休闲服是宽松的裤子和长袖衬衫。

礼物

- 不要送黑色或紫色的礼物，这是哀悼的颜色。
- 礼物不要送刀，它象征着绝交；也不要送手帕，它的含义是悲伤。
- 第一次见面不必送礼。相反，可以为午餐或晚餐买单，然后考虑将来送什么品位的礼物。
- 等到正式会面结束以后再送礼。一个轻松的社交场合是最佳时机。
- 小型的电子产品非常受欢迎——如计算器（科技计算器送给重要的客户）、电子联络簿、便携式 CD 等。
- 美国流行歌星的磁带和 CD 在巴西价格不菲，所以称得上是一份好礼。
- 廉价的相机和名牌的钢笔作为礼物很合适。
- 当受邀请去巴西人家中时（非常重要的事件），要带糖果、香槟或苏格兰威士忌，也要给孩子们带些东西——美国大学的 T 恤衫等。

加 拿 大 Canada

文化注释

大多数加拿大人住在国家的最南部，加美边境 300 公里以内。以推广市场为目的，不妨把加拿大想象成一个长 3 500 公里、宽 300 公里的国度。

基本资料

语言

英语和法语是官方语言，法语只在魁北克省是主流语言。

宗教

加拿大关于罗马天主教（46%）与新教（41%）的划分依旧存在；犹太教和东正教各占不到 2%。

文化定位

认知形式：加拿大人组织并传递信息的方式

加拿大人普遍来讲见闻广博，乐于接受理性的讨论。讲法语的魁北克省不太开放，他们更加倾向于分析推理，喜欢客观信息甚于主观信息。他们处理问题从普遍规律的角度出发，而不是从参与者的独特之处进行考虑。

谈判策略：加拿大人接受事实的方式

客观事实是谈判过程中可以接受的主要依据，很少受情感支配。加拿大各省份中存在强烈的种族主义优越感，尤其是魁北克省。这形成了他们的一种信仰，在谈判过程中支配他们自我做主的行为。

价值体系：行为的基础

讲法语的魁北克省有区别于其他地区的迥异的价值体系。各个省份都有充分发展的消费主义观念。以下三个部分刻画了主流文化的价值体系——他们区分正误善恶的方法。

决策的核心

决策过程中有极度的个人主义成分充斥其中，但是个人必须遵从公司的政策。因此，更换谈判者不会影响整个谈判。加拿大人并不认为说“不”是一件困难的事。对隐私的尊重使得业务谈判严禁讨论一个人的家事和私事。友谊很少见，针对不同的需要有具体的阐释。

减压之道

从客观的角度对待生活使得加拿大人利用社会组织和其他外部结构为生活提供稳定因素。情感不在公共场合暴露。竞争得到鼓励，获得认可是一个人能够得到的最大奖励。时间就是金钱。专家在各个方面都会得到信赖。

平等与不平等问题

重点放在个人能力上，但是各省份之间也有一些紧张状态，尤其是在魁北克省。尽管扮演的角色之间还有不平等的现象，但是法律保证平等的权利被赋予所有人，因为上等人与下等人需要“一视同仁”。物质进步与人文进步同样重要。传统的性别分工正在飞速改变，但是女性仍在为薪水和权力等方面的平等进行着斗争。

商业惯例

约会

准　时

- 守时很重要。一切与业务有关的会议都要按时出席。
- 加拿大讲法语地区的人对时间的态度有些随意，但是具体的个人情况可能不同。作为一个外国人，即使在加拿大人迟到的情况下你也应该守时。
- 通常来讲，出席社交晚宴迟到 15 分钟是可以接受的。

- 记住，许多国家的人在书写日期时按照日、月、年的顺序（如 1999 年 12 月 3 日写作 3.12.99）。加拿大也符合这种情况。
- 上午宜于定为会见时间。
- 上班时间通常是周一至周五，9：00—17：00。
- 商店营业时间是周一至周六的 10：00—18：00，有些商店一直持续到 21：00。根据安息日法案，星期日禁止营业，但是一些省份修改了法令，由地方政权自己决定是否允许周日营业。

谈判

- 谈判风格与美国极其相似，除了步伐有些许缓慢。
- 加拿大人把美国与自我吹嘘、“夸大其词”联系起来。不要过分渲染一项产品的优点，容易引发不法宣传的指控。
- 在与法语地区的加拿大人打交道时，把所有材料用英法两种语言书写，这很重要。

文化注释

在魁北克省，针对所有商业活动都有苛刻的使用法语的规定。法语是做生意唯一合法的语言，所有的符号都必须只用法语标识。但是，在没有法语对等词的情况下（如 happy hour——“减价供应饮料的时间”，bargain basement——“廉价商品部”）则可以使用英语短语。

- 大体上，讲英语的加拿大人风格与说英语的美国人很相似。加拿大商人期待坚定的握手、直接的眼神交流，以及开放友好的作风。
- 尽管存在这些相似之处，加拿大人还是与崇尚保守之风的英国人更加接近。重要的是，记住不要做看起来像是从美国来的飞扬跋扈的粗野之夫。
- 尽管许多加拿大人很快就直接用名字称呼对方，你还是应该采用安全的做法，先等加拿大同伴直呼名字后你再效仿。
- 加拿大人从英国继承来一项“非美国”传统，即对新衣服的蔑视。干净整洁的“破旧”衣服在商人之间受到尊重，新潮衣服则得不到这种待遇。
- 对加拿大人渴望受到“加拿大特征”认同的心理加以承认。
- 讲法语的加拿大人不像讲英语的加拿大人那么保守。他们的肢体语言比较夸张，交谈的时候站得比较近，更容易在肢体上接触对方。
- 加拿大是一个多种族国家——英国人、法国人、因纽特人、印第安人、德国人等。一个商人的礼仪能够反映出他的种族背景。例如，一些富裕的中国人已经取得了加拿大国籍，他们的生活习惯与其他加拿大人就非常不同。

商务款待

- 上午宴在加拿大很流行，早餐会的概念正逐渐获得认可。
- 大多数娱乐活动都在公共场合里进行，如饭店或夜总会（与人们普遍的想法相反，加拿大人确实拥有丰富的夜生活）。
- 传统上来讲，晚宴是社交场合——即使生意被提及，那也是在饭后。尽管这种情况有所改变，安全的做法还是由你的加拿大伙伴先提生意的话题。
- 邀请人们去家中就餐并不常见，除非是在西部省份，那里户外烧烤很流行。

时差

- 加拿大有六个时区。魁北克省和安大略大部分位于东部标准时区（比格林尼治标准时间晚五小时）。安大略西部、马尼托巴、萨斯喀彻温省东部（包括里贾纳省）位于中央时区。萨斯喀彻温省西部、阿尔伯达及英属哥伦比亚最东部位于高山标准时区。大部分英属哥伦比亚地区位于太平洋标准时区（比格林尼治标准时间晚八小时）。所有的这些时区都与美国一致。

- 大西洋标准时间比格林尼治标准时间晚四小时。除了纽芬兰岛，所有的沿海省份都位于大西洋标准时区。纽芬兰岛为了让世界记住它的独特身份，采用单独的时区，比大西洋标准时间提前半小时（比格林尼治标准时间晚三个半小时）。记住，只有纽芬兰岛有半小时的时差，位于纽芬兰省大陆上的拉布拉多采用大西洋时区。
- 4 月末至 10 月末，加拿大大部分地区采用夏时制。

社交礼仪

问候方式

- 标准的问候方式是微笑致意，经常伴随着点头、挥手，以及言语上的问候。
- 在商业场合下，问候或介绍的时候才握手。
- 在加拿大或英国后裔中，握手坚定有力，松松垮垮的握手是软弱无力的标志。男性会等女性伸出手以后才握。法裔加拿大人握手同样坚定有力。他们握手的场合比较频繁：见面打招呼的时候、介绍的时候、分别的场合，甚至当天在其他场合已经问候过，再次见面依旧握手。
- 好朋友和家人之间有时候拥抱，尤其在讲法语的人中间。有时候也会亲吻脸颊。记住法裔加拿大人并不像美国人那样在后背拍一两下作为拥抱的结束。
- 如果看到远处有一个熟人，挥手致意是适当的问候方式。
- “你好吗？”并不是询问健康的问候语。最好的回答是简短的“很好，谢谢。”

称呼方式

- 大多数加拿大姓名的顺序是名字、中间的名字、姓氏。
- 为表示尊重，可以使用博士、女士、小姐、夫人或先生外加姓氏的称呼方式。
- 初次见面的时候，用头衔加姓氏的称呼方式，直到被告知可以使用别的方式称呼（很可能立即就会被告知）。
- 记住虽然法裔加拿大人在电话上用名字称呼，当面还是会使用姓氏来称呼。

肢体语言

- 与谈话对象之间的标准距离是两英尺。英裔加拿大人不论与任何人谈话再近一点点都会觉得不舒服。法裔加拿大人的距离可能稍近一些。
- 加拿大人，尤其是英国后裔，并不使用频繁的、夸张的肢体语言。
- 大体上，同性朋友之间不拉手。只有法裔加拿大人在谈话的时候才有肢体上的接触。
- 指点的时候可以用食指，但是这样指人不礼貌。
- 在召唤别人的时候，可以掌心向上用所有的手指做出扇动的动作。
- 表示赞许有两个典型的手势。一个是“OK”的标志，即拇指和食指环成一圈。另一个是攥成拳头，拇指向上。
- 手掌朝外做出“V”字形表示胜利，手掌如果朝内则是一个侮辱性的手势。
- 拍打后背以示友好是英裔加拿大人之间亲密友谊的表示。法裔很少使用这样的动作。
- 挥手告别，挥动整个手掌，手心朝外。

文化注释

在加拿大的大部分地区，召唤侍者过来的时候，通常挥手以引起他或她的注意。结账时做一个书写的动作。在魁北克省，只需要点点头或微微挥一下手。

- 尽管直接的眼神交流表明你很真诚，但是不能过于专注地盯着看对方。有些人会回避眼神以示尊重。
- 加拿大人就座的时候看起来非常放松。他们可能把脚踝搭在另一条膝盖上，或者把脚搭在椅子上或桌子上。
- 在商业场合，保持好的姿态，看起来不要太随意。

服饰衣着

- 在城市中，保守的职业服装是最佳选择。
- 在乡村和小镇里，服装不太正式，也不太赶潮流。

- 不工作的时候，加拿大人穿着比较随意。
- 加拿大的冬季非常寒冷，要穿得暖和点。

礼物

- 业务上的往来送礼应该适度。炫耀卖弄会让加拿大人眉头紧皱。
- 拜访家庭的时候，习俗上来讲应该带一份礼物过去。鲜花、糖果或酒都是比较常见的礼物。

文化注释

在拜访法裔加拿大人家庭的时候，留心房间被分为“公共空间”（拜访者可以进入）和“私人空间”（非请勿入）。厨房经常属于私人空间，除非受到邀请，否则不要进入。

- 圣诞节要交换礼物。可以为商业伙伴准备一些办公室里用得上的礼物，或者送一些酒水。圣诞节的时候大对数商店都会为礼物打包装。
- 送礼物的好时机是你到达或离开的时候。最好的礼物是从你的国家带来的东西。
- 当你达成一项交易的时候会赠送商业礼物。除非送礼者具体指明什么时候打开礼物（如圣诞节时期送的礼物），通常礼物当时就会被拆开，以向每个人展示。
- 带人出去吃饭，或者出去娱乐，这通常也被视为一份礼物。

智　　利　　*Chile*

文化注释

许多北美肢体语言在其他国家有完全不同的含义。在智利，右拳击打左掌是一种猥亵动作；张开手掌，五指分开意味着“愚蠢”。

基本资料

语言

官方语言是西班牙语，受过良好教育的商务人士及旅游区的人也能说英语。

文化注释

智利人在文化领域取得的成就享有盛誉。智利的文学、社会科学及美术是著名的研究领域。

宗教

智利没有官方宗教，但是78%的人口信仰罗马天主教，新教徒占13%，还有一小部分人信仰犹太教。相当数量的人视自己为无神论或无宗教信仰者。

文化注释

家庭关系和忠诚是智利人考虑的主要问题，甚至比商业责任还重要。大家庭经常居住得很接近，彼此依赖。大男子主义是智利文化中很重要的一个方面。

文化定位

认知形式：智利人组织并传递信息的方式

在智利，以讨论为目的的信息很容易被接受，讨论可能扩展很广，但是几乎不偏离最初的议题。受过良好教育的人会概念化地分析和处理信息，但是大多数人的思维模式是联想型的。他们看待每一问题都从事物独特的角度出发，而不是着眼于普遍规律。

谈判策略：智利人接受事实的方式

在谈判中，事实的地位并不像情感那样重要。真理倾向于主观，容易受个人影响。但是，对天主教或是新教的强烈信仰容易形成一个人对事实的判断基础。

价值体系：行为的基础

智利的文化不是征服者的文化，它包容了所有欧洲的文化，通过婚姻把它们纳入社会各个阶层。以下三个部分刻画了主流文化的价值体系——他们区分正误善恶的方法。

决策的核心

这是一个半集体主义的文化模式，其中大家庭在决策过程中起到主要作用。专家的本领并不如团体成员的身份重要。因此，亲戚和朋友在商务合作中扮演重要角色。在处理问题的时候，成为参与者的朋友是至关重要的一点。

减压之道

大家庭是构建社会稳定的主要源泉。亲戚关系在任何团体中都是诠释身份的关键所在。与正确的家庭结成婚姻很重要，因为家庭纽带是取得成功的关键性因素。社会结构的力量强大，人们一般认为贫穷与富有都是命中注定的，要接受自己现在的等级。

平等与不平等问题

一般来讲，智利人人平等，因为每一个人都是独特的，并且没有必要颁布法律来确保这一平等性。与大多数拉丁美洲国家不同，智利只有一少部分有阶级意识的精英阶层，更多的是中间阶级。印第安人仍然深受歧视。

商业惯例

约会

准　时

- 开会要准时。守时是受到赞赏的美德，是北美人应有的表现。但是如果对方迟到动辄半小时以上，千万不要恼怒。
- 另外，每个人（包括外国人）在社交场合都应该迟到。晚宴要迟到 15 分钟，聚会要迟到半小时。

- 记住许多欧洲人和南美人在书写日期的时候先写日，再写月，最后写年（如 1999 年 12 月 3 日写作 3.12.1999）。智利也遵从此例。
- 上班时间是周一至周五 9：00—17：00。12：00 是午餐时间，休息两小时。
- 政府办公时间是周一至周五 9：00—16：30。
- 最佳约会时间是 10：00—12：00，或 14：30—17：00。上午晚些时间约会，中午吃一餐商业宴也很受欢迎。
- 到达前两周提前约定见面时间，到达以后再次加以确认。
- 大众喜欢的度假时间是 1 月和 2 月（夏季假期）。这不是在智利做生意的好时机。

谈判

- 个人关系在智利的商业关系中至关重要。首次会谈一定要在一名中层管理人士的陪同下与高层管理人员见面。这些中层管理人员将组织进一步的会面，开展更详细的商业会谈。在初次见面的时候，一定要把时间花费在建立亲善关系上，然后逐渐把会谈的话题转移到介绍你的公司上面来。
- 与北美人做生意的态度要积极。
- 在政治、经济和社会方面，保守的价值观占上风，诚实和正直受到高度评价。些许的幽默感很受赏识，但是大体上要严肃，做生意应该有生意人的样子。

- 拉丁美洲商人有强烈的荣誉感。因此，不要公开责备别人，不要利用职权牟取利益，也不要做任何让别人尴尬的事。

文化注释

决策过程是中央集权，主要取决于上层领导。其次重要的是中下层经理人，所有人都会对上层提供支持。但是，所有的阶层都会介入，所以商业交易进行的速度比北美和欧洲都慢。要有耐心，对拖延有心理准备。达成一项交易之前经历几个回合是必要的。

- 智利人坦率正直，对待谈判的态度非常认真。强行推销的做法不会起作用。对自己的底线了然于胸，清楚地制定出其他条款。还要规划出诸如反传统财政条款的一系列强有力的候选方案。
- 由于智利仍旧存在大男子主义，所以女商人的地位稍有不利。但是，许多女性业务娴熟，这个国家的女性比拉丁美洲其他国家的女性更容易成功。
- 对商业伙伴做出承诺：尽管距离遥远，但是我们愿意为客户提供持续的服务。切记，智利人一直致力于战胜由地理位置造成的隔绝局面。
- 留下一个良好的印象，其中包括在智利下榻一家好宾馆。
- 南美人谈话时的距离普遍比北美人近。如果别人说话时离你非常近，即使你感到很不自然也不要朝后退。拉开距离很可能被解释为对个人的侮辱。
- 名片一面用英语印制，另一面用西班牙语。把名片递给会上的每一个人，秘书除外。
- 在智利，第三方在缔结合同时所起的作用非常重要。银行和咨询公司可以为你做些介绍。
- 智利的商业氛围比其他南美和欧洲国家正式，所以应该注重礼节，穿恰当的服装。
- 智利人注意避免侵犯性的行为。对他人的友善和尊重受到高度评价。
- 对智利的历史、文化、经济、出口货物等要略知一二，做好与他们谈论的准备。这会给你的接触人留下深刻印象，形成好感。

文化注释

智利人不在商店或市场里讨价还价。记住，卖东西而不出具收据是违法行为。如果没有开收据，往往意味着这个商人没有对售出商品交税。

商务款待

- 早餐时间通常是 7：00—9：00。午餐是一天之中最大的一餐，正午享用。17：00—18：00 是智利称作“onces”的点心时间，为 20：00—21：00 的晚餐做些铺垫。如果智利人邀请你去家中喝茶，他们很有可能也留你在家中晚餐。
- 习俗上，接到智利人去家中做客的邀请以后不必送上一份感谢的礼物或便条，但是给主妇提前送去一束鲜花或一盒糖果往往很受欢迎。如果你想表达谢意，不要用写信的方式，可以通过电话传达。
- 款待一般在大饭店或宾馆进行。提前就账单与餐馆领班达成交易，以免到时候出现争抢着付账的场面。如果你被宴请，可以在稍后的时间回报主人的热情。
- 正确而恰当的就餐礼仪在智利十分重要。一般来讲，可以采用西方标准。右手倒酒，上的每一道菜都尽量品尝一下。
- 好的谈话题目包括家庭、智利的历史、烹饪、酒品，以及他们可能推荐到的景观。许多智利人对环球旅行十分感兴趣，所以不妨提及你去过的那些地方。滑雪和垂钓在智利也很流行。尽量回避的话题是地方政治、人权侵犯，以及宗教问题。不要批评智利，即使主人自己对智利大有微词你也不要插嘴。

时差

- 智利比格林尼治标准时间晚四小时（G.M.T.–4）。智利 10 月中旬至来年 3 月中旬实施夏时制。

社交礼仪

问候方式

- 男士打招呼的时候经常握手。女性不是握手，而是拍打前臂或肩膀，如果感情亲密的话还会彼此拥抱或亲吻脸颊。

- 在聚会的时候，与每一个人都单独握手打招呼。不要直接询问对方的职业，等待他自己透露信息。

称呼方式

- 不要用名字称呼智利人，除非人家要求你这么做。通常来讲，只有孩子、家人，以及亲密的朋友之间才用名字称呼彼此。
- 不使用正式头衔的人可以用先生、夫人或小姐外加姓氏的方式来称呼对方。在西班牙语中：
  - 先生=Señor
  - 夫人=Señora
  - 小姐=Señorita
- 大多数智利人有两个姓氏：一个来自父亲，通常列在第一位，随后是另一个来自母亲的姓氏。称呼时通常使用父亲的姓氏。例如，Señor Juan Antonio Martinez García 被称呼为 Martinez 先生，Señorita Ana María Gutierrez Herrera 被称呼为 Gutierrez 小姐。女性结婚的时候，通常会加上丈夫的姓氏，在以后的时光使用这个姓氏。如果上例中的两个人结婚，女性的名字就是 Señora Ana María Gutierrez Herrera de Martinez，人们会用 de Martinez 夫人来称呼她，不太正式的称呼方式是 Martinez 夫人。
- 大多数智利人不使用正式的头衔。那些有正式头衔的人希望人们用头衔加姓氏的方式称呼他们。医生通常被称为 Doctor。

肢体语言

- 智利人谈话时的距离比美国人或加拿大人习惯的都要近——经常用一只手搭在对方的衣领上或肩膀上。尽量控制自己不要后退，智利人很可能再一次上前拉近距离。
- 保持眼神的交流是表达兴趣和真诚的必要手段——这也正是北美人感到困难的地方：在如此近的距离双目对视。
- 就餐的时候，要保持双手总是摆在桌上。
- 不要把你的右拳伸到头部。

礼物

- 除非商务关系紧密，否则不要在谈生意的时候送礼。
- 在拜访智利人的家庭的时候，提前送一束鲜花（不要送黄玫瑰，它的花语是蔑视），或者带去一些葡萄酒、白酒。其他受欢迎的礼物还包括皮质记事本、高质量钢笔或打火机、香水，或是从本国带去的特色工艺品。
- 如果你收到礼物，要立即当着送礼人的面把礼物拆开，并且表示感谢。
- 在女孩 15 岁生日的时候送给她金首饰。这个生日是智利一个非常重要的庆祝场合，如果受到邀请那将是莫大的荣幸。

服饰衣着

- 商业服装：通常比美国保守。男性通常身穿深蓝色或灰色西服，浅色衬衫，打一条中规中矩的领带。明亮的颜色及花哨的风格都不适宜，衣领上什么都不系也不合适。女性应该穿套装、高跟鞋。
- 休闲服饰：不做生意的时候穿长裤、牛仔或衬衫就很合适。短裤在公共场合很少见。智利从海滩到高山的温差很大，注意在高海拔地区带些较厚的衣服。

哥伦比亚 Colombia

文化注释

关于测定高度和长度，哥伦比亚人有自己独特的方式：

- 要测定动物的身高，哥伦比亚人就把手掌水平摆在一个适当的位置，仿佛放在了动物的头上。但在测量一个人的身高时，手掌要垂直（手掌伸出，拇指朝上），仿佛放在一个人的脑后。用水平的手掌形容一个人的身高无异于把人的身份降低到动物的层次。
- 北美人在测长度的时候经常张开双手，伸展食指，这表示两指之间的距离就是事物的长度。但是，两个伸出的手指在哥伦比亚是猥亵的动作，哥伦比亚人暗示长度的时候会伸出右臂，然后把左手放在右臂上，右手的指尖与左手指定位置之间的距离就是估计的长度。

基本资料

语言

官方语言是西班牙语，一些美洲印第安人只会说自己的本土语言。许多商人都懂英语。

宗教

绝大多数（95%）的哥伦比亚人是罗马天主教徒。宪法保障宗教信仰自由。

文化定位

认知形式：哥伦比亚人组织并传递信息的方式

在哥伦比亚，人们以开放的心态讨论任何问题，但是不期望就这些讨论做出改变。哥伦比亚人主要从主观联想的层次传递信息，除非他们受过广泛的高等教育。哥伦比亚人一般不将事物抽象到更高层次，而只是对每一情况做出具体分析。

谈判策略：哥伦比亚人接受事实的方式

情感是事实的主要源泉。哥伦比亚人的人际交往是这样的：他们会给你他们认为的“事实”或认为你会接受的“事实”。因此，他们对事实的运用是模糊的。他们没有足够强大的意识形态使其成为事实的源泉。

价值体系：行为的基础

以下三个部分刻画了主流文化的价值体系——他们区分正误善恶的方法。

决策的核心

哥伦比亚有非正式的，然而十分有影响的决策组织。个人自己做决策，但是会为了满足家庭或团体的需要而受到影响。亲属在商业联系中起着重要的作用，因为亲戚中信任和彼此依赖的传统影响还很强烈，不管关系是多么遥远。

减压之道

个人在社会结构和大家庭中扮演的角色给予他们生活中的稳定感。这同时会带来压力，因为必须成为家人和社会眼中的成功人士。团体之间强烈需要达成共识，但是价值观依据情况而有所不同，规则只能通过经验来获得。

平等与不平等问题

经济和政治精英一般来自欧洲后裔，他们掌控着大部分生意、商业和工业资源。社会阶级意识强烈，由肤色和社会身份划分出层次，在有限的范围内上下变动。哥伦比亚女性在拉丁美洲的政界扮演最活跃的角色，尽管她们在社会和工作上还受到传统限制。

商业惯例

约会

准　时

- 作为一名外国人，你应该守时。所有的商业约会都要准时参加。
- 哥伦比亚人的守时并不著名，他们参加商业会谈的时候可能迟到 15～20 分钟，而心中仍然感到自己很准时。不要期望他们会为自己的迟到道歉。
- 即使是外国人也应该在社交场合迟到，聚会时迟到 15～30 分钟，有些哥伦比亚人可能迟到整整一小时。

- 记住有些欧洲人和南美人书写日期时先写日，然后写月，最后是年（如 1999 年 12 月 3 日写作 3.12.1999）。这是哥伦比亚的惯例。
- 到达哥伦比亚前至少一周就制订约会计划。不要依赖常规的信件服务来组织约会，要用电话、传真、电报或挂号信。
- 除非是你只打算到沿海低地，否则切记最好早到一天以便适应高海拔。在首都波格达尤其如此，那里高出海平面 8 600 英尺。
- 上班时间是周一至周五 9：00—17：00。
- 商店营业时间不尽相同，但是通常是周一至周六，9：00—12：30，然后是 14：00—19：00。

谈判

- 哥伦比亚内陆人是拉丁美洲最严谨、最传统的民族之一。只有在沿海地区，轻松的态度才盛行。
- 不雇用一名当地联络人就开展业务，即使不是不可能的，但也是十分困难的。这样的联络人不但会把你介绍给必须打交道的那些哥伦比亚人，还会到机场接你，为你在宾馆里预订房间。
- 在与政府相关人员打交道的时候你必须说西班牙语，或者带一名翻译。但是许多商人能够说英语。

- 永远不要改变谈判队伍中的人数，这样的变化会使谈判叫停。哥伦比亚人感到他们与之谈判的是每个人，而不是公司。
- 对拖延有所准备。在美国花两天就能做完的事在哥伦比亚要花一个星期。
- 在哥伦比亚避免谈论政治、恐怖主义或非法贩毒。
- 不要对哥伦比亚与美国做任何比较。
- 哥伦比亚人对自己的民族及其成就非常自豪。最后要对哥伦比亚的文化、文学和历史有所了解，至少要对这些表现出好奇心。
- 名片一面用英语印制，另一面用西班牙语翻译，这样做很有效。在呈递给哥伦比亚人的时候把西班牙语的那面朝上递给他。

商务款待

- 午餐是一天之中的正餐，是举行商业宴比较受欢迎的选择。

文化注释

晚餐时间一般是 19：00—21：00，但是晚宴聚会开始和结束的时间都要更晚。宾客至少 20：00 以后才会到达，22：00 到午夜的任何时段客人都有可能落座就餐。许多人在参加宴会前都会吃些东西，以免晚餐开始前饿肚子（或喝醉）。一般晚餐过后聚会很快结束，但是鸡尾酒会（带舞蹈）可能持续到次日凌晨 5：00。上述场合都要穿正装。

- 哥伦比亚人传统好客，经常邀请客人去家中做客。
- 把祝酒词的第一个机会让给主人，再轮到你。
- 理论上，首先发起邀请的人会付账单。实际上，可能你会经历一番抢夺付账的场面，即使邀请是你首先提出的。
- 在盘中剩下少量食品，以示你吃饱了。

时差

- 哥伦比亚比格林尼治标准时间晚五小时（G.M.T.–5）。

社交礼仪

问候方式

- 标准的问候方式是握手，也适用于告别的场合。
- 亲密的朋友之间，女性会环抱前臂，或者亲吻脸颊。男性彼此拥抱，拍打后背。
- 哥伦比亚人经常抱怨北美人和欧洲人不知道如何问候他人。哥伦比亚人在问候上花费的时间很长，他们感到只有这样才能传达对他人的尊重。握手（或拥抱）之后，哥伦比亚人会问大量的礼貌性问题。如询问你的健康、你的旅途、你的亲戚，或者共同认识的朋友或熟人。不要匆匆忙忙回答！敷衍了事会被认为是冷淡无情、不尊重对方。

称呼方式

- 不要用名字称呼哥伦比亚人，除非人家要求你这么做。通常来讲，只有孩子、家人，以及亲密的朋友之间才用名字称呼彼此。
- 没有正式头衔的人可以用先生、夫人或小姐外加姓氏的方式来称呼对方。在西班牙语中：
  - 先生=Señor
  - 夫人=Señora
  - 小姐=Señorita
- 大多数哥伦比亚人有两个姓氏：一个来自父亲，通常列在第一位，随后是另一个来自母亲的姓氏。称呼时通常使用父亲的姓氏。例如，Señor Antonio Felipe Martinez García 被称呼为 Martinez 先生，Señorita Ana María Gutierrez Herrera 被称呼为 Gutierrez 小姐。女性结婚的时候，通常会加上丈夫的姓氏，在以后的时光使用这个姓氏。如果上例中的两个人结婚，女性的名字是 Señora Ana María Gutierrez Herrera de Martinez，人们会用 de Martinez 夫人来称呼她，不太正式的称呼方式是 Martinez 夫人。
- 通常使用的唯一一个专业头衔是“博士”，但是它经常应用于多才多艺或受过高等教育的人，不管他或她是否取得了博士学位。事实上，贫穷的人经常用“博士”这个头衔来指称任何上层人物。

肢体语言

- 哥伦比亚人在交谈的时候彼此距离比北美人近，但是谈话过程中哥伦比亚人的肢体接触不像南美人那样频繁。
- 哥伦比亚内陆人的拘谨形成了自己的风格；他们不会使用夸张的手势以制造活力。沿海地区的居民更加善于表达，不受束缚。
- 当众打哈欠被视为不礼貌。
- 哥伦比亚人用手指击打肘部，暗示某人很吝啬。
- 北美人用以表示“OK”的手势（拇指和食指围成一个圆圈）在哥伦比亚有不同的意味。哥伦比亚人把这样的圆圈放在鼻子上，暗示某人是同性恋。
- 赤足只有在沙滩上才可接受。任何时候都要穿拖鞋或凉鞋，即使是在进出浴室的时候。
- 在饭店里，有些哥伦比亚人召唤侍者的时候双手举过头顶，拍打双掌，有些人则发出嘶嘶声。这两种方式都不是礼貌谦恭的行为，外国人要避免使用。

礼物

- 如果被赠送礼物，一定要毫不吝啬地说出感谢的话。
- 当受邀去别人家中时，带鲜花、点心，或者巧克力。不要送百合花和万寿菊，那是葬礼上用的。
- 可以给女性赠送香水。
- 如果知道你去的是商业伙伴的家中，给孩子们带份礼物是个不错的主意。
- 虽然送礼物很受赞赏，但是包装的礼物很少当面打开，因为哥伦比亚人认为这样会让人感到他们很贪婪。确实，他们可能永远也不会提到这个礼物。但是你可以放心，这礼物已经被铭记在心，并且很受欢迎。
- 其他的好礼物包括品质精良的葡萄酒和白酒。不要送外国啤酒，哥伦比亚当地生产非常出色的啤酒。

服饰衣着

- 通常来讲，越接近内陆服饰越正式。沿海度假区的服饰最休闲，公共场合甚至能够看到穿短裤的人。
- 在沿海地区，天气热的时候男性通常穿衬衫去上班，女性会穿无袖的衣服。但是外国人应该在商业会议上着装正式。
- 在内陆地区，身着传统服装很重要。男士即使在炎热的天气里也要身穿夹克，打领带，深色西装是首选。在社交场合也要穿夹克打领带。
- 女性着装应该保守、中庸。套装或裙装对谈生意很合适，参加社交场合需要穿正式场合的短裙。
- 尽管哥伦比亚是一个近赤道国家，但是一些城市的高海拔导致其天气凉爽。毛衣和夹克是去波格达的必需品，有时候在麦德林也用得上。

哥斯达黎加 Costa Rica

文化注释

1987 年，哥斯达黎加总统 Oscar Arias Sánches 因创建中美和平方案而赢得诺贝尔和平奖。

基本资料

语言

官方语言是西班牙语，也有人讲克里奥尔语。英语运用很广，尤其是在城市中心的年轻人中间。

文化注释

哥斯达黎加的高等教育学会在许多领域授予学位——包括法律，哥斯达黎加的人均律师占有率是中美国家中最高的。

宗教

罗马天主教是其官方宗教。但是，福音派新教徒的教派也在增长。

文化定位

认知形式：哥斯达黎加人组织并传递信息的方式

哥斯达黎加人喜欢使用语言，乐于就任何问题展开讨论。但是，他们对事物有自己强烈的信仰，不会轻易被他人的观点说服。他们主要采用联想式的思维模式，把每一件事都看成独特发生的产物。他们依赖直觉，只把规律当作指导。

谈判策略：哥斯达黎加人接受事实的方式

事实通常由主观情感来阐释，哥斯达黎加人有时用人文意识形态方面的信仰作为事实的依据。坦白的批评很少见，非确定性语言的使用能够建设性地保住面子。当时的信奉感觉就是真相的源泉。

价值体系：行为的基础

这是一个极富人文主义、非常民主的文化体系，信仰通过和谈能够带来和平。以下三个部分刻画了主流文化的价值体系——他们区分正误善恶的方法。

决策的核心

个人是文化体系的中心所在。他或她是独立的，但同时对家庭和集体有强烈的责任感。优惠待遇通常会给予亲戚，崛起意味着利用团体获得自己的提升。一个人只信任对自己的独特之处加以赏识的人。哥斯达黎加有强烈的自我意识，但是讨厌傲慢的人，希望地位高的人举止谦逊。

减压之道

家族世系是身份的重要标志，决定着你的地位，成功会被大家庭看在眼里。哥斯达黎加有强烈的工作道德，但是朝着目标努力不如投身于方案的实施重要。哥斯达黎加人更愿意思考缜密，步伐缓慢，避免冒险，不施加压力，不过度劳累。他们通常不做确切的承诺，虽然在言辞上会有承诺，那也是为了避免伤害你的感情。

平等与不平等问题

哥斯达黎加人非常相信众生平等的哲学，因为每一个人都是独特的——信仰的坚定程度超过任何其他拉美国家的人。财富和家族世袭是社会地位的主要决定因素，不论属于哪个社会阶级，人们都享有平等，受到尊重。大男子主义非常强烈，男女受到双重标准对待。丈夫是家庭的中心，一切以他的意志为转移。但是，女性在法律和业务方面保持独立于丈夫的尊严与地位。

商业惯例

约会

准　时

➢ 哥斯达黎加人是中美国家中最守时的。
➢ 尽管守时在美国人眼里不是同样重要的，但是北美人还是应该准时出席约会。
➢ 因为哥斯达黎加人午休时间有限，所以每个人都要准时出席商务午宴。

- 记住，许多欧洲人和南美人书写日期时，通常按照日、月、年的顺序（如1999年12月3日被写作3.12.1999）。哥斯达黎加也遵从此惯例。
- 上班时间是周一至周五8：00—17：00，周六8：00—11：00。午餐休息时间是每天从11：00或11：30—13：00。
- 政府办公时间是周一至周五8：00—16：00。
- 哥斯达黎加开展业务的最佳时间是2月和3月，9月和10月。5—11月是雨季（加勒比海岸的雨量非常大），度假时间是12月、来年1月，以及圣诞节和复活节。
- 到达之前提前用信件或电报的方式定好约会。
- 在公共部门，财政年度和日历年度一致。

谈判

- 决策者很容易接近，以开诚布公的态度对待讨论。在哥斯达黎加，业务的开展是建立在个人关系的基础上的。所以展开业务讨论之前与对等伙伴建立私交很重要。
- 哥斯达黎加商人有强烈的个人荣誉感与社会平等认同感。这种情绪比中美任何一个国家都强烈。每个人都有自己的价值与尊严。因此不要做出任何贬低别人的行为，尤其是在公共场合。

- 在所有参与人员的一致同意下才会达成决议，决议不单单是由高层领袖做出的。这使得过程进展缓慢，不要表现得不耐烦。烦躁会降低你的信誉度，使你处于不利境地。
- 由于一家公司的所有人员都有可能介入，所以记住对每一个遇到的人要彬彬有礼。
- 外国投资在哥斯达黎加竞争激烈。多加联络对做生意来说至关重要。记住，对待商业伙伴要像对待有价值的美国客户那样尊重。
- 时间预计和截止日期可能不会得到严格遵守。还有，拖欠付款的现象也很频繁。准备好在最终敲定方案之前要数次往返哥斯达黎加。要容忍拖沓，在制订自己的计划时灵活考虑到各种因素。
- 哥斯达黎加的商业女性得到的认可比中美其他任何国家都多。女性甚至被选举为哥斯达黎加的副总统。
- 哥斯达黎加人是中美地区最正统、最严肃的。因此，在商业会议上要穿上夹克衫。
- 把名片、计划提议及其他材料用英语和西班牙语印刷。尽管大多数行政人员讲一口流利的英语，但是许多技术人员不会英语。

商务款待

- 除非与人非常熟悉，否则不要贸然拜访私人家庭。
- 好的谈话题目包括孩子、家庭，以及哥斯达黎加的美景。
- 哥斯达黎加人非常喜欢谈论政治，尤其是与外国人一起。哥斯达黎加有史以来稳定的民主局面是一个绝妙的话题。外国人应该对中美的政治历史略有了解，以便对这个话题有所见解。
- 大多数商业款待在晚上进行，午餐是一天中的主餐。商业宴上欢迎携带配偶。

时差

- 地方时间比格林尼治标准时间晚六小时（G.M.T.–6）。

社交礼仪

问候方式

- 男性之间互相握手。女性之间用拍打右前臂或肩膀来替代握手。
- 亲密女性朋友之间可能拥抱或亲吻。但是，男性之间通常并不拥抱彼此。拉美国家男性之间发自内心的拍打后背式拥抱在哥斯达黎加很少见。
- 在乡村，一些男性可能以脱帽颔首来替代握手。
- 不要用 ricans 来指代他人，因为这个词有不好的含义。哥斯达黎加人被称为 ticos。
- 在聚会上，按照习俗要接受介绍并与房间里的每个人握手。

称呼方式

- 招呼遇到的人时，应该使用头衔外加姓氏的方式。只有孩子、家人及亲密的朋友之间才用名字称呼。
- 没有正式头衔的人应该被称呼为先生、夫人、小姐，然后加上他们的姓氏。在西班牙语中分别是：
  - 先生=Señor
  - 夫人=Señora
  - 小姐=Señorita
- 大多数哥斯达黎加人有两个姓氏：一个来自父亲，通常列在第一位，随后是另一个来自母亲的姓氏。称呼时通常使用父亲的姓氏。例如，Señor Juan Antonio Martinez García 被称呼为 Martinez 先生，Señorita Ana María Gutierrez Herrera 被称呼为 Gutierrez 小姐。女性结婚的时候，通常会加上丈夫的姓氏，在以后的时光使用这个姓氏。如果上例中的两个人结婚，女性的名字是 Señora Ana María Gutierrez Herrera de Martinez，人们会用 de Martinez 夫人来称呼她，不太正式的称呼方式是 Martinez 夫人。
- 如果一个人有头衔，那么头衔是重要的称呼方式。通常头衔就可以，不必使用姓氏。博士或医生被称为 Doctor，教师的头衔是 Professor，工程师用

Ingeniero 的头衔，建筑师是 Arquitecto，律师是 Abogado。

肢体语言

- 握拳时拇指从食指与中指之间伸出是一个无礼的手势，是“无花果”的肢体语言。
- 大多数北美人的肢体语言在哥斯达黎加都能理解。
- 不要把脚搭在任何家具设施上，除非那是专门为放脚设计的。

礼物

- 哥斯达黎加人在各种特殊场合频繁交换礼物。
- 哥斯达黎加有大量的美国居民，进口限制也非常少，所以美国商品随处可见。在哥斯达黎加买美国商品做礼物是一件很容易的事。
- 如果你受邀去家中做客，可以带鲜花、巧克力、苏格兰威士忌酒，或者葡萄酒作为礼物。不要带马蹄莲、百合花，这些都会让人想起葬礼。

服饰衣着

- 正装：男性应该身着保守的深色西装。在暖和的气候里，夹克也是可供选择的服饰。女性应该穿裙装，或者衬衫配裙子。女性从来不会穿长裤。
- 休闲装：只有在沙滩才会穿短裤。暴露服饰对女性不合适。在高海拔的地区带件毛衣以备晚上穿。
- 多带换洗衣服。因为天气的炎热，哥斯达黎加人经常洗澡——通常一天好几次。

捷克共和国 *Czech Republic*

基本资料

语言

官方语言是捷克语，这是一种与波斯语相关的西部斯拉夫语言。尽管捷克人和斯洛伐克人在漫长的过程中一直在区分彼此的语言，但事实上捷克语与斯洛伐克语非常相似，相互理解不存在任何困难。

教育

民众受过良好的教育，教育普及率达到 99%。教育重点放在科学研究上，精英阶层不逊于世界上任何地方的。

宗教

尽管众多的捷克人是无神论者，但是天主教徒和各种形式的新教徒也占据一定的地位。

文化定位

认知形式：捷克人组织并传递信息的方式

捷克人对大多数问题都能做到敞开心怀接受各种信息。他们的思维模式分析性甚于联想性，但是他们更注重各种关系之间的联系，而不是单纯地遵守抽象的行为规则。

谈判策略：捷克人接受事实的方式

捷克人在主观情感与客观事实的交叉处寻找真理，他们对人文主义与民主的信仰会影响具体情境中的真理。

价值体系：行为的基础

捷克斯洛伐克和平分解为捷克共和国与斯洛伐克共和国两个国家，这印证了两个国家文化中的人文价值系统。以下三个部分刻画了捷克主流文化的价值体系——他们区分正误善恶的方法。

决策的核心

决策的责任落在个人的肩膀上。个人主义一直受到鼓励，在决定地位时个人的成就比家庭背景更重要。捷克人认为他们有权决定自己的私人生活，他们的朋友很少，朋友的定义针对具体的情况有不同的诠释。捷克人认为同样的价值观应该应用到捷克文化中的所有成员身上。

减压之道

尽管家庭作为教育和社交基本单位的传统角色已经有所减弱，但仍然是使社会稳定的中坚力量。教堂在家庭生活和社会结构中似乎逐渐获得越来越多的影响力，这使得个体和家庭都得到了更多的安全感。

平等与不平等问题

捷克文化中的同质性使其在捷克斯洛伐克解体之前存在的一些种族偏见消失殆尽。针对地位存在激烈的竞争，一旦个人的成就获得认同，他就可以赢得显著的地位。对权力的渴望可能削弱人道主义的平等需求。权力的驱动力可以在政府、商业及社会中形成强大的等级结构。

丈夫是有名无实的一家之主。大多数女性在外工作，丈夫在抚养孩子方面也分担一定的责任。

女性在政治、社会及经济方面享有与男性完全平等的权利。

商业惯例

约会

准　　时

➢ 守时很重要。不论是生意场合还是社交约会都要做到准时出席。

- 记住，许多欧洲人和南美人书写日期时，通常按照日、月、年的顺序（如1999年12月3日被写作3.12.1999）。捷克也遵从此例。
- 多年以来，俄语是学校里频繁学习的一门外语。自从1989年丝绒革命以来，英语和德语等西方语言逐渐成为最受欢迎的外语。做好准备雇用一名翻译，处于业务权威地位的大多数人的年纪太大，可能没有学过英语。
- 约会要以电话或电报的方式提前两周预约，如果是以信件的方式则要留出一个月的时间，因为即使是航空信件也要花费一个星期的时间分发。
- 商业信件用英语书写，如果不辞辛苦翻译成捷克语，你的合作伙伴可能对此印象深刻。
- 建议把信件寄给公司，而不要寄给某个行政主管。
- 上班时间开始得很早，通常午后几小时就结束，因此要把约会定在9：00—12：00，或者13：00—15：00。
- 大多数捷克人每年有四周的假期。传统假期从7月中旬一直到8月中旬，所以不要指望能够在此期间开展业务。
- 上班时间是周一至周五8：00或8：30—16：00或17：15。
- 商店开业时间是周一至周五8：00—17：00，或者9：00—18：00。有些地方周六营业至中午。小商店12：00—14：00停业吃午餐。

谈判

- 做决策的过程进展得比美国缓慢。
- 许多捷克人已经采取了德国式的缓慢、按部就班的策划方案。你提出的交易的每一方面都会被许多行政主管深思熟虑。不要指望能够加快这一进程。

- 只有为数不多的企业家进展迅速。但是，在合作时务必小心谨慎，因为你才是那个把货币投入企业的人。
- 商业法的巨变导致法规的混乱局面。不要依赖合作伙伴解释法律，可以雇用一名捷克商业律师。
- 尽管捷克人的好客很出名，但是他们要花费很长时间才能与你建立亲密的商业关系。记住他们是近年来才解除了与外国人的联系限制的。

文化注释

- 主管人员一般能够读懂名片上的英语，所以不必把名片翻译成捷克语。但是最好将开拓性材料和讲解指南进行翻译。
- 带足够的名片，许多捷克人都会希望与你交换名片。
- 如果你的公司已经成立很多年，就应该把成立日期印在名片上。
- 捷克人非常重视教育，所以切记把学士以上的学历印在名片上。

- 不要直奔主题谈生意。捷克人在做生意之前会闲谈。可能问到你的航空旅行、你的住宿、你来自美国的哪个部分、你对这个国家的印象，等等。
- 你的合作伙伴可能不会介意询问或被询问私人问题，你要问及主管人员的家庭情况。建立伙伴关系的时候要对彼此的家庭表现出兴趣，尽管可能真正遇到他们的家人会在很久以后。
- 尽管政治言论不可避免，但也不要问及一些令人尴尬的政治问题，因为许多有钱的生意人以前都是当时的共产党员或黑市商人。还要尽最大努力避免迎合捷克人反对斯洛伐克人，也要避免相反的局面发生。
- 捷克人似乎对政治见识广博，对政治有自己坚定的立场。他们很诚实，可能对自己的观点直言不讳。
- 体育活动是一个很好的谈论话题，足球、冰球、远足、骑脚踏车兜风都是流行的活动。音乐也是谈论的好话题。
- 捷克人酿制的啤酒品质醇香，果汁型啤酒就发源于此。百威啤酒就是依据捷克共和国的百威斯城（如今更名为契斯凯布达札维）命名的。喝啤酒的人会很乐于为你解释捷克啤酒的历史。

- 在商业会议上通常会提供咖啡。在加糖之前要先尝一下，因为可能已经加过糖了。咖啡是土耳其式的，杯子底部会有沉淀。

商务款待

- 历史上，商业会议局限在办公室里进行。几乎没有午餐宴请，能够与商业伙伴分享的唯一一餐就是庆祝晚宴。但是这种隔离状态部分原因是出自政府的限制——阻止结交西方人。如今的捷克人越来越习惯西方的商业行为，包括午餐宴请。
- 早餐会议在捷克不太常见。但是商业午餐越来越流行。
- 参加商业午宴时，记得业务可能在餐前或餐后提及，但是很少在就餐时提到。如果你受邀参加午宴，你可以提出付账，主人会拒绝你的提议。只有当邀请是你发出的时候才可以继续坚持付账。
- 少数饭店总是很繁忙，记住要预订。如果要求对方指定一家饭店，事情会更容易；要记得解释自己想请客买单。
- 不要指望所有饭店都提供优质服务，许多饭店原来的经营模式是，不管忙闲都拿一样的工资。多来客人对他们来说反而是一种麻烦。改变这些态度需要花费一定的时间。
- 因为缺乏好饭店，你可能会被邀请去公司的自助餐厅。
- 捷克人通常不在家中宴请商业伙伴。如果你受到了邀请，把它看作莫大的荣誉。不要对居住空间的狭窄表示惊讶。
- 主人会要求你再多吃一些。依照传统要拒绝第一次提供的食物。
- 就餐的时候一直要用餐具，很少有食物可以用手吃。就餐完毕时把餐具摆在餐盘的一侧。如果你只是餐间稍作停顿，就把餐具交叉摆在餐盘上。

时差

- 捷克的时间比格林尼治标准时间早一小时（G.M.T.+1）。

社交礼仪

问候方式

- 被介绍的时候要握手，坚定而短促。当被介绍给一位捷克女性或一位年长者的时候，等着看他或她是否有意握手，然后伸手。
- 在正式的社交场合，年长的男性也许会亲吻女性的手，以示问候。但是外国人不要行此礼。
- 不论在生意场合还是社交场合，每次见面在到达或离开的时候都要握手致意。
- 当几个人同时被介绍时，轮流握手。如果越过别人先伸出手就是一种不礼貌的行为。
- 用右手握手的时候永远不要把左手插在口袋里。
- 在正式的场合，由第三者介绍比自己介绍自己好得多。但是在非正式场合自我介绍是合适的。

如果你充当第三者来介绍双方，要先报上年轻人（或地位低的人）的名字。

称呼方式

- 姓名的顺序与美国相同：先是名字，然后是姓氏。
- 传统上只有家人和亲密的朋友才用名字称呼彼此。尽管年轻人之间用名字打招呼的情况更多，但是大多数商人还是喜欢你用头衔或姓氏称呼他们。
- 双方同意以后才能够用名字称呼彼此。
- 如果与一位没有专业头衔的人交谈，使用先生、女士或小姐外加姓氏的称呼方式：
  - 先生=Pan
  - 女士=Pani
  - 小姐=Slecna
- 使用正式的头衔称呼彼此很重要。律师、建筑师、工程师及其他行业人士会希望你用 Pan 或 Pani 外加头衔的方式称呼他或她。这个方式同样适用于一个博士。

肢体语言

- 为了引起别人的注意，可以举起手，手心朝外，只伸展食指。不要挥手召唤。
- 就座的时候把膝盖搭在另一条腿的膝盖上。不要把腿翘在脚凳以外的任何东西上。
- 年纪最大或地位最高的人率先进入房间。如果年龄和地位相同，男性先于女性进入。
- 一对男女走在街道时，男性应该走在靠近马路边缘的地方。走在小路或走廊上时，男性走在女性的左边。三个人一起走的时候，只有一个男性的情况下，男性走在中间；单独的女性走在男性中间。如果两个女性一起走路，年轻的那个要走在路边（或左边）。
- 与人交谈的时候不要双手插在口袋里，也不要嚼口香糖。

礼物

- 捷克在过去经常发生供应短缺的情况，那时候送礼物很简单：可以赠送捷克斯洛伐克供不应求的任何东西。现在大多数消费品都随处可见（尽管很贵），送礼物成了一件难事。
- 大体上，商人不会送，也不期待收到昂贵的礼物。一份礼物应该有着优良的品质，但是价格不要过于昂贵。
- 合适的礼物包括质量良好的钢笔、便携式计算器、打火机，以及进口酒，尤其是苏格兰威士忌、波旁酒或法国白兰地。
- 受邀去捷克人的家中时可以给女主人带去一束不包装的鲜花（如果你能找到的话）。鲜花的数目应该是奇数，但不要是 13 枝。红色玫瑰是专用于浪漫的场合的，马蹄莲与百合是用于葬礼的。

服饰衣着

- 商业服饰应该保守。当然，在前政权下衣服的选择非常有限。你可以看到一些捷克商人身穿西方流行服饰以庆祝获得新自由。
- 通常，男性商人穿深色西服，打领带，穿白色衬衫。女性衣着同样保守，穿深色套装或裙装、白色衬衫。
- 天气炎热的时候是否脱去夹克、褪去领带要追随同事的做法。越正式的官员越会在闷热的天气穿戴整齐。
- 商业服装同样适用于大多数正式的社交场合：聚会、晚宴或剧院。
- 戏剧、音乐会或戏剧的开幕之夜时要穿正装。男性穿最好的深色西装或燕尾服，女性穿长的晚礼服。基本上，捷克的每一个机构，包括商业协会和图书馆，每年 2 月都会选时间举行一场正式的舞会，那时候要穿正式的服装。
- 休闲服饰基本上与美国一般无二。牛仔服随处可见，但是不要穿破烂或脏的牛仔装。

丹　麦　Denmark

文化注释

丹麦人教导孩子使用非常正式的礼节与别人打招呼。不要对丹麦孩子的礼节表现出吃惊，他们会紧握你的手，保持直接的目光交流，然后弯腰行礼。

基本资料

语言

丹麦语是官方语言。五年级以后开始教授英语，它是主要的第二语言，大多数人可以讲一口流利的英语，所以许多人很乐于与英语地区的来访者交谈。

宗教

丹麦的官方宗教是福音路德教。绝大多数丹麦人（97%）属于这个教会。

文化定位

认知形式：丹麦人组织并传递信息的方式

丹麦是一个骄傲的民族，他们对自己的成就非常满意，因此不愿意以开放的心态接受他人的意见或帮助。他们的教育模式从机械学习逐渐转向应用抽象、概念化思维。他们倾向于遵循普遍规律，而不愿对具体的情形做出回应。

谈判策略：丹麦人接受事实的方式

真理围绕在以社会福利为中心的意识信仰中，客观事实用来印证某个观点。主观情感在谈判过程中几乎不起作用。

价值体系：行为的基础

丹麦是一个高福利国家，生活质量和环境问题被放在首要地位。以下三个部分刻画了主流文化的价值体系——他们区分正误善恶的方法。

决策的核心

丹麦人对社会福利制度下的个人决策怀有强烈信仰。以自我为中心的意识强烈，但是人人有责任帮助那些不能自助的人。个人的进取心和成就受到重视，个人的能力比生活中的地位更重要。每个人的尊严和价值都受到尊重，他们有权决定自己的私人生活，发表自己的见解。

减压之道

生活的不安定状态是可以被接受的。压力通过强大的社会福利体系得到缓解——政府随时可以伸出援助之手为人民服务。尽管丹麦人个人主义强烈，还是会听从于这个社会福利国家的安排，这里不论成就大小都一视同仁，几乎没有显著差别。丹麦鼓励青年人尽早成熟，在风险中发展，创建个人形象。

平等与不平等问题

丹麦基本上是一个中产阶级的社会，家庭的需求是社会政策和政府干涉的中心问题。丹麦人尽力将社会差别降到最小，所以尽管存在贫富的差别，但是差距并不明显。民族主义超越了社会差别，人口的高度同质性又最大限度地降低了种族差别。在这个社会中，上流社会的丈夫与妻子在抚养孩子方面共同分担责任。

商业惯例

约会

准　时

- 守时很重要，出席所有的商业约会都要准时。

➢ 丹麦人希望人们赴社交约会时同样准时。

- 记住，许多欧洲人和南美人书写日期时，通常按照日、月、年的顺序（如 1999 年 12 月 3 日被写作 3.12.1999）。丹麦也遵从此例。
- 如同斯勘的纳维亚其他国家一样，丹麦的夏季是休闲时光。七八月开展业务是考虑不周的表现。许多公司在这两个月暂停业务，给员工放假。丹麦人每年有五周的带薪假期。
- 上班时间在丹麦不同。开始时间是 8：00—9：00，结束时间是 16：30—17：30。每周实行五天工作制。

谈判

- 丹麦人谈论生意直奔主题，很少闲谈。
- 丹麦人的风格相对不太正式。你可以对遇到的行政主管介绍自己，不要指望秘书会为你做介绍。
- 准备好详细的情况介绍，因为丹麦人非常注重细节。
- 丹麦人的谈话方式非常坦率。他们的话语非常直白，但是绝对不会有意侮辱别人。
- 避免任何可能涉及私人生活的谈论。即使是表扬他人的衣着也有可能被认为是侵犯隐私。
- 通常来说，丹麦人的幽默比美国人保守，显得干巴巴。
- 丹麦人认为美国人与不认识的人搭讪的做法很古怪。所以，如果与你闲谈的丹麦人不做任何回应的话也不要感到奇怪，更不要感觉受了侮辱。
- 丹麦人很宽容，建议你不要批评他人或别的体系。

商务款待

- 一天之中的主餐是晚餐。
- 斯堪的纳维亚式自助餐是一种冷餐，非常受欢迎。
- 祝酒词在丹麦非常正式。不要向主人、年纪比你大的人或地位高于你的人祝酒，除非他或她已经向你祝过酒。主人说过传统的祝酒词 Skoal 以后再品酒。

- 丹麦的传统酒 aquavit（直译为“生命之水”）酒性醇烈。预先警告你，因为丹麦人经常喜欢与宾客分享这种酒精饮料。

文化注释

- 如果你受邀去丹麦人家中出席晚宴，一定要准时。通常没有餐前鸡尾酒，所以你会被直接带到餐桌前。
- 在丹麦人的家中一定使每项礼仪合乎规范。例如，主人会询问你坐在哪里。（男主人和女主人会分坐在餐桌的两头，最尊贵的客人会挨着男主人落座。）
- 做好准备长时间坐在餐桌旁。丹麦晚宴可能持续四五个小时以上。在女主人起身之前你应该一直坐着不动。
- 晚餐过后很快就离开是一种不礼貌的行为。餐后会有鸡尾酒（而不是餐前），通常在餐桌上或主会客室里进行。一个晚宴聚会持续到午夜 1：00 也并非罕见。
- 丹麦人左手持叉，右手拿刀。
- 暗示你已经就餐完毕，把刀叉放在餐盘的一侧，刀叉尖朝外。记住把叉尖朝上摆，朝下的叉尖意味着你还想再要些食物。

时差

- 丹麦地方时间比格林尼治标准时间快一小时（G.M.T.+1）。

文化注释

访问丹麦的外国人必须在到达当地时间 24 小时内向地方警察注册。宾馆或其他公共住宿机构会为你代劳，但是如果你寄居的是私人家庭，就必须自己去注册。表格可以在当地警察局或邮局获取。

社交礼仪

问候方式

- 被介绍给他人的时候，要起身同男性或女性握手致意，握手要坚定有力且短促。与一对夫妇打招呼时，习俗上要先同女性握手。
- 同事在离开的时候也会与你握手。

- 丹麦人传统上使用的词汇 heij，听起来像美国的“嘿”，通常在打招呼和分别的时候使用。
- 美国人通常使用的问候语“嘿，你好吗？”会让丹麦人真的认为在询问他们的健康情况。所以最好使用“嘿，很高兴见到你。”

称呼方式

- 丹麦人的姓名顺序与美国相同：先是名字，然后是姓氏。
- 在对方建议你称呼名字之前，应该使用一个人的头衔来称呼他。

文化注释

如果你的公司历史悠久，就把公司成立日期印在名片上。丹麦人尊重传统。

肢体语言

- 北美人用来暗示某人很疯狂的手势（食指弯曲着指向太阳穴）在丹麦用来辱骂路上的司机。
- 北美人的“OK”手势（拇指和食指环成一个圈）在丹麦同样是侮辱性肢体语言。
- 召唤侍者时举起食指。
- 上楼梯的时候，男性走在女性前面，下楼梯的时候女性走在前面。
- 剧院里，进入自己的那排座位时要背对着舞台（面对着已经就座的人）。用后背对着就座的人穿梭是一种侮辱。

礼物

- 商业关系中不要求送礼物。
- 可以给主人家带去一束鲜花或巧克力作为礼物。如果你想给女主人送上一束鲜花，就应该提前送去，免得到达的时候给她增加负担，思考如何照料这些花。
- 从祖国带去一本附有插图的书籍是一份不错的礼物。

服饰衣着

- 丹麦高层行政主管经常主持晚宴。男性主管会随身携带燕尾服，女性需要身穿晚礼服。
- 丹麦的商业习俗和美国很相似。保守的服饰永远是合适的。
- 丹麦的休闲服饰同样很保守，虽然干净的、熨烫整齐的牛仔服也可以看到。海滩上女性会穿无领的泳装。
- 红色在丹麦是积极的颜色。

厄瓜多尔 Ecuador

文化注释

在厄瓜多尔的家宴会一直持续几小时。酒品饮料和开胃食品20：00才会提供，晚餐23：00或午夜才会开始。如果你凌晨1：00就离开，主人会感到很沮丧。

厄瓜多尔家中举办的聚会开始得很晚，凌晨4：00或5：00才会结束。有时客人用过早餐才离开。

基本资料

语言

官方语言是西班牙语，但是有些印第安人只会讲奇楚亚语。许多商人懂英语。

宗教

绝大多数厄瓜多尔人（95%）是罗马天主教徒。宪法保障宗教信仰自由。

文化定位

认知形式：厄瓜多尔人组织并传递信息的方式

厄瓜多尔基本上倾向于接受任何讨论主题的信息。但是，厄瓜多尔人很难改变自己的立场。他们通过联想式和经验式思维模式总结出自己的信仰。看待问题时从情况的具体性出发，而不是用普遍规律指导自己的行为。

谈判策略：厄瓜多尔人接受事实的方式

个人关于某一主题或情况的主观情感是真相的主要源泉。对阶级结构的意识信仰可能影响对真相的认识。争论某一观点时事实处于相对次要的地位。

价值体系：行为的基础

厄瓜多尔上层阶级与平民之间存在巨大的社会差距，这使得传统上对阶级有严格的分别。以下三个部分刻画了主流文化的价值体系——他们区分正误善恶的方法。

决策的核心

个体与集体之间有一种先入为主的对立，这导致过于注重自己的关系与地位。个人对自己的决策负责。自我定位取决于社会体系及家族历史。亲戚和朋友在人们的商业联系中扮演主要角色。

减压之道

人们在社会结构中扮演的角色及家族亲友的存在为生活提供稳定感。天主教堂对个人和社会行为有很大影响。厄瓜多尔有强烈的工作伦理道德，但是朝着方案的目标前进远不如投身于方案的实施更为重要。

平等与不平等问题

保守派精英认为出身与婚姻决定了自己的上层地位，所以保守派与自由派之间存在权力之争。贫富之间存在巨大差距，有种观念认为有权力的人天生被赋予特权，被赋予重要官职。大男子主义是青年男子的行为标准，他们仍然希望女子是他们的附庸。男人是毫无争议的一家之主，女人负责经营家庭。

商业惯例

约会

准　时

- 作为一名外国人，你应该准时出席所有的商务约会。

➢ 注意厄瓜多尔人并不要求自己准时出席活动。即使厄瓜多尔人迟到 15～20 分钟，他们仍旧感到自己准时出席了。

- 记住，许多欧洲人和南美人书写日期时，通常按照日、月、年的顺序（如 1999 年 12 月 3 日被写作 3.12.99）。厄瓜多尔也遵从此例。
- 提前两周预约。
- 最好提前一天到达基多，因为要适应那里的高海拔需要花费一定时间。
- 上班时间是周一至周五 9：00—13：00，15：00—18：00。（但是许多行政管理人员上班很晚，所以不要把约会定到 10：00 之前。）
- 商店开业时间是 8：00—14：30，但是有些商店的时间会有变化。

谈判

- 厄瓜多尔人的经商环境比其他一些拉美国家都要轻松、非正式。
- 没有一名当地联络人的话生意很难开展，联络人既可以充当生意顾问又可以充当一名厄瓜多尔律师。
- 与政府打交道的时候，你需要使用西班牙语，或者雇用一名翻译。但是许多私人企业家懂英语。
- 一面印制英语另一面印制西班牙语的名片最为有效。呈递给厄瓜多尔生意伙伴的时候把印有西班牙语的那面递给他或她。
- 永远不要更换谈判组的成员，这样的更换会使谈判处于停滞状态。厄瓜多尔人认为他们是在与每个人谈判，而不是与一家公司谈判。
- 可能发生拖延，也可能要对合同条款多次重复。
- 不要谈论政治，尤其不要谈论厄瓜多尔与秘鲁的关系。（两个国家之间一直存在边境争端。）
- 厄瓜多尔对美国的优越感很敏感；注意不要让人认为你觉得美国高人一等。
- 对当地文化和历史有所了解是一个不错的主意，至少要对厄瓜多尔表现出好奇心。

商务款待

- 午餐是一天之中的主餐，通常商务宴在午餐时间举办。
- 厄瓜多尔人非常好客而友好。
- 让主人首先致祝酒词，然后你才可以敬酒。
- 提议结束社交聚会是一个粗鲁的行为。
- 主餐开始之前可以点鸡尾酒（如苏格兰威士忌）。
- 葡萄酒会和午餐一起上。记住厄瓜多尔人习惯正午吃得酒足饭饱。
- 厄瓜多尔人非常友好，如果你建立了良好的关系，你会受邀去厄瓜多尔人的家中或农场。这是莫大的荣幸。
- 女性应该记住，尽管喝葡萄酒是可以接受的，但是厄瓜多尔人还不习惯于看到女性喝威士忌或其他烈性酒。
- 如果一名女商人想请厄瓜多尔男性用餐，她应该提前运作好。如果账单在饭后呈递上来，这名男性很可能拒绝让她付款。

时差

- 厄瓜多尔时间比格林尼治标准时间晚五小时（G.M.T.–5）。

社交礼仪

问候方式

- 标准问候方式是握手，适用于同性及异性之间。
- 握手同样适用于分别的场合。
- 亲密的朋友之间，女性会亲吻彼此的脸颊，男性拥抱彼此。通常来讲，男性只亲吻年长者（任何性别）的一侧脸颊以示敬意。

称呼方式

- 不要用名字称呼厄瓜多尔人，除非他或她要求你这么做。通常只有孩子、家人及亲密的朋友之间用名字称呼彼此。
- 没有正式头衔的人应该被称呼为先生、夫人、小姐，然后加上他们的姓氏。在西班牙语中分别是：
  - 先生=Señor
  - 夫人=Señora
  - 小姐=Señorita
- 大多数厄瓜多尔人有两个姓氏：一个来自父亲，通常列在第一位，随后是另一个来自母亲的姓氏。称呼时通常使用父亲的姓氏。例如，Señor Juan Antonio Martinez García 被称呼为 Martinez 先生，Señorita Ana María Gutierrez Herrera 被称呼为 Gutierrez 小姐。女性结婚的时候，通常会加上丈夫的姓氏，在以后的时光使用这个姓氏。如果上例中的两个人结婚，女性的名字是 Señora Ana María Gutierrez Herrera de Martinez，人们会用 de Martinez 夫人来称呼她，不太正式的称呼方式是 Martinez 夫人。
- 记住对方有正式头衔的时候要用头衔称呼他或她。

肢体语言

- 厄瓜多尔人交谈时彼此的距离比北美人近。有大量的肢体接触，如碰触手臂、肩膀或衣领。不要退后，厄瓜多尔人很可能再上前一步，调整到他们习惯的距离。
- 使用头部运动表示“是”或“否”不如用言语表示赞成或否定更可靠，并不是所有厄瓜多尔人都能理解你的肢体语言。
- 当众打哈欠或指点他人是一种不礼貌的行为。
- 紧张的重复性动作（点脚尖、晃膝盖、捻拇指等）应该尽量减少，厄瓜多尔人对此很反感。
- 在餐馆中，有些厄瓜多尔人召唤侍者时双手举过头顶，然后拍打。这不是一种礼貌的做法，外国人应该避免使用。

礼物

- 如果你收到一份礼物，一定要多说感谢的话。
- 当被邀请去家中用餐时，带鲜花、点心或巧克力做礼物。不要送百合花和万寿菊，那是葬礼上使用的。
- 高品质的葡萄酒和白酒也是好礼物。
- 你可以给女性送香水或其他名牌礼物。
- 如果你知道你会遇到合作伙伴的家人，不妨为孩子们带一些礼物。

服饰衣着

- 通常，越近内陆衣着越正式。沿海度假区休闲服饰盛行，公共场合也有人穿短裤（但是比基尼很少见，即使是在海滩上）。
- 海滨地区天气炎热时，有些男性会穿凉快的衬衫去上班，女性会穿无袖的衣服。但是外国人在出席商业会议的时候应该衣着正式。
- 在内陆身穿传统服饰很重要。男性即使在炎热的天气里也要穿夹克打领带，深色西装很受欢迎。出席社交场合也要着西装打领带。
- 女性着装应该保守中庸。上班时候身穿套装或裙装，出席大多数社交场合时要穿戴正式的短裙。

埃　　及

Egypt

文化注释

阿拉伯语读起来从右向左，与英语正好相反。阿拉伯语的杂志或书籍从最后一页开始，把销售资料带去埃及的商人应该记住这一特点，即使是用英语印制的东西也应该有一个醒目的封底。

基本资料

语言

几乎所有的埃及人都讲阿拉伯语。大多数与外国人打交道的埃及人都能说英语或法语，或者讲英法两种语言。

宗教

大约 90%的埃及人是逊尼穆斯林，剩下的 10%中有大部分是科普特天主教徒。（科普特天主教徒是古埃及人的正统后裔。）1952 年以前，埃及有约 8 万犹太人，但是由于阿拉伯与以色列关系紧张，只有几百名犹太人留了下来。

文化定位

认知形式：埃及人组织并传递信息的方式

与伊斯兰价值观不相冲突的任何信息埃及人都能以开阔的心胸接受。他们比其他阿拉伯文化中的人更容易接受西方思想。大多数埃及人是联想式思维模式，所以通常从主观经验的角度处理信息。伊斯兰教律在所有条件下都受到遵守，所以埃及人有普遍的特性。但是，同样的教律教导人们在外人面前要相信自己的兄弟亲属，因为一个人必须关照自己，这一点是他们的特殊品质（而非普遍品质）。

谈判策略：埃及人接受事实的方式

伊斯兰教意识形态是事实的主要来源，中间掺杂着个人对具体问题或情况的主观看法。受过高等教育的人可能客观地利用事实进行推理。

价值体系：行为的基础

伊斯兰教是埃及人生活的重要组成部分，在社会结构中的所有方面扮演重要角色。解决所有问题的方案都源于如何正确阐释和应用伊斯兰教律。以下三个部分刻画了主流文化的价值体系——他们区分正误善恶的方法。

决策的核心

男性领导人是做决策的核心，但是他做的决策通常是团体或集体一致同意的结果。个人是家庭、部落或集体的附属品。领导权与身份认证取决于血统及他保护家庭荣誉的能力。这是一种血缘文化，在亲属网络之外没有太大的社会认同。

减压之道

家庭是个人社会身份的核心，在对家庭的忠诚及对伊斯兰律法的绝对服从中可以找到安全感。最高价值——荣誉、尊严与安全感——对于个人来说只是一个更大的血缘群体中的一部分。埃及人有强烈的宿命感，认为人的命运掌握在上帝的手中。个人对此无能为力，所以只能接受现状。

平等与不平等问题

伊斯兰教中所有的信徒都是平等的。族落之间有着文化同质性，大多数都是逊尼穆斯林，信奉瓦哈比教规。对贝多因游牧民族和努哈比人有一些种族歧视。埃及的社会、政治与文化在少数精英的掌控之下，贫富之间存在巨大差异，教育是攀登上层阶梯的通行证。男女之间待遇不平等。

商业惯例

约会

准　时

- 守时不是埃及人的传统美德。你的客户可能迟到，甚至压根不出现，但是你应该尽力准时。
- 让有求于人的人（包括外国商人）久等是标准的埃及人行为。在彻底了解你的客户之前，一天约定多于一个的约会是不明智之举。
- 不要忘记开罗是世界上交通堵塞最严重的地区之一。延误经常是由交通造成的。

- 在阿拉伯传统商人的眼里，约会很少是私密性的。你的拜访会被电话、家人朋友的造访打断。西方人经常会被这些骚扰激怒，要尽量保持镇定。
- 星期五是穆斯林的圣日，所以星期五不开展业务。大多数人也不在星期四工作，一周的工作时间是周六至周三。
- 商务、银行与政府的工作时间在“斋月”被截断。
- 政府工作时间是 8：00—14：00。政府办公室在星期四至星期五或星期五至星期六停止办公（不同的上班时间是为了缓解开罗拥挤的街道状况）。
- 企业上班时间有很大不同。冬季，许多公司大部分下午时间都停止办公，傍晚再次营业。典型的上班时间表是夏季 8：00—14：00；冬季 9：00—13：00，17：00—19：00。
- 记住伊斯兰日历采用每月 28 天的阴历记法，所以伊斯兰每年的 12 个月中只有 354 天。因此，每年的节日与西方相比是不同的日期。任何列出的穆斯林节日都是大约的日期，因为具体的日子要根据确切的月相观察。
- 书面报告应该注明两个日期，一个是西方日期，另一个是阿拉伯日期。记住埃及基督徒有另外的历法，与上述两个记法都不同。

谈判

文化注释

埃及人经常把自己的国家看作连接西欧与阿拉伯东部的桥梁，因此他们的商业行为与欧洲或阿拉伯很相似，或者处于两者之间。

- 埃及业务开展的节奏远远慢于西方，要有耐心。
- 商业会议总是迟迟进入不了正题，会有人不断地询问有关身体健康和旅程的问题。
- 做决策要花费很长时间。
- 埃及人以自己的节奏前进。任何逼迫他们尽早做出决定的努力都是徒劳的，如果算不上彻底的反作用的话。
- 埃及人在了解并喜欢你之前，他们甚至不会考虑和你做生意。因此，一桩交易的社会因素与生意本身同样重要。
- 埃及人喜欢语言。你会听到大量的谈话。有些语言充满夸张、诗意、绚丽及丰富的感情。
- 在埃及做生意你需要雇用一名埃及代理。如果你既需要在开罗做生意又需要在亚历山大做生意，那么建议你在每个城市分别雇用一个代理。
- 名片的一面印英语，另一面印阿拉伯语。
- 埃及人说话时站的距离非常近，远远超过了北美人习惯的距离。不要后退，也不要害羞。他们还经常会有肢体上的接触，谈话经常涉及肢体触碰。
- 商业会议接近尾声的时候会上咖啡，这是会议会很快结束的信号。这时候也会点燃薰香。
- 阿拉伯男人经常手拉手走路，不过西化的埃及人很少这样做。如果一个埃及人拉住你的手，就把它看作友谊的象征。
- 阿拉伯语是一种夸张的语言。当他们说“是”的时候，通常意味着“可能”。在受到鼓舞的时候不要认为谈判可以结束了。
- 留面子及避免羞辱对埃及人来说很重要，要永远记住这一点。可能你必须对某些问题做出让步以维护埃及人的尊严。

- 不要提起女人的话题，除非埃及人自己首先提及。甚至不要询问埃及人妻子或女儿的财富。
- 以色列的话题同样需要避免提及。
- 埃及人的成就，不论是古代还是现代，都是很好的谈资。
- 体育运动是谈话的好题目。足球、棒球、拳击（埃及人已经凭此赢得数枚奥林匹克奖牌）是最受欢迎的运动，赛马、网球及所有的水上运动（尤其是帆船与游泳）也很流行。
- 埃及人喜欢开玩笑，经常嘲笑自己（埃及官僚是民众最喜欢攻击的对象）。但是不论他们的幽默中包含多大的自贬因素，你都不要对埃及或埃及人发出嘲笑。

商务款待

- 招待访问者在埃及人看来是一件非常荣耀的事，所以他们会把在自己国家中的大部分娱乐活动揽在身上。
- 进入大楼时要做好脱鞋的准备，不妨仿效主人。
- 在埃及，尊贵的男性客人传统上坐在主人的右边（而不是桌子的对面）。
- 记住白酒和猪肉是严格的穆斯林的禁忌。如果你邀请一名埃及人出席社交场合，一定要确保提供不含酒精的饮料（除非你知道他或她喝酒）。
- 烈性酒只有在国际酒店才能找到。大多数埃及饭店只提供啤酒和红酒。
- 只有在西化了的埃及人家中你才能见到餐具。
- 不要把盘中的食物全部吃光。留下一点点食物，这是你已经吃饱了的信号。
- 在埃及人家中吃饭的时候，往食物中加盐是一种侮辱。
- 要知道许多种服务和礼节都要求给小费。

时差

- 埃及时间比格林尼治标准时间快两小时（G.M.T.+2）。

社交礼仪

问候方式

- 埃及有数种问候方式，所以最保险的方法是等待观察埃及伙伴用哪种问候方式，尤其是在初次见面的时候。
- 西化的埃及男人会同男性握手。
- 一些埃及男性可能同西方女性握手，西方商业女性应该等待埃及男人先伸出手。
- 女性占埃及劳动力的 10%左右，大多数从事服务或专业行业。有许多女秘书和女医师，但是很少能看见女性行政人员。如果在商场上遇到女性决策者，她们在行为上非常西化，所以不管遇到男性还是女性，她们都会主动伸手相握。
- 传统的阿拉伯男性很少为自己的妻子做介绍。看他的行为行事，如果他仿佛当妻子不存在，你也要对她熟视无睹。
- 男性之间更传统的问候方式是抓住彼此的右手，把左手放在对方的右肩上，在两颊上交换亲吻，但是只有同性之间才会亲吻。男性可以亲吻男性，女性可以亲吻女性，但是男女异性之间不在公共场合亲吻。
- 埃及人在言辞上的问候方式丰富多彩。传统上要求埃及人在初次见面时在言辞上对你欢迎好几次。

称呼方式

- 西方人经常发现埃及人的名字让人头晕。最好的解决办法是让你遇到、谈到或与之通信的埃及人用英语写出名字，弄清楚他们的全称（通信时使用），以及当面如何称呼。
- 埃及人的名字是用阿拉伯语书写的。部分原因是阿拉伯语中不书写短元音，因此把阿拉伯语翻译成其他字母没有确切操作的科学方法。这导致了阿拉伯语名字用英语有好几种写法（如利比亚领导人的名字有五花八门的表达方式，Colonel Muammar al-Qaddafi, Mu’ammar al-Qaddhafi Qaddhafi,

Qathafi, Gaddafi，等等）。

- 通常来讲，埃及人名字的书写顺序与英国人一致：头衔（如果有的话）、名字、有时候有中间名字（经常源于父亲的姓名）、姓氏。所以，埃及前总统的称呼方式是 President Anwar al-Sadat；他的头衔是 president，名字是 Anwar，al-Sadat 是他的姓。
- Al 在阿拉伯语中的字面意思是“来自”。像 al-Barudi 这样的名字意味着“Barudi 的儿子”或“从 Barudi 城来的”。不要把 al 与西方的昵称混淆，西方的 Al 是阿里克斯（Alex）或阿尔波特（Albert）的缩写。
- 大多数情况下应该用头衔加姓氏的方法称呼埃及人，这种称呼方式与西方人相同。有些埃及人喜欢用头衔加名字的称呼方式，书写的时候用全名。如果埃及人没有头衔，就使用 Mr.（先生）、Mrs.（夫人）或 Miss（小姐）充当头衔。
- 埃及人可能用不同的方式称呼彼此，这完全取决于谈话背景。聚会上可能用名字称呼，商务会议上用头衔来称呼。

肢体语言

- 阿拉伯世界中视左手为不洁。使用时右手永远优先于左手（除非你要处理不干净的东西）。不要用左手吃东西，只能使用右手。避免用左手打手势。
- 一只手不够用时可以使用两只手。
- 尽管埃及人讲话的时候不停地打手势，但他们从不指点别人。指指点点是不礼貌的行为。
- 埃及有一个常规：把双脚踏在地上。传统的阿拉伯人就座时从来不交叉双腿。不要让阿拉伯人看到你的脚底，这是冒犯的肢体语言。脱鞋的时候（如在进入清真寺的时候），鞋底要放置在一起，避免鞋底指向任何一个人。
- “翘拇指”的动作在整个阿拉伯世界都是一种冒犯性的动作。
- 意味着“冷静点”“等一下”的姿势是这样的：手掌朝向自己，所有的手指与拇指碰在一起，上下晃动手（仿佛在称东西的重量）。

文化注释

埃及人不但讲话时站的距离比北美人近，他们在公共场合还总是自然而然地接近别人。在空荡荡的剧院，埃及人往往选择挨着你的座位就座。在公共交通工具上，如果你一个人坐在一条长座位上，他们会紧挨着你坐，而不是坐在另一端。然而这些并不意味着他们要同你讲话。

礼物

- 如果埃及人邀请你去他们家里，你可以带烘烤过的食品或巧克力作为礼物。鲜花对于西化的埃及人来说可以接受，但是传统上鲜花只用在葬礼和婚礼上。
- 有时候制作精美的指南针能够成为一份不错的礼物。指南针能够让一名虔诚的穆斯林永远知道圣地麦加在哪里——即使是在旅游的时候。
- 小电器产品也能成为受欢迎的礼物。
- 确保收受礼物的时候用右手，不要用左手（尽管可以使用双手）。

服饰衣着

- 尽管外国人不能不遵从埃及人的中庸着装标准，但是不要穿传统的当地服装。看见外国人身穿自己的民族服装会让埃及人感觉受到了侮辱。
- 不管天气有多热，身体的大部分必须被盖着。
- 男性应该穿长裤和衬衫，最好是长袖。夹克和领带是出席商业会议的必备着装。衬衫的纽扣要一直系到锁骨。男性不要戴首饰，尤其不要戴在脖子上。
- 尽管城市女性中已经很少有人穿传统服装了，但是所有的女性——包括外国人——都必须在公共场合穿戴得体。领口要高，袖子的长度至少要到肘部，底边如果没有长及脚踝的话至少也要垂过膝盖，整体效果应该是松松垮垮地遮蔽着身体，紧身暴露的服装是不能接受的。因此建议你不要穿套身裤子或裤装。尽管帽子和围巾不是一直用得上，但是手上拿条围巾是明智的做法。一旦出门你就能明显地感觉出自己的服装是否得体，如果埃及男性色眯眯地盯着你看，那你的服装中庸的火候肯定还远远不够。

萨尔瓦多 *El Salvador*

基本资料

语言

官方语言是西班牙语，但是许多印第安人说那瓦特语或其他土著语言。在旅游中心地带，英语能被理解，许多受过良好教育的人群也懂英语。

宗教

萨尔瓦多没有官方宗教。尽管传统上萨尔瓦多人信奉罗马天主教，但近年来各种各样的新教派别逐渐赢得地位，已经占总人口10%的比重。

文化注释

20世纪50年代初期，一些罗马天主教士开始拥护“解放神学”，作为“穷人的首选”。实质上，这意味着天主教堂不能认可一个使广大人群处于贫困状态的政府存在。教堂的这些条律在某些萨尔瓦多人眼中成了“国家的敌人”，这导致福音派新教主义作为另一个可供选择的信仰赢得了越来越多人的欢迎，尤其是在特权阶级人群中备受推崇。许多萨尔瓦多的商人现在是新五旬节团体的成员，将财富与上帝的恩惠等同起来。（因此，贫穷是因为对上帝信仰不虔诚而受到的惩罚。）

文化定位

认知形式：萨尔瓦多人组织并传递信息的方式

萨尔瓦多人对局外人或反对方提出的意见持有极大的怀疑态度。他们或许会进行讨论，但是很少以此行动。孩子们的思维被培养成了主观联想型。上层分子在美国受过教育，因此可能在思维上比较客观抽象。即使如此，萨尔瓦多人看待每一个问题也往往从个人的角度出发，很少用普遍规律解决问题。

谈判策略：萨尔瓦多人接受事实的方式

个人对某个情形或问题持有的私人情感构成了事实来源最重要的部分，有些萨尔瓦多人可能受到宗教或政治意识形态的影响，但是很少有人会把客观事实作为有效的事实依据。

价值体系：行为的基础

无论政治上还是经济上，萨尔瓦多存在一种受寡头集团左右的文化，寡头集团拥有土地且得到军方支持。以下三个部分刻画了主流文化的价值体系——他们区分正误善恶的方法。

决策的核心

寡头集团占据了决策者的宝座。个体为自己的决策负责，但是整个决策的做出要照顾到家庭、团体、组织或国家的最大利益。个人认同取决于社会体系及家庭历史，专门的知识不如成为团体成员的能力重要。

减压之道

个人在社会结构中的角色及在家庭中的地位给人一种生活的稳定感。家庭族系奠定了个人的社会地位。宿命论的观点让人们行使着各自的职责。天主教堂在萨尔瓦多的作用不像其他中南美国家那样强大，但是它的教义构建了社会结构。新教教派增长迅速。

平等与不平等问题

萨尔瓦多素来存在经济不平等、社会不平等及政治独裁。中产阶级数量很少，贫富之间存在巨大差距。基本社会、经济与政治权力都存在不平等现象，社会系统发生的改变通常由革命或军事政变造成。大男子主义十分强烈，女人也许在战场上能够与男人并肩作战，但是回到家中，她们没有丝毫平等可言。

商业惯例

约会

准 时

准时的习惯虽然没有得到萨尔瓦多人的严格实践，但是在商业领域却备受推崇，这也是萨尔瓦多人期待外国人应有的品格。

- 记住许多欧洲人和南美人书写日期时，通常按照日、月、年的顺序（如 1999 年 12 月 3 日被写作 3.12.1999）。萨尔瓦多人也遵从此惯例。
- 上班时间是周一至周五，8：30—12：30，14：00—18：00；周六是 8：00—12：00。政府办公时间是周一至周五的 7：30—15：30。
- 通过电话或电报的方式在旅程的前一个月定好约会事宜。
- 访问萨尔瓦多的最佳时间是 2—6 月，9—11 月。通常的度假时间是圣诞节和复活节的前后两周，以及整个 8 月。雨季从 5 月一直持续到 10 月。

谈判

- 只有彼此之间建立了关系才能做成生意。不要急于讨论业务，先花点时间建立友谊。
- 做生意的步伐较北美或欧洲来说缓慢得多。对待拖延要保持冷静耐心的态度。完成一项交易可能要花费好几个来回。
- 联系人在建立商务关系中能够起到至关重要的作用，试着通过大使馆、银行或船运公司等途径找到合适的联系人。
- 注意不要把美国人称为美洲人。拉丁美洲人也是美洲人，对这个问题很敏感。
- 萨尔瓦多人讲起话来很柔和，要把你的音调调整到萨尔瓦多人的标准。
- 对萨尔瓦多人来说，个人荣誉和保持脸面非常重要。所以，永远不要在公共场合批评别人，不要攀比，不要做任何使他人难堪的事。

- 尽管情况正在发生改变，但是在萨尔瓦多的上层商业圈中女性还是很罕见的。所以访问萨尔瓦多的女商人一定要表现出自己的专业性，传达出的信息应该是：她此刻代表的是公司，而不是她个人。
- 讨论生意的场合是办公室或进餐的时候，在私人家庭中从来不谈生意。如果你被邀请去萨尔瓦多人的家中，记住这纯粹是一个社交场合，莫谈生意。

商务款待

- 受邀去萨尔瓦多人的家中时，一定要就食物和他们的热情好客对女主人（或者她的厨师）大加恭维。
- 好的谈话题目是运动、家庭、工作以及萨尔瓦多的自然美景。
- 要回避的话题是政治动乱、暴力、宗教以及美国在拉丁美洲的干涉活动。记住萨尔瓦多已经经历了12年的内战，今天这种情绪依旧高昂。
- 一天中的主餐是午餐，其中很可能包括黑豆、玉米饼、肉类、水果和蔬菜等。
- 在家中，每个人自己服务自己。取了食物而不全吃掉是十分粗鲁的行为。

时差

- 当地时间比格林尼治标准时间晚六小时（G.M.T.–6）。

社交礼仪

问候方式

- 男性之间打招呼时握手，女性拍打彼此的右前臂或肩膀。亲密的女性朋友可能拥抱或亲吻彼此的脸颊。有时候的问候方式只是点点头。
- 尽管萨尔瓦多男性很愿意与女性握手，但是女性必须首先伸出手他们才会握。外国男性应该等萨尔瓦多女性先伸出手。
- 只有熟悉北美习惯的萨尔瓦多人才会握手时坚定有力。不要惊讶于他们软绵绵的握手，调整你握手的力度。萨尔瓦多人握手的时间可能比一般美国人持续的时间长。

- 在聚会的场合，习俗上与房间里的每一个人都要单独握手问候。
- 言辞致以问候时要使声音柔和动听，许多萨尔瓦多人都讨厌大嗓门的人。

称呼方式

- 招呼遇到的人时，应该使用头衔或姓氏的称呼方式。只有孩子、家人及亲密的朋友之间用名字称呼。
- 没有正式头衔的人应该被称呼为先生、夫人、小姐，然后加上他们的姓氏。在西班牙语中分别是：
  - 先生=Señor
  - 夫人=Señora
  - 小姐=Señorita
- 大多数萨尔瓦多人有两个姓氏：一个来自父亲，通常列在第一位，随后是另一个来自母亲的姓氏。称呼时通常使用父亲的姓氏，例如，Señor Hernan Antonio Martinez García 被称呼为 Martinez 先生，Señorita María Elisa Gutierrez Herrera 被称呼为 Gutierrez 小姐。女性结婚的时候，通常会加上丈夫的姓氏，在以后的时光使用这个姓氏。如果上例中的两个人结婚，女性的名字是 Señora María Elisa Gutierrez Herrera de Martinez，人们会用 de Martinez 夫人来称呼她，不太正式的称呼方式是 Martinez 夫人。
- 如果一个人有头衔，那么头衔加姓氏是重要的称呼方式。通常喜欢只用头衔（不加姓氏）的称呼方式。博士或医生被称为 Doctor，教师的头衔是 Professor，工程师用 Ingeniero 的头衔，建筑师是 Arquitecto，律师是 Abogado。

肢体语言

- 萨尔瓦多人交谈时彼此距离比美国习惯的要近，他们有时把一只手拍在对方的肩或衣领上。控制自己不要向后退，萨尔瓦多人很可能迈前一步再一次拉近距离。
- 不要用手指指任何人。
- 在召唤别人过来时，伸展手臂，掌心朝下，扭动手指。只有在召唤亲密的朋友时才用这种手势。

礼物

- 如果萨尔瓦多人邀请你去家中做客，最好带糖果或鲜花作为礼物。
- 不要送白花，它们经常和葬礼联系在一起。

服饰衣着

- 生意上，男性身穿保守、轻便的西装。女性穿衬衫、裙子，或者裙装。
- 在休闲的场合，男性在城市中可以穿裤子和衬衫，在凉爽的高地穿毛衣；穿紧身裤或者暴露的衣服对女性来说太罕见，可能冒犯到别人。

英 格 兰 England

基本资料

教育

英格兰的教育体系非常完善，以拥有一些世界一流的教育机构而著称，很大一部分税收都花费在教育体系的完善和建设上。英格兰对 5～16 岁的孩童实行免费义务教育制度，教育普及率达到 99%，学校出勤率达到 100%。联合王国有 40 多所大学及许多专业学校。

宗教

英格兰拥有自己的官方宗教——英国圣公会或英国国教。这个教派在亨利八世统治期间从罗马天主教分离出来，现在大多数英国人属于这个教派，教堂不再拥有政治权力。英格兰其他代表性宗教派别包括罗马天主教、长老教、循道宗教及犹太教。宗教被视为一个非常私人的话题。

文化定位

认知形式：英格兰人组织并处理信息的方式

英格兰人通常在大多数问题上不愿接受外部信息。他们愿意参加讨论，但是很难轻易改变自己的观点。他们长于分析，以抽象的风格处理信息。他们很少从主观的角度看待问题，通常将问题诉诸规则定律。不论是谁主持谈判，公司的政策都会得到一贯的执行。

谈判技巧：英格兰人接受事实的方式

客观事实是真理唯一的有效来源，看待问题时很少依赖个人的情感。为数不多的意识信仰会对决策产生影响。英格兰人惯于运用保守的陈述。

价值体系：行为的标准

由于皇室花费数目庞大，君主存在的合理性越来越受到严肃质疑。

决策的核心

英格兰人推崇极度的个人主义，为自己的决策负责，但是决策的做出也总是围绕着家庭、集体或组织的框架。个人创新与成就受到重视，能够带来强有力的领导权。他们并不认为说“不”是一件困难的事，个人有权决定自己的私人生活，这些私生活不应该在商业谈判中公开讨论。友谊很少，有具体的诠释。

减压之道

任何事都有自己的既定规律，这给生活带来了安全感。防御良好的外部结构（法律、政府、组织）为生活带来保障。他们非常在意时间，很多压力来自最后期限与最终结果的到来。情绪不宜在公共场合流露，“咬紧牙关”是对他们品质的最好阐释。

平等与不平等问题

人们在社会或商业中扮演的角色（而不总是扮演角色的人）能够给人带来根深蒂固的信任感，以及这些角色带来的强烈独立感。这些角色不可避免地带有不平等的方面，但是人们在保障平等方面受到法律保护。种族之间存在歧视。他们非常需要成功，决策过程因此缓慢，要经过深思熟虑。女性在薪水和权力方面享有极大的平等地位。

文化注释

英格兰是“大不列颠及北爱尔兰联合王国”实体的一部分。联合王国的大部分国际生意是由英格兰开展的。但是，学习下列术语的使用将会很有帮助。

不列颠指的是英格兰、威尔士和苏格兰所在的岛屿。尽管英国人习惯上将不列颠所有居民称为“不列颠人”，这个词汇却不为威尔士人和苏格兰人所喜欢。

北爱尔兰与爱尔兰共和国共享一个岛屿。称呼一个从爱尔兰来的人为“不列颠人”是错误的，而且会被对方视为侮辱。

联合王国的四个组成部分（英格兰、威尔士、苏格兰与北爱尔兰）都有自己各自独特的历史、文化与祖先语言。分裂主义的压力让这些地区的宗教彼此分离。

商业惯例

约会

准　时

➢ 永远准时。伦敦的交通拥堵严重，所以要为赴约留出大量时间。

- 至少提前几天安排会见，到达英格兰以后再次对约会进行确认。
- 工作时间是周一至周五 9：00—17：00，政府办公室 13：00—14：00 休息，17：30 下班。
- 行政官 17：30 离开办公室。

谈判

- 与英国商人取得联系的最好方式是通过第三方。
- 随后的生意则不太适宜由第三方干涉。
- 如果你没有联系人，可以给公司写信，而不是写给个人或部门。
- 商业中的等级制度如下：常务董事（美国的首席执行官）、副董事（美国行政官中的副总裁）、部门主管、副主管，最后是经理人。
- 通常秘书会把你介绍给行政官，在没有秘书介绍的情况下你也可以自我介绍。
- 相对于长期合作而言，英国人通常更关注短期收益。
- 改变对英国人来说不是一件好事情。
- 会见结束以后，要确保给英国合作伙伴留下详细的资料。
- 英国人通常不会暴露激烈的情绪，所以外国人也应该尽量让自己克制一些。英国人对待危险情况的传统态度就是轻描淡写。
- 同样，英格兰人不会对产品或方案提出奢侈的要求。

- 有些英格兰人认为美国商人总是显示出优越感，安全起见，努力不要给人留下这种印象。
- 不要强行销售。
- 英格兰做决策的步伐比美国慢。
- 不要催促英格兰人做出决定。
- 允许英格兰执行官建议结束会见，然后尽快离开，不要拖拖拉拉。
- 尽管美国执行官是出了名的直截了当，英格兰人在这方面也毫不逊色。如果他们没有拐弯抹角，而是直截了当地评价你的建议，不要感到受到冒犯。
- 公司最好派一名年长的行政人员去英格兰，因为年龄大的人更受尊重，在行为上更克制。

文化注释

口头协议也有约束力，随后会进行书面确认，只有主要协议才会要求走法律程序。

建议联系律师（英格兰叫法律顾问）时，务必谨慎。

- 交换名片不是必需的步骤。但是如果你的名字很特别，你就应该分发名片。

文化注释

尽管美国商人把联合王国里的每一个人都看作“不列颠人”或“英国人”，但是苏格兰人、威尔士人与爱尔兰人不叫“英国人”。注意使用恰当的术语称呼遇到的人。

- 英格兰人不认为自己是欧洲人，认识到这一点对讨论欧盟问题很重要。
- 不要像在美国那样拿“你是做什么的？”当话题的开头语，因为英格兰人认为这是一个私人话题。也要回避其他隐私问题，即使是“你来自英格兰的哪个部分？”这样的问题也要回避。
- 避免谈论政治、宗教等有争议的话题，不要讨论英国的工作伦理观念。
- 用完整的句子讲话。一些美国行政官习惯于开始一个句子，然后整个思想陈述还没完成就任凭这句话无声无息了。这会惹怒英格兰人。
- 尽管英格兰人经常自我批评，拜访者却不能效仿他们的批评方式；同样，如果他们想与你分享抱怨，你不要参与。
- 英格兰人经常致歉，即使只是造成了小小的不便（美国人也是如此）。

- 英格兰人非常喜欢讨论动物。
- 不要开皇室的玩笑。
- 讨论家族谱系不是好的谈话方式。

商务款待

- 商业早餐在英格兰不常见。
- 酒店的早餐非常丰盛。
- 午餐时间是 12：00—14：00。
- 商业午餐经常在酒吧里举行，通常只是一顿便餐。
- 与高级行政主管一起的午餐会在最好的饭店举行，或者在行政餐厅。
- 晚餐时间是 19：00—23：00，大多在饭店举行。
- 下班后出去时不要提及工作的话题，除非是英国合作人自己开口谈这个问题。否则，你会被看作枯燥乏味的人。
- 大多数商业宴会都在饭店或酒吧里进行，很少在家中举办。
- 招呼侍者过来的时候，简单举起手即可。
- 要吸烟的话，自己吸之前先把香烟让给身边的人，问他们要不要。
- 取笑年长或级别比你高的人是一种不礼貌的行为。
- 如果你去做客，一定要自己提出离开，因为主人不会暗示你他们想结束晚宴的。
- 不要约商业伙伴出去，除非你们已经非常了解。
- 如果约请英格兰人出去，最好名单中包括背景相同、专业层次相似的人物。
- 如果你是主人，一定要把最尊贵的座位让给级别最高的人物。他或她可能会推辞，会坚持把它留给主人你，不妨优雅地接受。
- 美国人右手持餐叉，或者从左手换到右手，但是英格兰人总是用左手拿餐叉。
- 围绕餐桌传递东西时，一定要向左传递。
- 要一直把手放在桌子上（但是不要把肘部也放在桌上！）。
- 盘子上方的餐刀是用来取黄油的。
- 出去进餐时，询问周围看到的食物是一种不礼貌的行为。
- 同样，你不能尝别人盘中的食物。

- 通常来讲，要保持一种适宜的礼节。
- 英格兰人始终保持传统，为女性开门，并且在女性进入房间的时候起身迎接。
- 英格兰人刚刚开始关注健康饮食，不要就这个问题强迫灌输自己的见解。但是英格兰的素食主义很受欢迎，尤其是在女性中间。

时差

- 英格兰位于格林尼治标准时区。

社交礼仪

问候方式

- 握手是商业场合标准的问候方式，拜访别人家庭时也要握手问候。
- 女性不必握手。
- 男女问候时女性会先伸手，男性要等待女性做出此举。
- 在介绍时，要说"How do you do?"（你好！）而不是"Nice to meet you!"（很高兴见到你！）。问句带有修辞色彩。

称呼方式

- 谈话中不会使用商业头衔。
- 找出你与之接触的任何人的荣誉头衔，不管你与此人多么熟悉，都要使用荣誉头衔。
- 称呼医生、牧师等人时用头衔加姓氏的方式，但是外科医生用 Mr.（先生）、Mrs.（夫人）或 Miss（小姐）来称呼。
- 不要用"Sir"，应该用本人的头衔来称呼对方。例如，说"Yes, Minister"（是的，部长），而不要说"Yes, Sir"（是的，先生）。
- 英格兰人也开始像美国那样使用名字称呼别人。但是，你要等主人这样做以后再效仿。
- 谈话过程中不要总是重复对方的名字。

肢体语言

- 谈话时双手放在口袋里是不礼貌的行为。
- 交谈时英格兰人通常不会看着对方。
- 商务场合，轻轻握手是标准行为。
- 在拜访别人家里时，握手很合适，但是握手并不适合所有的社交场合。观察别人怎么做。
- 不要用手指指点，而要用头部示意。
- 就座时把脚踝搭在膝盖上是一种不礼貌的行为。
- 如果你想做出“胜利”的手势（两个手指形成 V 字形），不要掌心朝外。
- 轻敲鼻子意味着机密，或者有秘密。
- 公共场合触碰别人不太适合，即使拍打后背或者把手搭在别人肩膀上也会让英格兰人不舒服。
- 此外，英格兰人交谈的时候与对方保持较远的距离。
- 交谈的时候避免过度使用手势。
- 在拥挤的公共交通工具上，男性会把座位让给女性。

礼物

- 送礼物不是英格兰做生意不可缺少的部分。
- 与送礼物相比，邀请主人出去吃饭或看演出更受欢迎。
- 受邀去往英格兰人家中时，作为礼物可以送鲜花（不要送白色百合，那是死亡的象征）、白酒、香槟酒或巧克力。结束后立刻送去一张简短的手写感谢便条，最好由信使送去，不要邮寄。
- 送鲜花时，咨询花匠送什么品种、什么数量。
- 买东西时要小心，因为通常没有退换政策。

服饰衣着

- 保守的服饰很重要。
- 男性应该穿系带的鞋，不要穿矮腰平底便鞋。

- 男性衬衫应该没有口袋，即使有口袋也不要用它装东西。
- 男性不要佩戴条纹领带，英国“军团”是条纹的，你可能被看作刻意模仿。
- 男性的服装一定要品质一流，但是没必要看起来很新，整洁的旧服装是可以被接受的。
- 女性着装同样要保守。

芬　　兰　　Finland

文化注释

作为一名外国人，如果你能区分斯堪的纳维亚地区各个国家之间的差别，你会深受斯堪的纳维亚人的喜欢。记住芬兰语被归类于芬—乌戈尔语系，所以与丹麦人、挪威人及瑞典人的语言毫无关系（后者都属于印欧语系）。

基本资料

语言

芬兰有两种官方语言：芬兰语和瑞典语。

英语是主要学习的外语，许多芬兰人是多语使用者。生意可以用英语开展，年老的芬兰人还会说德语。

宗教

芬兰的主要宗教是路德教，89%的人口属于这个教派。尽管自 1923 年以来宗教信仰自由开始推行，福音派路德教教堂还是受到政府税收的支持。

文化定位

认知形式：芬兰人组织并传递信息的方式

芬兰人认为他们已经得到了需要的一切，因此他们不寻求也不接受他人提供的信息或帮助。芬兰受过高等教育的人思维变得更加概念化，处理信息经常从分析的角度出发，而不是从主观联想的角度着眼。芬兰人遵从普遍规律，而不是把每一个情况都当作独特的问题来处理。

谈判技巧：芬兰人接受事实的方式

社会福利意识形态的信仰是芬兰人追寻事实的基础来源，他们在谈判中倾向于利用客观事实而不是主观情感。

价值体系：行为的基础

芬兰是一个社会福利国家，高度重视人文主义和环境保护。

决策的核心

在社会福利意识形态的范围中，个体被赋予做决策的自主权。一个人要扮演双重角色，一方面是强烈的自我意识，另一方面要帮助那些不能自助的人，个人的能力比生活中的地位更加重要。芬兰人珍惜自己的隐私权和保持个人见解的权力。

减压之道

社会福利与小家庭的状态为芬兰人提供了稳定感和安全感，这减少了生活中的不安和焦虑。芬兰人是高度的民族主义者，拥有自由的哲学观，容忍异议者和背离者。但是，芬兰人既需要拥有强大的个人形象，又属于社会福利国家的一分子，两者之间产生了一定的矛盾焦虑。

平等与不平等问题

芬兰是一个平等的社会,不同权力阶层的人们彼此之间拥有根深蒂固的信任。人口的种族均一，将种族争斗减到最低程度。芬兰基本上是一个中产阶级社会，政府为家庭需要提供帮助，社会差别最小化也降低了贫富之间的差距。在这个社会中，丈夫与妻子分担抚养孩子的义务。

商业惯例

约会

准　时

➢ 出席商务约会要永远准时。

➢ 社交场合要求准时出席。

- 记住许多欧洲人和南美人书写日期时，通常按照日、月、年的顺序（如 1999 年 12 月 3 日被写作 3.12.1999）。这也是芬兰的惯例。
- 提前几周制定约会。
- 工作时间是周一至周五 8：00—16：30。冬季（9 月至来年 5 月），有些公司业务开展时间是 9：00—17：00。
- 冬季时，政府办公时间是 8：00—16：15；夏季为 8：00—15：15。
- 商店开业时间一直到下午 16：00 或 17：00，周一至周五。周六关门时间是 13：00—15：00。
- 有些公司在节日的前一个下午就开始歇业。
- 芬兰人每年都享受四周到五周的假期。
- 避免在 7 月、8 月及 9 月初到芬兰商业旅行，那时大多数人都在外出度假。

谈判

- 你在芬兰会发现人们混合使用英式英语与美式英语。头衔使用英式惯例，所以首席执行官用常务董事来替代，副总裁用副董事来替代。尽量与常务董事谈判，他或她才是决策者。
- 芬兰人经常开门见山谈生意，很少闲谈。
- 不要带着高人一等的姿态。
- 芬兰人会非常安静，不要被长久的沉默分心。
- 名片在芬兰十分重要。名片可以在见面介绍时呈递，也可以在会见的过程中呈递。

- 交谈的时候要直视对方的眼睛。
- 芬兰人在公共场合十分沉默，丝毫不露情绪。
- 芬兰人喜欢谈论政治，这个多党制的国家有许多政治观点，记住这一点。
- 好的谈论话题包括业余爱好、旅行、运动及政治。
- 私人问题应该回避。
- 芬兰人喜欢大自然，对环境问题很关心。

商务款待

- 日常午餐中，牛奶和咖啡是常见的饮料。芬兰人喜欢咖啡，咖啡馆随处可见。
- 如果你对葡萄酒有所了解，芬兰人会对此很欣赏。
- 商业合伙人可能邀你出去吃饭，通常配偶也会被邀出席。

文化注释

- 主人可能邀请你去洗桑拿。事实上，用过昂贵的一餐之后洗个桑拿，是商务宴的完美结束方式。
- 桑拿是一项带有宗教性质的经历，要将受邀洗桑拿视为莫大的荣誉。
- 洗桑拿时男女分开。如果只有一个机会的话，女性优先使用。
- 芬兰人洗桑拿时通常裸体，除非他们想随后去公共场合游泳（那时穿泳装）。但是他们不会介意你洗桑拿时是穿泳装还是围条毛巾。
- 洗完桑拿后人们会吃点面包、香肠和鱼。鱼会很咸，这是为了补充在桑拿的热度里流失的盐分。

- 第二天给主人写一张感谢便条。
- 赶时髦式的迟到行为不太恰当。
- 受邀请去芬兰人家中参加晚宴时，带些花送给女主人。
- 斯堪的纳维亚人以餐间豪饮而著名，所以如果你也饮酒的话一定要适可而止。芬兰有严格的法律禁止酒后驾车。
- 经常在一餐开始的时候进行祝酒。
- 左手持餐叉，右手持餐刀。
- 冷餐称作 voileipapoyta。

文化注释

夜晚的娱乐活动通常以舞会结束。令人奇怪的是，沉闷而安静的芬兰人最喜欢的舞蹈是探戈。

时差

- 芬兰时间比格林尼治标准时间快两小时（G.M.T.+2）。

文化注释

使用芬兰电话簿时候要记住，以独特的斯堪的纳维亚文字（看起来像“a”和“o”，但是带有附加符号）开始的名字按字母顺序排在电话簿的最后。

社交礼仪

问候方式

- 坚定有力的握手是男性和女性的标准问候方式，芬兰人甚至鼓励孩子握手致意。
- 与一个团队打招呼时，恰当的方式是先同女性握手。
- 介绍时，人们使用全名，或者使用头衔加姓氏。
- 只有亲密的朋友或家庭成员问候时才拥抱或亲吻。

称呼方式

- 芬兰人名字的顺序与美国一致：先是名字，然后是姓氏。

文化注释

发音读芬兰人的名字时，双字母读起来是一个字母长度的两倍（如“aa”是“a”的两倍长），重音节总是落在单词的第一个元音上。

- 不要称呼名字，除非对方要求你这样做。
- 行政人员愿意人们用头衔加姓氏的方式称呼他们。（这种方式在书写时尤其重要。）

- 没有头衔的人应该用 Mr.（先生）、Miss（小姐）、Mrs.（夫人）加姓氏的方式称呼他们。

肢体语言

- 交叉双臂是不恰当的姿态，这是傲慢的肢体语言。
- 抬起头意味着“过来”。
- 芬兰人不太习惯像拍后背这样的身体接触。
- 与人交谈时双手插在口袋里是不礼貌的行为。
- 就座时脚踝放在膝盖上过于随意。
- 温暖的微笑总是受到欣赏。
- 男性在与他人交谈时或进入一栋大楼时应该摘掉帽子。

礼物

- 去芬兰人家中时带一瓶葡萄酒总是很受欢迎（另外送女主人一束鲜花）。
- 商业礼物不能过于奢侈，也不能过于吝啬，而且不要在第一次见面就送出。
- 个性化的礼物，如送给客户一本题目有趣的书，很受赏识。
- 菲斯卡剪刀（带有橙色把手）是芬兰最常见的仿制品，不要送任何可能与它产生竞争的礼物。

服饰衣着

- 尽管芬兰人很时尚，但是商业服装依然保持着非常保守的风格。
- 芬兰男性会经常穿西装，西装不但适用于商业场合，而且适用于社交场合。夏季如果看到芬兰人脱去西服外罩，你也可以效仿。
- 正式场合男性可能需要无尾晚礼服。
- 商业女性应该穿裙装或套装。社交场合要准备正式的裙装。
- 冬季女性通常穿防雪鞋上班，到办公室以后再换鞋。

法　　国　France

文化注释

与美国的惯例法体系不同，法国拥有民法法律体系。商业合同很短，因为通常涉及法律法规。许多商人学习过法律，自己能够起草合同。签订国际合同时会选择受何国法律约束。

基本资料

语言

法语是官方语言。法国人对自己的语言非常自豪，几个世纪以来法语一直是国际外交语言。如果你不会讲法语，建议你为此致歉。但是，许多法国商人都会讲英语。

宗教

法国没有官方宗教。法国基本上是一个天主教国家（天主教徒占 90%），但是新的移民也信仰其他宗教，如伊斯兰教。

文化定位

认知形式：法国人组织并传递信息的方式

法国人愿意接受信息，加入讨论，可能在很短的时间内改变主意。但是法国人有强烈的民族优越感，不会接受任何与自己的文化准则相悖的事物。理念观点对法国人来说非常重要，他们分析问题时通常从分析、批判的角度出发。他们把每一种情况都当作独特的问题来看待，运用自己所有的知识来解决问题。

谈判策略：法国人接受事实的方式

法国人讨论问题的时候倾向于从分析批判的角度出发，言辞中充满了大量富有机智且逻辑性很强的修辞。他们酷爱辩论，对最终效果的追求和渴望超过对事实的细节与形象的注重。对某一意识形态的信仰与情感会成为其言语修辞中的一部分。

价值体系：行为的基础

法国人对自己传统的自豪之情有时候会让他们的行为显得以自我为中心。以下三个部分刻画了主流文化的价值体系——他们区分正误善恶的方法。

决策的核心

法国人是强烈的个人主义者，拥有集中的权力机构，这使得决策的过程非常迅速。参与者之间的关系是决策过程中一个主要的变量。个人的身份定位取决于他或她在社会领域中的成就。受教育程度是社会地位中基本的参照指数，个人隐私在社会各个阶层都有必要得到保护。

减压之道

法国人似乎非常注重地位、级别与礼节。人际联络非常重要。参与公众事务让他们从中获得安全感。他们不愿冒险，所以几乎不在远期目标中投入精力，因为未来是变幻莫测的。一个人可以在公共场合表现积极或消极的情绪。

平等与不平等问题

法国社会阶级层次化非常强，但是大多数人都属于中产阶级。然而，社会阶层之间存在强烈的敌对情绪。在各个行业中，上级都要求下属服从自己。权力是社会的基本事实，有能力统领国家或团体的领导总是身价很高。性别在社会扮演的角色没有固定标准，因为人的地位比性别更重要。

商业惯例

约会

准　时

> 不论谈生意还是出席社交场合都要提前约定。尽管法国南部对时间概念很随意，但是对待约会要像在美国一样准时。

- 大多数法国人夏季休假四五周，经常选在 7 月和 8 月。事实上，除了旅游业，整个法国都在 8 月停止营业。所以，尽量在其他月份开展业务。
- 所有场合都要呈递名片，接到他人的名片的时候一定要恭敬对待。
- 到达法国之后最好将名片用法语印制。一面用英语，另一面用法语翻译。法语的那一面应该包含任何学术证书的信息，如果你的学校很有威望，把它的名字也印上去。
- 上班时间是 8：30 或 9：00 到 18：30 或 19：00。午餐时间可能持续两小时，甚至更长。在巴黎，午餐开始时间是 13：00；在其他省份，是 12：00 或 12：30。行政人员经常 19：00 或 20：00 才离开办公室。
- 安排会见的最佳时段是 11：00 左右或 15：30。

谈判

文化注释

大多数讲英语的法国人学习的是英式英语，这使得与美式英语使用者交流起来会存在障碍。例如，在美国说一个演讲“爆炸了”意味着它失败了，但是在英国恰好相反，指的是演讲成功了。

法语和英语的词汇可能是同根词，但是它们拥有不同的意思或内涵。如果你不会讲法语就不要轻易被惹怒。例如，法国人使用 demander 只是普通的要求得到某物，并不像英语中的 demand 那样带有强迫的意味坚持要求别人做什么。如果你只会讲一点法语，那么不要认为英语词在法语里面带有同样的含义。例如，你想用洗手间，所以使用了翻译中的同等词 salle de bains，但法国人不会明白你想去的是厕所。

- 法国人的目光交流是非常频繁与密集的,以至于北美人会感到受到了胁迫。
- 法国人的“校友关系网”作用很大，缺乏以业绩为基础的晋升机制，你必须对每个人的工作情况有所了解。如果你掌管的公司以提供服务为主，就一定要制定政策，根据法国员工所提供的服务质量调整其职位。这一点正是法国管理层做不到的，切记对公司的服务标准做出有效的沟通。
- 法国人拘泥保守的性格众所周知，业务交易中轻松随意的态度会让他们敬而远之。
- 谈判中，法国人想让你看起来像一个请求者，所以要把自己定位为弱势群体。
- 法国阶级等级森严。低级行政执行官会把问题提交给高级官员解决，试着培养一个高层关系网。法国最高行政执行官叫作 PDG，即总执行官。
- 女性不要把法国人的殷勤有礼误当作屈尊俯就。
- 不要用询问隐私问题来开始一段谈话。
- 不要把法国人的高声调或激动的手势当作愤怒的表示，这些只是意味着法国人对这个话题很感兴趣。
- 法国人写信时风格十分正式。

商务款待

- 一天中的任何一餐都可用于商务款待，但是午餐是最佳选择。
- 虽然法国人对“早餐汇报”并不陌生，但是他们对这种形式热情度不高。
- 午餐可能持续两小时，晚餐开始时间较晚，通常在 20：00 或 21：00。
- 在商业午餐或晚餐的席间，谈论生意之前要先对食物表示出极大的热情。
- 不要在咖啡馆里谈生意，那里环境嘈杂，试着找一个安静的饭店或酒吧。
- 无论谁提议进餐或喝酒水，最终付账单的人都是他。
- 大多数饭店都需要提前预订，但是啤酒店和旅馆除外。选择饭店时，要坚持一直选择法式，不要选择其他异域风格。
- 法国人对健谈者很赏识。

- 就餐时，要一直保持把双手放在桌上。菜会一道道地上，不要一下子就吃饱了。吃完时，把刀叉平行放在餐盘上。一餐快结束时会上奶酪；不要直接把奶酪涂在面包上，也不要两次自己动手。
- 饭前不要喝烈性酒，上菜期间也不要吸烟。法国人认为这会杀死味蕾。
- 喝葡萄酒是法餐的惯例。如果你不想喝，吃饭前把杯子倒扣在桌子上。
- 尊重隐私权。法国人进门后会把门关闭，你也应该这样做。进门前先敲门等待。

时差

- 法国比格林尼治标准时间快一小时（G.M.T.+1）。

社交礼仪

问候方式

- 遇到他人或受人介绍时，要握手问候对方，离开时也要握手。通常来讲，女性会首先伸手示意。法国人握手的力度不像美国人那样有力。
- 社交场合问候朋友时要互碰脸颊，在空中发出亲吻的声音。

称呼方式

- 找出 2 个遇到的年长法国人的头衔，介绍及交谈的过程中要一直使用头衔称呼对方。即使像“女士”这样简单的头衔在谈话过程中也不能省去，不论是用英语还是法语谈话。
- 对所有女性使用 Madame（女士）的头衔来称呼，年轻的女孩除外。
- 不要用名字称呼对方，除非对方要求你这样做。不要对法国人使用姓氏的称呼方式感到厌烦，这并不意味着他们不友好。
- 法国人有时候会先说自己的姓氏，Pierre Robert 可能在介绍自己时自称为“Robert, Pierre”。不妨开口相问。

肢体语言

- 竖起拇指的动作在法国意味着“OK”，美国人用来表示 OK 的动作（拇指和食指环成一圈）在法国意味着“零”。
- 用伸展的手掌去拍打拳头是一种粗俗的动作。
- 示意结账时，做出书写的动作。
- 不要在公共场合嚼口香糖！
- 拜访者或年长者进入房间时男性应该起身，或者做出起立的动作。

礼物

- 初次见面不要送礼物。
- 送礼物不要过于奢侈，也不要过于吝啬。不要送带有公司标志的礼物。品位高雅的任何东西都可以成为礼物。
- 不要在礼物中放名片。
- 好的礼物包括书籍和唱片，这些显示了他们对知识的兴趣。可以带去本国的畅销书，最好是传记。书籍越厚越复杂，越能成为一份好礼物，简单不是法国的美德。
- 参加聚会时可以给主人带去鲜花（不要送玫瑰和菊花）、上好的巧克力或烈酒作为礼物，这些礼物要在聚会开始之前而不是结束以后呈上。不要带葡萄酒，因为主人很可能已经为聚会的场合精心选择过葡萄酒。
- 致谢时，可以在第二天送上（至少）一张便条，按照你的意愿送上鲜花或一篮水果。因为不可能通过电话为所有的款项付钱，所以你可以询问酒店可否把这些款项加入酒店账单中。

服饰衣着

- 法国人对服饰很敏感。穿着要保守，要舍得对制作良好的服装投资。
- 在法国北部，或者在冬季，男性应该身穿深色西装。
- 美国北部人应该意识到法国服饰的剪裁方式与美国的非常不同。
- 在休闲装的取舍上要效仿法国人的做法。

德 国 *Germany*

文化注释

大多数德国人对环境有很深的亲切感。勇敢的德意志部落在广袤雄伟的森林中骁勇善战，成功击退罗马帝国，这一历史形象深深烙在德国人心中，这一事件对德国人的价值有如西部拓疆运动对北美人的价值。德国是第一批环境纲要主导政党的国家之一，“绿色政党”在其国民立法机关中已赢得席位。

基本资料

语言

德语是官方语言。尽管 99%的人口都讲德语，但是其中也有数种方言。德国人在学校（不论是在德国国内还是国外）学习的教科书可能与当地的方言有很大差异。

文化注释

如果你说的是慕尼黑的巴伐利亚方言，与北部工业城市的商人进行谈话时就可能有语言障碍。

不论你使用哪种语言，讲话时都要保持句子的完整性。要清楚地表明一个句子已经说完，不要让每句话不知不觉地结束。德语中，最重要的词汇通常都放在句子的末尾。所以德国人养成了注重倾听最后一个单词的习惯，如果最后一个词总是缺席，德国人会感到很恼怒。

宗教

全国人口在罗马天主教与新教（由各种路德教派组成）教徒之间几乎平均分配，还有少量的犹太教徒和穆斯林。

文化定位

认知形式：德国人组织并传递信息的方式

德国人通常对外界信息很保守，即使是同一组织的分支之间也不轻易分享信息。但是年青一代的德国人正变得越来越开放。德国人在处理信息时注重分析和概念化推理，他们高度信奉自身文化中的普遍规律。友谊发展的速度很慢，不过一旦缔结友谊，这种关系就会变得根深蒂固，因为承受了精挑细选。

谈判策略：德国人接受事实的方式

客观事实构成真理的基础，谈判中不会接受情感的介入。对社会民主意识形态的高度信仰会影响德国人对真相的理解角度。

价值体系：行为的基础

人们可能发现东德和西德之间的价值体系存在一些不同之处。以下三个部分刻画了德国主流文化的价值体系——他们区分正误善恶的方法。

决策的核心

德国人是强烈的个人主义者，但是所有的决策过程都会把文化历史因素考虑在内。决策的过程缓慢且牵涉较多，因为所有的周边因素都要在过程中加以考虑，决策一旦做出即不可更改。在生活的各个方面都有必要保持个人隐私，私人问题不宜在商业谈判中讨论。与合作伙伴发展一种私人友谊的做法很重要。

减压之道

普遍规律和法则与强大的内部纪律结合在一起，给生活提供了稳定感，降低了不确定因素。这里非常需要社会和个人秩序，很少对异己行为容忍。德国人内敛自控性非常强，所以很少暴露情绪的起伏。对未来的恐惧或怀疑（经济、政治和社会方面）孕育了焦虑和悲观主义。

平等与不平等问题

强烈且微妙的偏见存在于外国工人、避难者、吉卜赛甚至可能存在于东德人之中，因为他们是求职市场的威胁，与国家民族信条之间存在分歧。德国社会等级森严，由固定的阶级充当组织者的角色，制定程序，发号施令。法律保障人人平等的权利，但是在劳动力市场上难以获得实施。女性在薪水和权利方面需要克服强大的偏见才能获得平等的对待。

商业惯例

约会

准　时

- 世界上没有任何一个国家比德国更重视准时。永远要按时出席约会，不论是商务还是社交场合。
- 迟到两三分钟对德国行政人员是一种侮辱，尤其当你地位级别比对方低的时候。

- 记住，许多欧洲人和南美人书写日期时，先写日子，然后是月份，最后是年度（如 1999 年 12 月 3 日写成 3.12.1999）。这也是德国的惯例。
- 尽管英语在德国获得广泛使用，有些德国商务人士还是喜欢用德语开展业务。针对这种状况要提前做出询问，以便于你方或接待方准备一名翻译。
- 约会应该提前谈妥。使用电话或电报通知时要至少提前一两周，邮件要至少提前一个月（航空信件可能要花费一个星期的分发时间）。如果你没有充足的订货、交货时间，有时候还会提前几天举行一个简短的预备会议。
- 商业信函可以用英语书写。信件书写风格要正式，带有商业意味，没有语法错误。称呼语要写给公司全体人员（亲爱的女士们、先生们），不要写给单独的某个行政人员。在德国，每个人每年都会享受至少四周的假期，如果你的信件写给某位度假的行政人员，可能很久以后才收到回复。

文化注释

德国公司现在依旧保持一个惯例：发信的时候不注明写信人的名字和头衔，只在签名档下面编上一个信件号码。显然，这给回信时确定回复给谁带来了一定的困难。

- 当两个德国人都在商业信件中签名的时候，这暗示着两个人都有决策权。在决议做出之前，两个必须达成一致。
- 制定商业约会的最佳时间是 11：00—13：00，或者 15：00—17：00。再晚些的下午约会就不太常见了。
- 不要在星期五下午安排约会，有些办公室星期五 14：00 或 15：00 就下班了。许多人会在 7 月、8 月、12 月度长假，所以要预先确认你的合作伙伴是否有时间。还要记住在很多地区性节日期间工作同样无法获得进展，如慕尼黑啤酒节或四旬斋之前的三天狂欢日。
- 在前东德，从来不会在周三安排会见。这种情况在重新统一后已经改变。
- 上班时间是周一至周五的 8：00 或 9：00—16：00 或 17：00。
- 商店开业时间是周一至周五的 8：00 或 9：00—17：00 或 18：00。周六大多数商店 14：00 关门，但是每月一次，周六商店会一直营业到晚上。

文化注释

晚间购物受到政府的限制，这给职业女性制造了极大的难题，因为她们负责采购大量家庭用品。

谈判

- 美国行政人员有时候会有这样的推测，既然德国产品的品质同美国一般无二，那么他们做生意的方式肯定与美国人相同。但是事实上，德国人做生意的步伐远比美国人缓慢。
- 对外界来说，德国人的决策过程充满神秘。除了要通过正式的环节，德国公司通常还有一系列的“隐蔽”咨询师和决策者。征得这些“首脑参谋团”的许可同样必不可少。

文化注释

德国人讨厌夸大其词。记住要用大量的数据来支持你的言论。实例研究和例证非常重要。

事实重于情感，这在德国的印刷广告中可见一斑。美国的广告在视觉上可谓魅力十足，令人激动，而德国的广告更多的时候是在证明产品的优越性。

做好准备在接到通知的很短时间内能够提供大量的信息。有些要求看起来很琐碎，但是记住这些对德国人来说很重要。

- 德国人在品质方面享有的盛名（有一部分）是建立在缓慢且井然有序的策划基础上的，交易的每一方面都会受到众多行政人员的反复权衡。不要奢望能够加速这一进程，这种缓慢的节拍存在于所有的商业事务中。德国人认为把工作做好是需要时间的。
- 德国人的准时并不会体现在交货日期上。产品交货时间可能比预计的要晚，德国人对此既不会做出解释也不会道歉。
- 与德国人建立亲密的商业关系要花费大量的时间。他们最初毫不掩饰自己的冷漠，但是随着时间的流逝，这种态度会彻底改变。一旦他们了解你了，他们就会非常合群。
- 大多数高层行政人员都懂英语，所以没有必要把名片都进行翻译。但是，所有的宣传材料和介绍性文字都应该译成德语。
- 要带足够多的名片，可能有许多德国人想和你交换名片。
- 如果你的公司历史悠久，不妨把公司成立日期印在名片上。
- 教育在德国受到高度重视，所以要确定把学士以上的学位印在头衔上。
- 德国人在开始谈生意之前不愿意过多进行社交活动，所以你可能径直走进办公室，介绍完自己以后开门见山谈业务，这种情况很有可能发生。
- 如果德国人决定谈业务之前先闲聊几句，他们可能问到你的旅程、住宿、来自哪个城市，等等。
- 德国人的微笑暗示着赞许。他们在业务进行过程中通常不展露微笑，不管是对顾客还是对同伴。
- 生意是一件很严肃的事，他们对商务背景下的幽默言辞并不欣赏。
- 恭维会让德国人感到尴尬，他们既不会恭维别人，也不会接受恭维。除非听到抱怨，否则他们会认为一切进展都是让人满意的。

- 问题出现时，要准备好清楚详细地做出解释，不带任何感情色彩。可能你必须采用书面形式，因为德国人不习惯非正式的“传口令”。
- 美国人的商业习惯是先陈述事物的积极方面，再陈述消极方面，但跟德国人打交道不要仿效这种习惯。这种恭维与抱怨并列的模式在德国人看起来是矛盾的，他们有可能推翻你的全部陈述。
- 隐私权对德国人来说至关重要。不论在家中还是在办公场合，房门永远是关闭的。进门之前要记得敲门，得到许可以后再进入。
- 交谈时，德国人站的距离比美国人远。他们摆放家具的位置就说明了这一点：你可能发现自己坐的椅子离别人太远，不得不把销售方案抛递过去。不要把椅子挪近，挪动德国人办公室里的装备对他们是一种极大的侮辱。
- 与德国行政人员交谈要回避询问私人问题。如果一个行政人员想让你知道他或她是否结婚、是否有孩子，他或她会找到合适的方式将这信息传递给你。在德国，家庭生活与工作是截然分开的。
- 显而易见，尴尬的政治问题应该避免涉及。不要询问有关第二次世界大战或反犹太主义的问题。
- 德国人对政治知之甚多，拥有坚定的政治观点。他们还非常诚实，可能对你的国家（或某项行动）直言不讳地发表自己的见解，即使是一些消极的言论也从不掩藏。
- 运动是一个很好的谈论话题。许多德国人是狂热的足球迷，滑雪、远足、骑自行车、网球都是流行的运动项目。但是，国家承办东德奥林匹克奥运会方案的失败可能是一个让人不舒服的话题。
- 德国拥有世界上最好的啤酒。喝德国啤酒的人会很高兴为你解释当地酿制的啤酒，尤其是季节性的啤酒或一些特酿，如一种由小麦制成的柏林白啤酒。

商务款待

- 德国从来没听说过早餐会议，但是商业午餐很普遍。
- 在商务宴会上，要知道讨论业务可以在餐前或餐后，但是不要在用餐期间谈论。如果你受邀请出席宴会，你可以提议付钱，但是主人会对此加以拒绝。只有当邀请由你提出时才需要坚持付款。

- 要按时出席社交场合。酒品饮料会在餐前提供，但是通常没有开胃食品。酒品上完很快就会开始正餐了。
- 德国人通常不会在家中招待商业伙伴。如果你得到邀请，要把它看作莫大的荣誉。
- 进餐时要一直使用餐具，几乎没有食物是用手吃的。吃完以后把餐具并排垂直放在餐盘上。
- 如果你吸烟的话，记得自己点燃之前先让让别人。

时差

- 德国时间比格林尼治标准时间早一小时（G.M.T.+1）。

文化注释

如果你迟到了，大门很可能已经关闭，你必须等待间歇期再次出现进入许可的时候才能进入。

社交礼仪

问候方式

- 当被介绍给一名德国商人时，要握手致意，有力且短促。介绍给一位女性时，要先等待看她是否伸出手相握。
- 在正式的社交场合，年长的男性会亲吻女性的手，以此形式作为问候。但是这种情况很少见，外国人不要以亲吻手作为问候方式。
- 尽管各个地区的习俗可能不尽相同，但是通常来讲，德国人在见面和分别的时候都会握手。
- 几个人都受到介绍时，要轮流握手。越过别人是不礼貌的行为。
- 右手握手时永远不要把左手插在口袋里。
- 为了与德国正式的作风保持一致，最好由第三方来介绍你，这好过自我介绍。但是如果没有合适的人选，那么自己介绍自己也是可以接受的。这既适用于商业场合也适用于社交场合。

- 如果你作为第三方介绍两个人认识，那么要先报上年轻（或级别低）的人的名字。
- 在德国的许多地区，男性会在女性进门的时候起身相迎，女性不用起身。事实上，只要女性保持站立的姿势，任何与她交谈的男性都要陪着她一起站立（除非这个男性是个年长者，或者社会级别远远高于她）。

称呼方式

- 德国人的姓名与美国人的顺序相同：先是名字，然后是姓氏。
- 传统上，只有家人或亲密的朋友之间采用名字称呼彼此。你可能永远也不能与德国同事建立一种直呼其名的友谊关系。
- 与没有正式头衔的人交谈时，可以使用先生、女士或小姐，外加姓氏的称呼方式。在德语中，这些称呼头衔分别是：
  - 先生=Herr
  - 女士（或夫人）=Frau
  - 小姐=Fräulein
- Fräulein 现在只用来称呼非常年轻的女性（18 岁以下）。遇到任何一个商业女性都可以称呼她为 Frau，不管她是已婚还是未婚。
- 使用正式的头衔来称呼对方非常重要。律师、工程师、牧师及其他专业人士会想让别人用 Herr 或 Frau 加头衔的方式称呼自己。这种方式也适用于博士，但是要确保你知道正确的头衔。
- 进入或离开商店时，对营业员说一声“你好”或“再见”是很有礼貌的做法。

肢体语言

- 尽管德国人与亲密朋友相处时非常开放慷慨，但是在公共场合他们显得正统、保守。在德国的大街上，你很少能够看到德国人大声喧哗或流露其他情感。
- 德国人竭力避免公众注视，这反映在他们的举止上：他们在打招呼的时候会尽量接近彼此。只有年轻人或没有礼貌的人才会大老远就彼此挥手或大声喊叫。

- 需要引起别人注意时，可以举起手，手心朝外，只伸展食指。不要挥手或打手势。
- 就座时，把膝盖搭在另一只膝盖上，不要把脚踝搭在膝盖上。除了脚凳，不要把脚放在任何家具上面。
- 年长者或级别最高的人首先进入房间。如果他们的年纪和地位相等，男性先于女性进入。
- 一名男性同一名女性在街道上行走时，男性靠近马路边缘。在小径上或走廊里行走时，男性走在女性的左边。三个人一起行走时，单独的男性走在两个女性中间，单独的女性走在两个男性中间。两个女性一起时，年轻的走在马路边（或左边）。

文化注释

彬彬有礼的德国人在手握方向盘的时候会将一切谨慎小心置之脑后，他们会变成疯狂的司机。行人要留心路上的车辆，尤其是在穿过马路的时候。

- 与人交谈的时候不要把手插在口袋里，也不要嚼口香糖。
- 如果你在参加戏剧、演出或音乐会的时候咳嗽，人们会示意你保持安静。德国观众会出奇地安静，甚至很少会变换座位。

礼物

- 德国商人很少送昂贵礼物，也并不期待收到高价的礼物。一份好礼物要保证优秀的质量，但是不要过于奢侈。
- 恰当的礼物包括高品质的钢笔、便携式计算器，或者进口酒。
- 唯一适合作为礼物的服饰是围巾。其他服饰、香水或香皂会被看作过于私人化了。
- 受邀请去德国人的家中时，可以为女主人带去一束不带包装的鲜花。花束不要大得招摇，花朵的枝数应该是奇数（但不要是 13 枝）。红玫瑰在求婚的场合才使用，马蹄莲与百合是用在葬礼上的。在德国的北部永远不要送石楠花，因为其坚硬的天性，石楠花经常种植在墓地旁边，人们认为这种花会给家庭带来霉运。

- 进口酒可以作为一份好礼物，但是送出当地酒的话会被理解为主人的藏酒量不够充足。一瓶从家乡带去的好酒或一瓶进口的红酒会大受欢迎。德国人酿制的啤酒举世闻名，所以你如果带去一瓶外国的啤酒可能不会引起他们的兴趣。

文化注释

德国人有时候是美国文化中奇特面具的狂热爱好者，经常会遇到嗜好美国黑人音乐或牛仔小说的德国人。如果你的商业合作伙伴也是其中一员，那么送一份他或她兴趣所在领域的一份礼物（黑人唱片或印第安人的箭头）将是上好的选择。

服饰衣着

- 德国的商业服饰非常保守。事实上几乎所有的商业男性都身穿深色西装，系稳重色调的领带，穿白色衬衫。但是蓝色的夹克与灰色的法兰绒长裤也被视为正装。卡其布或泡泡纱的衣服不能被人接受！女性着装也很保守，主要穿深色套装和白衬衫。
- 天气热的时候想脱去夹克或领带要追随你的德国伙伴；不要奇怪他在汗流浃背的天气里还要穿戴整齐。
- 商务服装适合于大多数正式的社交场合：聚会、晚宴，或者剧院。记住在德国剧院人们有义务检查自己的外套；如果你觉得冷，可以带一件毛衣。在戏剧、音乐会或演出的开幕式上，男性要穿上自己最好的深色西装或晚礼服，女性要穿长的晚礼服。
- 休闲服饰基本上和美国相同。牛仔服随处可见，但是不要有磨损的印记。大多数德国男性会在夏天穿凉鞋。

希　　腊 Greece

文化注释

目前有两种版本的希腊语言。一种是流行的“通俗”希腊语，自从1976年开始出现于政府文件和媒体中，以前只有现代“纯正”希腊语才能用于这种场合。今天，纯正希腊语通常出现在科技文献中。

基本资料

语言

希腊语是官方语言。以希腊字母书写，希腊字母起源于公元前1000年。

宗教

希腊东正教是官方宗教，98%的人口都是希腊东正教的教徒。希腊东正教的教徒在学校里学习，教堂也得到国家的支持。但是，宗教信仰自由受到保护。还有少数的穆斯林、罗马和希腊天主教徒、新教教徒，以及犹太教徒。

文化定位

认知形式：希腊人组织并传递信息的方式

希腊人对大多数问题都能敞开心胸讨论，但是很难让他们改变自己的立场。

他们处理信息的方式大都不是从客观、抽象的角度着眼，而是从主观、联想的角度出发。人际关系对于事物的全局处理具有至关重要的作用。这使得希腊人倾向于考虑某一情况的特殊性，决策并不是建立在普遍规律或法则的基础上的。

谈判策略：希腊人接受事实的方式

虽然各种意识形态（教堂、种族优越感）会强烈地影响到最终结果，但是形成事实基础的是主观情感。如果与上述内容相冲突，客观事实将不会被接受。

价值体系：行为的基础

希腊是历史上的民主国家，尽管希腊政权形式一再改变，但是总是能够回归到民主的政府。以下三个部分刻画了希腊主流文化的价值体系——他们区分正误善恶的方法。

决策的核心

个人对所有的决策负责，但是他或她会把所有肩负的责任考虑在内（如家庭、团体，诸如此类）。个人的私生活会受到家庭、朋友、各种组织的影响。通过这个过程，一个人可以确定自己的观点。友谊影响深远，携带着相应的义务。谈判要想取得成功，就必须与合作伙伴建立友好关系。教育是提高社会地位的主要工具。

减压之道

个人在社会、大家庭及友谊中扮演的角色为生活建构了支架，提供了稳定感。希腊有强烈的工作理念，但是对待生活的松散态度使得目标远大却成果渺小。团队之间非常需要达成一致，但是很难看到这些怎样实现。失败经常归咎于外部环境，而不是个人自身的行为。

平等与不平等问题

希腊有明确的社会等级，阶级、种族与宗教之中都存在偏见。由于大家庭及朋友之间的社会内部交往，希腊人对人持有根深蒂固的信任。贫富两极分化，但是希腊以人为本，生活质量与环境都是非常重要的考虑因素。大男子主义非常强烈。

商业惯例

约会

准　　时

➢ 尽管你的希腊同伴不会强调准时的重要性，但是你要永远准时出席。

- 安排约会不但很有必要，还是礼貌周全的表现。
- 商业会谈不必限定时间。
- 5—10月的工作日是周一至周五，通常是8：00—13：30，16：00—19：30。10月至来年5月，上班时间是8：00—13：00，16：30—19：30。
- 商店营业时间通常为8：00—14：30，但是有些商店视情况而定。

谈判

- 团队中的高级成员总是极度受到尊重，所有的权力都集中在他们身上。
- 在希腊做生意，必须保持耐心，但是反应要快。希腊人是讨价还价的高手。
- 建议你将名片一面印制成英语，一面印制成希腊语。将希腊语的那一面呈递给对方。
- 谈话中要回避的一个话题是能够对希腊造成影响的国际政治形势，如塞浦路斯的局势。
- 避免对希腊人讲述事物的风格做出评判。许多希腊人在讲故事的时候似乎在吹牛或夸大其词，但是这种情况很正常。

商务款待

- 生意通常喝着咖啡就能搞定，咖啡馆或酒馆经常是谈生意的场所。
- 午餐是一天之中的主餐，进餐时间通常是12：00—14：00。
- 最先给年长者上菜。
- 晚餐通常吃得很少，进餐时间是20：00—21：00。
- 通常会点很多菜，一桌人共同分享。

- 在餐馆中，客人在决定点什么菜之前会走进厨房看看锅里的东西。
- 在希腊人家中就餐时，主人会一而再，再而三地要给你添加食物。接受更多的食物对主人是一种恭维。

文化注释

在社交场合做好跳舞的准备，你很可能受到邀请。

时差

- 希腊比格林尼治标准时间快两小时（G.M.T.+2）。

社交礼仪

问候方式

- 初次见面时，握手是典型的问候方式。
- 希腊的问候方式有很多种形式，握手、拥抱、亲吻都是初次见面或朋友、熟人之间常见的问候礼节。

称呼方式

- 年长的人在希腊非常受到尊重，因此人们总是用正式的方式称呼他们（如使用头衔等）。
- 希腊人的姓名顺序与美国人相同：先是名字，然后是姓氏。

肢体语言

- 表示“不”的时候，朝上点头（虽然不太明显，但是类似于美国人表示“是”的姿势）。
- 表示“是”的时候，把头斜向一边。
- 近来希腊人开始使用北美人表示“是”或“不”的方式，所以很容易让人迷惑。
- 愤怒有时候通过微笑来表达。

- 给予或接受赞扬的时候，希腊人有时用嘴唇吹一口气，以挡住“恶毒的眼光”。

礼物

- 希腊人非常慷慨，如果你非常热情地赞赏某一物品，它很可能就会被当作礼物送给你。
- 对于商业伙伴来说，初次见面不要送礼物。
- 送礼不要过于奢侈，也不要过于吝啬，也不要把礼物当作展示公司标志的途径。
- 如果你受邀去希腊人的家中，要称赞一下家中的孩子，给他们送上一份小礼物；鲜花或蛋糕送给女主人很合适。

服饰衣着

- 保守的商业服装是最佳选择。
- 女性应该身穿颜色雅致的裙装或套装。

危地马拉 *Guatemala*

基本资料

语言

西班牙语是官方语言。国家内陆有 23 种印第安方言，超过 40%的人口使用着其中的一种。在旅游者经常涉足的地方，英语能够被理解。

宗教

危地马拉没有官方宗教。在 20 世纪 50 年代之前，绝大多数危地马拉人都是罗马天主教徒。正是在今天的危地马拉，世界上数量最多的教徒实现了从传统天主教到福音派新教的皈依。现在至少 1/4 的危地马拉人是新教教徒。由于危地马拉的天主教徒很少参加集会，所以新教教徒是这个国家中去教堂数量最多的人群，福音派新教教徒甚至被选为危地马拉的总统。无数种福音派五旬节及新五旬节流派在危地马拉相当活跃，大多数都与美国的教堂联系在一起。电视福音派也变得很流行。

文化注释

天主教堂的教义变得关注于改善贫穷状况，所以天主教义在富人中间逐渐失去支持。（确实，那些与游击队结成联盟的“自由神学”天主教徒已经被视为国家的敌人。）大量统治危地马拉的中坚力量开始拥护新五旬节教派中的“繁荣神学”。这些教派宣扬上帝本意是使人人富有，农民们贫穷是因为他们信仰不诚。与危地马拉的商人交往很可能遇到这种信仰的人。

文化定位

认知形式：危地马拉人组织并传递信息的方式

危地马拉人喜欢交谈、讨论。外国人在讨论中能够很容易就发现危地马拉人乐于接受信息，这在其他地方是很难找到的。危地马拉人从主观联想的角度处理信息，而不是从客观或抽象的方面着眼。他们看待问题集中注意每一情形的独特性，而不是从规律或规则中找寻解决问题的办法。

谈判策略：危地马拉人接受事实的方式

主管情感在决定事实真相的时候比客观事实更重要。宗教方面的意识信仰（新教和天主教）能够左右事实，但是危地马拉人对自身民族的遗产所持有的信任能够起更大的作用。

价值体系：行为的基础

土著印第安人的价值体系与统治阶级相比有很大不同。

决策的核心

个体独立做出决策，但是整个决策的做出一定会考虑到家庭、团体及组织的方方面面因素。危地马拉有句话说得好，"朋友为朋友办事"——与你的合作伙伴发展友谊关系很必要。在工作的地方，你与同事的交往能力比你的专业技能更为重要。记住，占总人口 1%的统治阶级控制着大多数商业领域。

减压之道

财富和家庭纽带确定了个人的社会地位，给人提供安全感。直系亲属之间持有很深的信任和忠诚。天主教堂对政府的影响力微乎其微，但是它的教规渗透进危地马拉的人心当中，为生活构建了基本形态。在危地马拉，似乎做出宣称比脚踏实地实施行动更为重要。每一个举动都进展缓慢，因为过程中要保护那些由于变化而受到威胁的人群。

平等与不平等问题

危地马拉存在很深的政治、经济、社会不平等现象，尤其是在印欧混血儿与玛雅人之间。种族之间的关系一直处于动态变化之中，从真诚容忍到公开反抗甚至实施暴力，不一而足。政治体系的变动大多源于革命事件或军事篡权。危地马拉人通过反宗教、逃避手工劳动的方式展现男子气概，用招摇的消费来显示富有。女性仍被视为处于从属地位。

商业惯例

约会

准 时

- 尽管在日常生活中准时并不受到严格要求，但是对外国人来说在商业圈中应该保持这一品质。
- 危地马拉有许多亚洲人开设的生产公司，亚洲人经营管理的行业认为准时很重要。

- 记住许多欧洲人和南美人书写日期时先写日，然后写月，最后写年（如 1999 年 12 月 3 日写成 3.12.1999）。危地马拉也遵从此惯例。
- 上班时间是 8：00—12：00，14：00—18：00，周一至周五。政府工作时间是 8：00—16：30，或者 9：00—15：30，周一至周五，午餐时间不休息。
- 用电话或电报提前一个月定好约会。
- 访问危地马拉的最佳时间是 2—7 月，9—11 月。度假时间通常是圣诞节及复活节的前后两周、独立日（9 月 15 日）及整个 8 月。

谈判

- 只有与危地马拉人建立一种人际关系以后生意才能得到开展。多花些时间用在建立友谊关系上，不要急于谈业务。
- 生意开展的步伐会远远慢于北美或欧洲国家，对迟缓的步调要冷静耐心。完成一项交易可能需要你往返几次。
- 危地马拉商人拥有强烈的自尊感，所以不要在公共场合批评别人，不要利用职位牟取利益，不要做任何使他人尴尬的事。

- 危地马拉的大部分生产机构都属亚洲人所有（主要由韩国人拥有并管理）。在亚洲人之间（与危地马拉人之间相同），要避免使他人丢面子的事情发生，这一点很重要。
- 谈论生意的场合适合在办公室或者在饭店，但是在家庭或家人面前不适合谈论生意。
- 危地马拉人认为高嗓门让人厌烦，所以讲话的时候语调要轻柔优美（尤其是在公共场合）。
- 联系人在建立业务关系的过程中起的作用非常重要。试着通过大使馆、银行或船运公司找到合适的联系人。
- 在危地马拉的上层生意圈中很少有女性的身影。访问的生意女性一定要表现出极度的专业性，传达出代表公司的信息，不要让人以为是在以个人身份谈判。

商务款待

- 商务早餐或午餐要比晚宴受欢迎。
- 危地马拉人邀请你去家中做客是为了更好地了解你，这种场合不适宜谈论生意。配偶通常也会受邀出席这种场合。
- 好的谈资包括危地马拉的旅游景点、你的家庭、工作等；应该回避的话题包括政治动乱或暴力。
- 如果你在和一对夫妻交谈，谈话对象首先应该针对丈夫，回答问题的时候也是如此。
- 一天之中的主餐是在中午。午餐很可能包括黑豆、玉米圆饼、肉食、水果和蔬菜。
- 进餐时通常采用“家庭风格”，每人为自己取菜。取了菜却留在盘中不吃是一种很粗鲁的行为。

时差

- 危地马拉当地时间比格林尼治标准时间慢六小时（G.M.T.–6）。

社交礼仪

问候方式

- 男性通常以握手作为问候的方式。女性有时候同男性握手，但是否这么做要取决于女性。
- 伴随着握手通常还有言词上的问候，比如“¡ Buenas dias”（上午好），“¡ Buenas tardes”（下午好），或者“¡ Buenas noches”（晚上好）。
- 可能对方的握手方式非常柔和，你也要以同样的方式回握。
- 亲密的男性朋友之间问候的时候可能拥抱，拍打彼此的后背。女性经常用拍打右前臂或肩膀的方式来取代握手。如果是亲密的女性朋友，她们还可能拥抱或亲吻彼此的脸颊。
- 在聚会或生意场合，习惯上是与房间里的每个人都要单独问候握手。

称呼方式

- 遇到的大多数人都应该只使用头衔来称呼他们，不要带姓氏。只有孩子、家人及亲密的朋友之间用名字称呼。
- 没有正式头衔的人应该被称呼为先生、夫人、小姐，然后加上他们的姓氏。在西班牙语中分别是：
  - 先生=Señor
  - 夫人=Señora
  - 小姐=Señorita
- 大多数危地马拉人有两个姓氏：一个来自父亲，通常列在第一位，随后是另一个来自母亲的姓氏。称呼时通常使用父亲的姓氏。例如，Señor Juan Antonio Martinez García 被称呼为 Martinez 先生，Señorita Ana María Gutierrez Herrera 被称呼为 Gutierrez 小姐。女性结婚的时候，通常会加上丈夫的姓氏，在以后的时光使用这个姓氏。如果上例中的两个人结婚，女性的名字是 Señora Ana María Gutierrez Herrera de Martinez，人们会用 de Martinez 夫人来称呼她，不太正式的称呼方式是 Martinez 夫人。

肢体语言

- 危地马拉人用来表示“再见”的手势看起来像在扇扇子：举起手，手心朝向身体，前后挥动手指，手指并拢，仿佛夹在拳击手套里。
- 召唤别人时，伸展手臂，手心向下，朝着自己的身体做出轻微的铲的动作（动作很大一部分由手指完成，而不是腕部）。
- “无花果”的姿势（拇指的指尖从拳头的缝隙中钻出）在危地马拉是一种下流的动作。（然而在有些南美洲国家这是一种带来“好运”的手势！）
- 美国使用的表示 OK 的手势（拇指和食指圈成一个圈）也被视为下流猥亵。
- 在危地马拉与人交谈时要保持眼神的交流。

礼物

- 受邀去往家中做客时，要带一份鲜花或糖果作为小礼物。
- 礼物通常在商业背景下送出，但是不必非要在初次见面的时候。如果你还会返回危地马拉，不妨询问合作伙伴想要你从祖国带回什么礼物。

文化注释

记住危地马拉处于地质构造非常活跃的地带，经常发生地震，偶尔还有火山爆发。容易破碎的礼物不是最佳选择。

服饰衣着

- 生意场合中，轻便的西装是男士的合适之选；女性应该穿裙装，或者衬衫配裙子。
- 穿着休闲服饰时，在城市里或凉爽的高地居住的男性可以选择长裤和衬衫；女性应该穿裙子和衬衫。对城市和一些乡村来说，短裤和牛仔服饰并不适合。女性穿长裤的很少见，因为可能对别人造成冒犯。
- 穿军装是非法行为，军装既不能穿也不能带到这个国家。

洪都拉斯 *Honduras*

文化注释

洪都拉斯是中美洲最贫穷、最不发达的国家之一。但是，尽管身处卑微的环境，洪都拉斯人依旧热情好客。他们对自己的文化遗产非常自豪，高度重视传统及家庭纽带。祖父母、叔叔婶婶及小孩子组成的大家庭共聚一堂的现象非常普遍。洪都拉斯有工作的人当中，有62%的人从事农业。

基本资料

语言

西班牙语是官方语言，在偏远地区也讲几种印第安方言。许多洪都拉斯人基本上懂英语，尤其在城市地带和旅游中心，英语更是被广泛使用。

宗教

罗马天主教在洪都拉斯有很强的文化影响力，85%的人口遵从它的教规。各种新教教派占10%。

文化定位

认知形式：洪都拉斯人组织并传递信息的方式

在洪都拉斯，人们会很容易发现这是一个相对开放的社会，愿意接受改变。

谈判可能要花费很长时间才能完成。由于教育模式大都靠死记硬背，所以信息处理上容易走主观、联想的路线。洪都拉斯人在解决所有困难时都掺杂个人因素，很少用普遍真理或法则解决问题。

谈判策略：洪都拉斯人接受事实的方式

主观情感是事实的主要来源，由宗教信仰或文化遗产方面的信仰加以改善。客观事实很少被作为有效的事实基础。

价值体系：行为的基础

洪都拉斯社会政治生活的多元氛围起源于一个同质性很强的混血儿社会，这个社会是在没有受到广泛的制度化奴役的情形下发展起来的。

决策的核心

个人通过家庭谱系及在社会中扮演的角色获得自身的身份认同，个人做决策的能力总是与满足家庭或社会团体的需要相妥协。维持团队和谐融洽的能力比个人的专业能力更为重要。一小部分中坚力量（大多数由外国人组成），控制了所有的经济资源，但他们在政治上力量薄弱，因为他们没有形成一个协调一致的联盟。

减压之道

天主教堂通过教规与节日构建社会结构，尽管在政治上它不是一股强大的力量。个人在社会结构中扮演的角色及在大家庭中的身份给自身提供了安全感。洪都拉斯人永远忙碌，但是取得进步不是他们的主要目标。他们做事情松散的作风能够在一定程度上缓解压力。

平等与不平等问题

洪都拉斯是拉丁美洲最贫穷的国家。混血儿构成大量贫穷的中产阶级，只有少数富有的上层阶级，东部最穷困的麦斯克托印第安人处于社会阶梯的底层。然而洪都拉斯人认为所有的人都是平等的，因为每个人都是独一无二的，大家庭及朋友之间的人际交往培养出一种与生俱来的信任感。大男子主义很盛行，两性之间存在清晰的阶级角色划分。

商业惯例

约会

准 时

- 安排好的约会可能拖延，准时在日常生活中并没有严格的规定。但是外国人应该保持守时的礼节。
- 参加社交场合（如聚会）时，要晚 30 分钟到。

- 记住，许多欧洲人和南美人书写日期时先写日，然后写月，最后写年（如 1999 年 12 月 3 日写成 3.12.1999）。洪都拉斯也遵从此惯例。
- 上班时间是周一至周五的 7：30—16：30，政府办公时间是 8：00—15：30。
- 私人之间的交情非常重要。确保通过合适的中间人进行联络。
- 访问洪都拉斯的最佳时间是 2—6 月。雨季从 5 月持续到 11 月，8 月和 12 月一般是度假时间。
- 会见可以在早餐、午餐或晚餐的任何时间。让你的合作伙伴建议约会时间。

谈判

- 业务进展速度比北美或欧洲缓慢。对拖延要冷静、耐心地对待。缔结一项交易可能需要你往返数次。
- 在洪都拉斯开展生意，私人友谊至关重要。洪都拉斯人希望在相互信任、依赖的基础上建立长期的合作关系，所以花费时间建立友谊很重要，不要急于谈业务。回程以后要做出持续访问的计划，保持联系。交易中让同一个人参与其中，因为大部分生意关系都建立在这种私人友谊的基础之上。
- 拉丁美洲人高度尊重个人尊严和个人荣誉，不管其社会地位和财富状况如何。因此，不要攀比职位，不要公开批评他人，或者做任何使他人丢面子的事。
- 洪都拉斯人希望取悦他人，因此很可能给出他们认为你想得到的回答。在提问题的时候要留心措辞。例如，如果问："市场 8：00 营业吗？" 不管事实如何，他们都很可能回答你“是的”，因为他们认为这是你想听到的回答。所以在询问的时候要把细节性的信息留给他们，比如，“市场几点钟营业啊？”

- 记住不要在洪都拉斯的公共场合说“不”，永远避免让任何人尴尬。通常“可能”或“看情况”都意味着否定。
- 出于渴望说出人们期待的答案，可以采用书面形式对待协议。口头上的“是的”可能出于礼貌，不一定具有约束力。
- 谈判的时候，重点放在两个公司之间的信任和相互容纳上。突出个人及家庭的利益及由此带来的自豪感，这种情感战术比一项提议的逻辑推理更为有效。如果存在分歧，不要期待洪都拉斯人会妥协，因为他们认为妥协是软弱的表现。
- 决策并不会很快做出。事实上，快速的决定让人充满怀疑；所以等待一段时间过后再宣布最终决定，即使你早已经下定决心。
- 首次开价时要留出一定的回旋余地，不过不要漫天要价。这会引起怀疑。在作报告的时候使用图形或其他视觉模式会给人留下良好而积极的印象。
- 尽管时代在飞速改变，但是在管理上层结构中仍然很难找到女性的身影。来到洪都拉斯的女性可能最初不会受到尊重。由于头衔和地位很受重视，所以商业女性应该强调她代表的是公司，而不是她个人。
- 洪都拉斯人很在意地位。所以谈判队伍中应该至少有一人来自高层管理阶级。不妨提到你取得学位的大学，你下榻的一流宾馆，以及你进餐的优秀饭店。
- 洪都拉斯对他们的文化遗产及个人主义非常自豪。因此，提到美国的居民时不要用“美洲人”，这个词汇指的是所有的北美人和拉丁美洲人。
- 如果排队的时候后面的人先于你得到服务，不要感到恼怒。年长者及社会地位高的人总是得到优惠对待。
- 不要公然地赞美他人的物品，物主可能感到有义务把东西让给你。
- 将名片及其他印刷品用英语和西班牙语印制。不是商业阶层的每个人都能毫不费力地读懂英语的，即使英语熟练的人也会很欣赏这种双语努力。为洪都拉斯人呈递名片的时候将印有西班牙语的那一面递给他。

商务款待

- 可供谈论的好话题是洪都拉斯的旅游景点、你的家庭和工作，以及体育运动（尤其是足球，这是全国性运动）。需要回避的话题是当地政治及中美洲动荡的局势。
- 商业会见的最佳时间是早餐和午餐，后者是一天之中的正餐。如果你受邀去当地人的家中或出席配偶陪同的场合，不要指望能够谈论业务。相反，要积极投入社交当中，对他们的家人产生了解。晚餐时间是 20：30—21：00，要迟到大约 30 分钟。
- 外国女商人永远不要邀请男性合作伙伴一同吃饭，除非他们的配偶也能出席。商业午宴要在你下榻的酒店吃，把餐款加到你的账单中，否则男性永远不会让你付钱的。

时差

- 洪都拉斯比格林尼治标准时间晚六小时（G.M.T.–6）。

社交礼仪

问候方式

- 男性通常以握手作为问候的方式，女性经常用拍打右前臂或肩膀的方式来取代握手。如果是亲密的女性朋友，她们还可能拥抱或亲吻彼此的脸颊。
- 可能对方的握手方式非常柔和，你也要以同样的方式回握。
- 在聚会上，习俗要求是与房间里的每一个人都要握手问候。

称呼方式

- 只有孩子、家人及亲密的朋友之间用名字称呼。
- 头衔在洪都拉斯非常重要。有正式头衔的人应该只使用头衔来称呼他们，不要带姓氏。

- 没有正式头衔的人应该被称呼为先生、夫人、小姐，然后加上他们的姓氏。在西班牙语中分别是：
  - 先生=Señor
  - 夫人=Señora
  - 小姐=Señorita
- 大多数洪都拉斯人有两个姓氏：一个来自父亲，通常列在第一位，随后是另一个来自母亲的姓氏。称呼时通常使用父亲的姓氏。例如，Señor Juan Antonio Martinez García 被称呼为 Martinez 先生，Señorita Ana María Gutierrez Herrera 被称呼为 Gutierrez 小姐。女性结婚的时候，通常会加上丈夫的姓氏，在以后的时光使用这个姓氏。如果上例中的两个人结婚，女性的名字是 Señora Ana María Gutierrez Herrera de Martinez，人们会用 de Martinez 夫人来称呼她，不太正式的称呼方式是 Martinez 夫人。

肢体语言

- 这个地区有许多独特的肢体语言。把手指放在眼睛下面意味着小心，把手放在肘部下面表示某人太吝啬小气了，挥动食指表示“不”，把双手交叉在一起意味着强烈的赞许。
- 交谈的距离比美国人熟悉的距离要近很多，与交谈伙伴拉开距离可能被解释为拒绝。
- 洪都拉斯人非常热情友好，他们经常做肢体上的接触。他们会碰碰肩膀，或者抓住别人的手臂。拒绝这样的接触意味着侮辱。

服饰衣着

- 商业：男性应该穿保守的西服；女性应该穿裙子和衬衫，或者穿套裙。洪都拉斯商人经常穿一种装饰性衬衫，而不是衬衫加领带。
- 休闲：都市地区的男性会穿浅色衬衫和长裤，女性会穿裙子和衬衫。暴露性服饰对女性并不合适，短裤对男女来说都不是适当的衣着。女性很少穿长裤，因为可能对当地人造成冒犯。

匈牙利 *Hungary*

文化注释

1996 年匈牙利庆祝自己建国 1 100 周年。匈牙利人尽管被其他语言种族包围（经常被其征服），但是依旧保持了自己独特的语言——马扎尔语，匈牙利人对此相当自豪。

基本资料

匈牙利是中欧一个内陆国家，国土面积相当于美国的印第安纳州。

地理位置

匈牙利四面接壤的国家分别是：北部是斯洛伐克共和国；西部是奥地利；南部是由斯洛文尼亚、克罗地亚及塞尔维亚组成的前南斯拉夫共和国（三者都曾经是奥匈帝国的一部分）；东部是罗马尼亚和乌克兰。自从苏联解体以后，匈牙利同俄国不再有正式的边境线。多瑙河流经首都布达佩斯，为匈牙利提供了有限的航运条件。

语言

尽管匈牙利有相当数量的其他种族人口，但是 98%的人口都讲马扎尔语（匈牙利语）。

文化注释

马扎尔语对讲英语的人来说是一门容易学习的语言，它与大多数欧洲语言都不相关。马扎尔语是乌拉尔语系中乌戈尔语族的分支；与欧洲语言关系最密切的是芬兰语和爱沙尼亚语。

宗教

68%的匈牙利人是罗马天主教教徒，28%属于新教教派，也有一些犹太教和东正教教徒。

文化定位

认知形式：匈牙利人组织并传递信息的方式

匈牙利国度的自由赋予了它开放的氛围。但是，大多数商人所受的教育使他们容易走封锁式的思维模式。匈牙利的基本教育使人们以联想的方式处理信息，但是受过高等教育的人思维模式更加抽象。他们倾向于关注事物的独特性，并不拘泥于普遍规则。

谈判策略：匈牙利人接受事实的方式

人们越接受外部影响，越会在推理中使用客观事实作为依据，而不仅仅局限于主观情感或对某种政党团体的信仰。意图、情感与观点得到公开交流，因为直接比曲折有效。行动的及时性也受到赞赏。

价值体系：行为的基础

匈牙利以开放的心态探索其他体系的价值观，也承受着由此带来的内部骚动。以下三个方面塑造了主流文化的价值体系——他们区分正误善恶的方法。

决策的核心

随着自由运动和私有化的推进，做决策的重任压在了个人的肩膀上。在许多情况下，个人会把职责转移给整个团体或者有特权的人群。究竟这种模式属于资本主义民主还是社会主义民主，答案还不清楚。

减压之道

曾经的政党结构、权力划分及全民就业为人民生活提供了主要的稳定力量。现在人们每天都承受着工作及家庭带来的重重压力。家庭单位被认为是社会的稳定因素，但是教堂对家庭生活的影响力使其现在扮演着更积极的角色。

平等与不平等问题

政党的变更使人们意识到社会层面的不平等。种族争端初露端倪，人们需要人道主义平等，希望在政府、商业和社会中建立强大的结构化系统。

男性在家庭占据主导地位的现象有所减弱，因为现在许多女性都走出家庭，进入社会工作了。

商业惯例

约会

准　　时

➢ 所有涉及商业的事务都要求守时：会见、发货、付款，等等。

- 访问之前先与匈牙利的代表建立往来关系。这个代表会为你安排会见，陪同你参加会谈。选择这样的联络人要谨慎，因为匈牙利客户不希望你更换代表。
- 提前两周用书信要求会见，商业信函可以用英语书写。
- 虽然所有的商业人员都可以把书信中的英语翻译过来，但并不是所有的人员都能说英语，所以要考虑雇用一名翻译人员。
- 上班时间是周一至周五，8：30—17：00，周六是 8：30—13：30。
- 星期六不会安排任何会见。
- 7 月、8 月及 12 月中旬至来年 1 月中旬不要去匈牙利谈生意，这段时期多是节日或假期。

谈判

- 很难预测商业谈判会花费多长时间。前政权执政时期，缔结合同可能花费数月。

文化注释

瑞典的 Electrolux 公司花费了半年的时间与匈牙利的 Lehel Appliance Works 联系（前期准备工作已经进行了两年）。如果政府也牵涉其中的话，谈判进程会更慢。

另外，匈牙利一些新兴企业渴望进程加快。对小企业来说，做到这一点是有可能的。

- 不论谈判是快还是慢，在匈牙利不用大吃大喝、不用大搞娱乐活动就能达成交易。
- 携带充足的名片，给见面的每个人都送上一张名片。
- 不必把名片翻译成英语。事实上，匈牙利语中有许多外来词，所以英语头衔与匈牙利语很相似。
- 匈牙利与邻国的关系（尤其是在奥匈帝国时期）并不总是友好的。所以如果你是罗马尼亚人、斯洛伐克人、波兰人或是吉卜赛人的后代，可以不提及自己的背景。
- 匈牙利的食物、葡萄酒、马匹及自然风光都是好的话题。

商务款待

- 匈牙利人的热情好客极其著名，与匈牙利人争抢付账的场面无异于在打仗。
- 吃饭是主要的社交场合。午餐过程中很少能够就生意取得进展，晚餐的时候任何与生意相关的事情都不要提及。
- 晚餐持续的时间会很长，饭店在晚上会安排音乐家或演艺人员的节目。
- 如果你的娱乐活动不能排满整个夜晚，不如更换为商务午宴。
- 匈牙利饭店不提供冰水。
- 一旦签订合同，就要在一家著名的酒店举办鸡尾酒会。

时差

- 匈牙利时间比格林尼治标准时间快一小时（G.M.T.+1）。夏季实行夏时制，4—9 月时钟拨快一小时。

社交礼仪

问候方式

- 习俗上不但被介绍时要握手，分别的时候也要握手告辞。握手前男性要等女性先伸手。保持旧传统的匈牙利男性会在握手的时候对女性鞠躬。
- 只有亲密的朋友之间才会彼此拥抱。对于男性来说程序如下：先是握手，拥抱，左侧脸颊相碰，然后是右侧脸颊。亲密的女性之间也是如此，但是省略了握手的过程。

称呼方式

- 亲戚和好朋友之间用名字称呼彼此，称呼孩子的时候也使用名字。年轻人主要用名字称呼。称呼成人的时候最保险的做法是用头衔加姓氏的方式，除非对方要求你用别的方式。

文化注释

在匈牙利，姓氏放在名字的前面。因此，著名的音乐家 Béla Bartók 与 Franz Liszt 在自己的祖国以 Bartók Béla 与 Liszt Franz 而为人熟知（或者更确切地说是 Liszt Ferenc，因为 Ferenc 即匈牙利语中的 Franz）。但是外国人的名字排列顺序与自己本国相同。

- 称呼别人的时候要一直使用正式头衔（医生、主任、部长，等等）。可以在姓氏的前面加头衔（如 Professor Szabo“萨波教授”），也可以用头衔加 Mr.（先生）、Mrs.（夫人）或 Miss（小姐）的方式，例如 Mrs. Architect“建筑师夫人”。
- 匈牙利语中的先生、夫人或小姐的词汇跟在姓氏的后面。

- Mr.= ur（先生）：Mr. Architect = Epitesz ur（建筑师先生）；Mr. Smith = Smith ur（史密斯先生）
- Miss = kisasszony（小姐）：Miss Doctor = Orvosno kisasszony（医生小姐）
- 匈牙利语中 Mrs.（夫人）有两种形式。最常用的是后缀 –ne 加在丈夫姓氏的后面：Mrs. Smith = Smithne（史密斯夫人）；Mrs. Janos = Janosne（嘉诺夫人）
- 还有一种很少见的“夫人”表示方式，通常专门用来指国外已婚的显赫女性。词汇 asszony 像“先生”“小姐”等一样跟在姓氏的后面：Mrs. Hillary Clinton =Hillary Clinton asszony（希拉里·克林顿夫人）

礼物

- 拜访公司的时候不必送礼物。如果送的话，带一些小礼物，以轻松随意的方式送出。
- 由于匈牙利人住房紧张，所以他们可能不会邀请你去家中做客。在布达佩斯尤其如此，这里居住着 20%的匈牙利人口。如果你受到邀请，那么推荐你送西方酒（不包括葡萄酒，因为匈牙利人对自己的葡萄酒非常自豪）及包装的鲜花（不要送红玫瑰或菊花）。

服饰衣着

- 服饰总体倾向于保守，尤其是在商人中间。
- 男性恰当的商业服饰是深色西服、白衬衫、打领带。女性应该穿套装或裙装。
- 牛仔服是标准的休闲服饰。短裤在城市很少见，仅限于在海滩或乡村穿着。
- 标准的商业服饰同样适用于正式的社交场合、饭店及剧院。看戏剧的时候，男性应该穿无尾的正式晚礼服，女性应该穿正式的长礼服。

文化注释

匈牙利人把自己看作“马背上的民族”，所以常常邀请外国人参加骑马活动。谨慎起见，最好带上骑马服饰。

印　　度

India

文化注释

印度人把头从一边摇到另一边意味着同意，但是西方人容易把这误解为“不”。仔细看的话你会发现印度人的摇头与西方式的否定不太相同（他们是以下颌带动头部的）。

基本资料

语言

印度有 14 种主要语言及 300 多种小语言。英语得到广泛使用，尤其是在商人、工业家、政客及受过教育的人之间。官方语言是英语和印地语。

宗教

宗教在大多数印度人的生活中发挥重要作用，世界上两大宗教教派——佛教和印度教——就诞生在这片土地上。83%的人口信仰印度教，但是印度也拥有世界上数量最多的穆斯林。其他主要宗教包括基督教、锡克教与耆那教。印度共和国没有官方宗教。

世袭制度起源不详，但是它已经在印度存在数千年。虽然政府规定建立在世袭等级基础上的歧视属于非法行为，但是世袭制度依然在印度的政治与商业生活中扮演重要角色。尽管传统的世袭制度只有四个级别，但是这四个等级被细化分为成千上万个次等级。

文化定位

认知形式：印度人组织并传递信息的方式

在印度，只要不与宗教和社会结构相冲突，人们总是能够以开放的心态接受信息。由于教育模式与传统的原因，大多数人都是联想式思维路线，但是受过良好教育的人能够从抽象、分析的角度思考问题。尽管社会结构中存在行为的普遍规律，但是特定情境下的人与事才是印度人主要关心的问题，当然，总是以世袭等级系统作为大背景来考虑的。

谈判策略：印度人接受事实的方式

个人情感铸就了事实的基础，但是对宗教的强烈信仰总是能够渗入其中。客观事实反而不如情感与信仰有说服力。

价值体系：行为的基础

印度有强烈的等级制度，其中涵盖了社会结构和社会义务。以下三个方面塑造了主流文化的价值体系——他们区分正误善恶的方法。

决策的核心

印度是一个集体主义的文化社会，其中个人的决定必须与家庭、团体及社会机构保持和谐。成功和失败经常归咎于环境因素。尽管学位和证书令人羡慕，但是友谊和亲缘关系远比专业技能更为重要。一个人在谈判过程中必须与参与者讨论朋友和家庭，以此建立一种和谐的交往关系。印度人通常非常礼貌，“不”对他们来说难以启齿。

减压之道

在这样一个强大的社会结构当中，几乎不存在生活的压力，因为人们知道自己在社会或组织中所处的地位，并且对现状持接受态度，与宗教传统相左的行为不会被接受。西方人称为宿命主义的思想在这里能够强烈感受到，所以时间不是焦虑的主要来源，消极接受的态度是一种美德。在印度可以表露情绪，人们期待自信的表现。

平等与不平等问题

印度社会存在非常不平等的结构，尽管法律层面上标注了平等，却很少得到实施。世袭等级间存在本质上的差别，这种信仰根深蒂固。传统的大男子主义非常强烈，女性很少有特权。社会上虽然标榜性关系自由，但并不代表在公开场合下的亲昵行为能够被接受。

商业惯例

约会

准　时

印度人很欣赏准时的行为，但自己并不能够总是履行这一美德。你要把自己的时间安排得松散一些，因为约会在最后一分钟都有可能重新安排。

- 到达印度的前两个月用信件要求会见。往来印度的信函可能非常缓慢，许多印度公司没有电报。印度的电话系统名声极差，不可信赖，传真服务问题重重。
- 缔结商业合同时，直接去找公司的最高层，因为这里是最终所有决策的制定者。准备好在相互尊重和信任的基础上建立一种亲密的私人关系。
- 尽管中层管理人员通常不做决策，但是在他们参与决策的过程。如果一个中层的管理者站在你这一边，他会把你的提议向上级呈报。通常他们更容易接近，一天之中的任何时间都愿意会见你。
- 印度执行官喜欢会见定在中午之前或下午早些的时间，即 11：00—16：00。
- 上班时间是周一至周五 9：30—17：00（午餐时间通常为 13：00—14：00）。
- 政府办公时间是 10：00—17：00，周一至周六（午餐时间 13：00—14：00 停止办公）。记住政府部门在每个月的第二个星期六停止办公。
- 每年访问印度的最佳时间是 10 月至来年 3 月，这个时段避过了酷暑和季风。
- 宗教节日期间生意无法开展，而印度的宗教节日不计其数。印度许多地区和州有不同的节日。由于这些节日的日期每年都在改变，所以安排行程之前要向旅游局、领事馆或大使馆查询。

谈判

- 印度人对时间的态度不像北美人那么急急忙忙。“时间就是金钱”的观念对许多印度人来说非常陌生。
- 尽管在进行谈判之前应该对法律和税收有详尽的了解，但是重要的是要灵活对待，不要在谈判的过程中显得过于墨守成规。
- 做好准备为对方提供具有竞争力的科学技术，以及密切的技术追踪。你能提供的技术援助及对客户雇员的培训是决策过程中至关重要的因素。
- 对拖延要有心理准备，它们不可避免。印度政府走自己的办事步伐，在印度进行交流十分困难。要有耐心，对最终缔结和约的时间和步伐要有客观的评估。
- 始终要记得呈递名片。但是不必把它翻译成印度语言。
- 印度的商业高度私人化。相比美国而言，这里开展生意的步调更加悠闲。做生意的过程中掺杂着大量的好客礼节。开始大部分生意讨论之前都会喝茶闲谈。
- 提供茶点的时候，习俗上在第一次要谢绝，但是第二次或第三次要接受。拒绝所有茶点是一种侮辱。如果你不想摄入过多的含糖多乳的印度茶，那么切记放慢喝茶的速度。
- “不”在印度的含义过于苛刻严厉。更常见的是委婉的拒绝方式，人们认为这样比较有礼貌。永远不要直接拒绝任何邀请，不妨含糊其词，不做时间上的承诺。“我尽力”是一种可以接受的拒绝方式。

文化注释

涉及金钱交易的时候，找给你的钱就直接交到你手中，不会对金额做任何解释，如果伸出手站着不走，你就会得到更多的找钱。

身上要有充足的零钱，因为街头商贩和出租车司机经常声称他们没有零钱。

商务款待

- 商业午宴比晚宴受欢迎。
- 记住印度教徒不吃牛肉，穆斯林不吃猪肉。
- 商业女性可能请男性吃饭娱乐，而不会给他们带来任何尴尬难堪，但是男性会试着提出付钱。
- 如果你受邀出席晚宴，不妨迟到几分钟，除非是非常正式的场合。如果晚宴是在家中举行，你可以迟到 15 ~ 30 分钟。
- 用右手吃饭，左手是用来清洁卫生的，人们认为它是不干净的。（但是允许用左手传递盘子。）
- 用手接触公用的餐盘会让其他用餐者不再碰它。
- 永远不要把自己盘中的食物递给别人（即使是配偶），一旦食物放在你的盘中，它就被认为已经受到“污染”。
- 在宴会结束的时候不要对主人说感谢。为了一餐说“谢谢你”是一种侮辱，因为感谢被认为是回报方式的一种。而回报主人的招待应该是邀请对方共进晚餐，这样才能表明你珍视彼此的关系。

文化注释

在印度给小费不仅仅是对优质服务的回报，它还经常是确保事情得到贯彻的方式。“赏金”包含了这两种意思，正确而明智地使用赏金能够开启关闭的大门，如可以在“售罄”的火车上买到座位。

时差

- 印度比格林尼治标准时间快五个半小时（G.M.T.+5.5）。

文化注释

给乞讨者钱的后果是被众多的乞讨者包围，你甚至要回避与乞丐的眼神交流。

在路过印度庙宇的时候，要把双手插在口袋里。如果你的手空着，陌生人就会过来与你握手。这些人是街头商贩，他们会飞快地把庙里的手镯套在你的手上，这样你就不得不为手镯付钱了。

社交礼仪

问候方式

- 在大城市，男性和非常西化的印度女性会主张与外国男性（有时候与外国女性）握手。西方女性不能主动要求与印度男性握手。
- 大部分印度人是印度教徒。印度教徒男女之间不会在公开场合接触。男性与男性握手，女性与女性握手，只有西化的印度教徒才会与异性握手。
- 有少量的印度人是穆斯林，穆斯林男女之间传统上不允许做身体上的接触。事实上，如果一个穆斯林男性被女性触碰，那他必须采取清洗仪式以后才能再次进行祷告。所以女性不要主动与穆斯林男性握手（男性也不要与穆斯林女性握手）。如果西化了的印度人要求握手，那么当然可以接受。
- 印度其他宗教团体，如锡克教与基督教，也禁止在两性之间进行公共接触。
- 印度人传统的问候方式是合十礼。合十礼，掌心在颌下合十（仿佛在祈祷），点头或微微鞠躬，口中说“哪玛斯塔”。外国人在不能握手的场合可以使用这种问候方式，这是西方商业女性向印度男性致意的一种很好的替代方式。
- 印度所有的种族都不赞成异性之间在公共场合流露情感，问候的时候不要接触（除非是握手）、拥抱或亲吻。

称呼方式

- 印度人高度重视头衔。要一直使用专业头衔，如教授、医生。不要称呼对方的名字，除非你们是亲密的朋友或对方要求你这么做；可以使用 Mr.（先生）、Mrs.（夫人）或 Miss（小姐）。
- 地位由年纪、大学学历、世袭等级与职业决定。在职业方面，政府部门比私人企业受尊敬。
- 传统上，印度人并没有姓氏。信仰印度教的印度男性使用其父亲名字的首字母，后面跟着自己的个人名字。例如，V Thiruselvan 是“Thiruselvan，‘V’的儿子”。应用于法律目的时，两个名字中间都要加“s/o”（代表“某人的儿子”）：Thiruselvan s/o Vijay。不论使用哪种形式，他都以 Mr.

Thiruselvan（Thiruselvan 先生）为人熟知。但是，印度人的长名字经常被简化，他可能愿意自己被称为 Mr. Thiru（Thiru 先生）或 Mr. Selvan（Selvan 先生）。

- 印度女性的名字采用同样方式：父亲的首字母加上自己的名字。写全称时，d/o（代表“某人的女儿”）取代 s/o。印度女性结婚时，通常不再使用父亲的首字母缩写，而是在自己的名字前加上丈夫的名字。例如，S 卡米拉（女性）嫁给 V 赛鲁（男性），她的名字就变成卡米拉·赛鲁夫人。
- 有些印度人会使用西方的姓氏。信仰基督教的印度人可能拥有圣经中的姓氏，如亚伯拉罕、约瑟逊等。前葡萄牙殖民地果阿一带的印度人的姓氏带有葡萄牙风格，如罗兹利奥或德希瓦。这样的人可以称为约瑟逊先生或德希瓦先生。
- 穆斯林的名字通常来源于阿拉伯语。通常来讲，穆斯林的名字中包含 bin（某人的儿子）及其父亲的名字。例如，Osman bin Ali 是“奥斯曼，阿里的儿子”。称呼他的正确方式是奥斯曼先生，而不是阿里先生——阿里先生是奥斯曼父亲的名字。
- 穆斯林女性的名字包括自己的教名、binti（某人的女儿）及父亲的名字。例如，Khadijah binti Fauzi 是“卡迪亚，费奥兹的女儿”。称呼她的方式是卡迪亚小姐，如果她结婚了，可以叫她卡迪亚夫人。有时候出于公务目的，印度女性会把丈夫的名字加在自己的名字里面。所以，如果卡迪亚嫁给了奥斯曼，她可能愿意人们称她为卡迪亚·奥斯曼夫人。记住在英语中，有时候 binti 会被拼写成 binte。
- 有些西化的印度人会把名字中的 bin 或 binti 删除。
- 完成麦加朝圣的穆斯林男性会被称为 Haji，完成麦加朝圣的穆斯林女性被称为 Hajjah。记住这些称呼不是自动套用在配偶身上的，必须靠自己完成朝圣才能赢来这个称呼。但是如果你对对方是否拥有这个头衔不确定，不妨犯一个慷慨的错误，宁可多加一个头衔也不要漏掉一个。
- 印度锡克教徒的教名后面带有 Singh（用于男性）或 Kaur（用于女性）。要一直用头衔加名字的方式称呼对方。把一个锡克教徒称为 Mr. Singh 毫无意义，无异于英语中的“男人先生”。

肢体语言

- 印度人认为头部是灵魂的寄居地点。永远不要触碰别人的脑袋，甚至不要拍孩子的头。
- 和世界上大部分国家一样，如果想召唤别人的时候，伸出手掌，掌心向下，用手指做出收拢的动作。像在美国那样掌心向上、摇动手指招呼别人是一种侮辱。
- 直立的时候把手放在臀部——“双手叉腰”的姿势——会被解释为一种愤怒、攻击的姿势。
- 在印度两人站立时恰当的距离依据具体的文化而定。通常而言，印度人会相隔 3 英尺或 3.5 英尺。
- 用手指指点是一种粗鲁的方式，印度人用下颌指点。
- 在任何场合下吹口哨都是一种不礼貌的行为。
- 眨眼睛会被认为是一种侮辱，或是异性之间的挑逗。
- 被印度人抓住耳朵意味着真挚或悔意。耳朵在印度人看来是神圣的附属物，拉扯或击打某人的耳朵是莫大的侮辱。
- 永远不要用脚指向别人，因为脚被认为是不洁之物。如果你的鞋或脚碰到了别人，要道歉。

礼物

- 礼物不会当着送礼人的面打开。如果你收到包裹着的礼物，把它放到一边，直到送礼人离开。
- 如果你受邀出席印度人的家宴，最好带一份小礼物，可以是巧克力，也可以是鲜花，但不要送素馨花，因为容易让人联想到葬礼。
- 不要把礼物包裹成黑色或白色，这些都是不吉利的颜色；绿色、红色与黄色是吉祥的颜色。
- 如果你知道你的印度伙伴喝烈性酒，可以带进口威士忌做礼物。在飞机上或着陆前在免税商店购买的话可以减除部分的税费。
- 穆斯林认为狗是一种不干净的动物。不要送玩具狗，也不要把带有狗图案的礼物送给印度穆斯林。

- 如果你需要给印度人金钱，一定要确保钱数是奇数。如果是偶数通常要再加一元钱，例如，给钱要给 11 美元，而不是 10 美元。

文化注释

恪守规则的印度人从来不吃牛肉，也不使用任何牛皮产品。这使得大多数皮革制品都不能作为礼物送出去。

服饰衣着

- 就职业服装而言，男性应该穿西服打领带，夏季炎热的时候可以脱去外罩。职业女性应该穿保守的裙装或长裤套装。
- 休闲服饰中，短袖衬衫和长裤是男性的首选；短裤只有在散步时才适合穿着。女性必须一直遮盖住上臂、胸部、背部和双腿。女性在散步时应该穿长裤。
- 记住，穿戴皮革制品（包括皮带、手提包或钱包）被视为一种侵犯性行为，尤其是在庙宇里更是大忌。印度人尊崇牛，不会使用任何皮革产品。

印度尼西亚 *Indonesia*

文化注释

印度尼西亚普遍使用三种历法。西方历法（又称格列高利历法）为法定历法。伊斯兰教的节日按照阿拉伯历法计算日期，每年要比西方历法迟 11 天。最后一种历法就是受印度教影响的爪哇历法。

印度尼西亚人认为不同历法恰巧重叠的日子是幸运日。例如，根据爪哇历法，一周只有 5 天，那么西方历法和爪哇历法，一周中的第 5 天恰好是同一天。这种情况被视为吉兆。

基本资料

语言

印度尼西亚共和国规定印度尼西亚语为官方语言。印度尼西亚语的书写形式为罗马字母，它由殖民时期“马来市场”通用的商业语言发展而来。确定印度尼西亚语为官方语言是国家统一所有印度尼西亚人的举措，作为一种商业语言，印度尼西亚语没有包含其他印度尼西亚语言（尤其是爪哇语）中的精髓和文学史。所有的广告、媒体和官方信息必须使用印度尼西亚语，所有的小学都教授印度尼西亚语。

文化注释

印度尼西亚语和马来语相似。然而，马来西亚曾沦为英国的殖民地，因此马来语受到英语的影响。作为荷兰的殖民地，印度尼西亚的语言则受到荷兰语的影响。

宗教

早期贸易者和殖民者将印度教和佛教渗入印度尼西亚（加帕希帝国时期将这两种宗教融合为一种国教）。16 世纪伊斯兰教传入印度尼西亚，最终成为印度尼西亚主要的宗教形式。作为早期宗教，伊斯兰教能够适应印度尼西亚人（特别是爪哇人）的需求。目前，印度尼西亚是世界上人口最多的伊斯兰教国家，该国人口多达 1.85 亿人，比巴基斯坦人口（9 000 万人）的两倍还多。然而，伊斯兰教在印度尼西亚分解为无数个教派，国内、国外各教派都互相敌视。

文化定位

认知形式：印度尼西亚人组织并传递信息的方式

印度尼西亚人长久以来乐于将新的做事方法融入国内的体系中，他们乐于接受外来信息。他们的教育体制抑制独立思维，因此他们往往采取联想式思维方式。在国外受过教育的印度尼西亚人往往具有更抽象的思维能力。较之可能对他们产生指导意义的规则规律，他们更关注即时情况及参与人员。

谈判策略：印度尼西亚人接受事实的方式

多数人依靠个人情感做出事实判断。然而，宗教信仰也会影响事实判断，影响最大的就是对和谐的渴望。受过高等教育的人会根据客观事实做出决断。

价值体系：行为的基础

中国人的价值体系必须引起注意，因为印度尼西亚的商业多数由中国人经营。印度尼西亚人将印度教、佛教、伊斯兰教和基督教与本国的玄学融合起来。以下三个部分刻画了主流文化的价值体系——他们区分正误善恶的方法。

决策的核心

做决策时，人们通常通过商谈最终达成一致。所有拥有权益的各方都可参与决策的制定，他们努力达成平衡。没有仇恨、没有妒忌、各方达成和解是印度尼西亚文化的一大特征。许多政府官员和企业家坚守一种称为“心灵启示” 神秘主义的玄道，也就是指在做决策时，追求超自然的内部和谐与指导。

减压之道

人们坚信超自然的保护力和安全感。这种信仰超过任何一种宗教，尽管多数印度尼西亚人至少在名义上是穆斯林。核心家庭和大家庭是安全和经济支持的基础，婚姻可以增强经济和社会联系。习惯法是维持传统的农村社会的最主要的稳定因素之一。军队是政府的重要力量。

平等与不平等问题

多数公司具有等级森严的权力登记体系，要求下属完全服从上级。尽管人们具有强烈的民族认同观念，小学教育还是向孩子们宣传浓厚的国家意识。有时候，阿拉伯人成为民族仇视的对象，但是渴望和谐是最重要的因素。虽然丈夫被认为是一家之长，但妻子并没有处于低下的地位，夫妻双方应当共同努力维护整个家庭。社会也大力支持赋予女性平等的社会权力。

商业惯例

约会

准　时

- 作为外国人，你应当准时出席所有的商务会面。当你约见社会地位高你一等的人时，尤其如此。
- 在印度尼西亚，人人处于一定的社会等级。让地位低的人站立等候是地位高的人享有的特权。
- 总体而言，地位越高，印度尼西亚人越欣赏准时赴约的做法。许多印度尼西亚工人自认为只要约会数小时之内到场便是准时赴约了。主管和政府官员会理解他们这种行为，但是他们仍旧享有让下属等待的特权。
- 在印度尼西亚商人中华人占多数，他们的文化是以工作为中心，他们可能准时赴约。其他商人和多数政府官员是马来人。他们的文化与华人文化不同，他们的时间观念较差。准时守约并非马来文化中的美德。
- 印度尼西亚的社交活动具有不同的规则。一般来讲，印度尼西亚人出席社交场合，会迟到半小时。
- 社会地位在社交中同样重要。当应邀出席一项社交活动时，印度尼西亚人设法确定谁是最重要的客人。然后，他们会比次要的人晚到些，而比重要的人早到些。重要客人的邀请函上应注明时间，并且写上“请您提前到场15分钟”（以确保没有人比这位重要的客人更迟到场）。

文化注释

印度尼西亚语中jam karet（弹性时间）指当地人对待时间的随意态度。只有去世或重病等真正紧急的事情才会迫使多数印度人（马来族）紧张起来。

- 印度尼西亚人对待时间的随意态度使你无须预约便可安排会面。只有大型公司才要求你至少提前一周进行预约。
- 印度尼西亚主管往往比多数国家的主管更易接触，即使是印度尼西亚公司的首席执行官也可能对外国商人平易近人。
- 在印度尼西亚，多数商务谈判和商务函电都使用英语。然而，尝试着用印度尼西亚语会更受对方的赞赏。
- 印度尼西亚语是印度尼西亚的官方语言。尽管许多政府官员讲一些英文，但他们会更喜欢用本国语主持会议谈判。幸运的是，他们通常带有一位英文翻译。
- 与政府官员的所有正式函电必须用印度尼西亚文撰写。许多广告和出版物也必须使用印度尼西亚文。
- 印度尼西亚是荷兰原殖民地。然而，只有年长的印度尼西亚人略微熟悉荷兰语。
- 尽管多数印度尼西亚人是穆斯林，但印度尼西亚并不遵循伊斯兰教传统的一周工作时间安排（周五是伊斯兰教的圣日，因此伊斯兰教传统的“周末”是周四和周五）。相反，印度尼西亚的一周工作时间为周一到周四全天，周五和周六各半天。
- 公司的办公时间通常为周一到周四，8：00—16：00，以及周五和周六的早晨。一些公司周五也是全天工作，不过信仰伊斯兰教的员工周五可以至少请假1小时去祈祷。一般来讲，周六的下班时间为13：00。
- 午餐的时间通常为12：00或12：30—13：30，午餐通常是一天中最丰盛的一餐。
- 多数政府机关的办公时间为8：00—16：00，周五和周六半天工作日。
- 商店的营业时间各异。多数商店一周营业5天或6天，营业时间为9：00或

10：00—18：00 或 19：00。

- 在印度尼西亚，节假日即为伊斯兰教、印度教和基督教的庆祝节日。
- 穆斯林在斋月期间从黄昏到日落禁食，这会对商务交易产生负面的影响。同样，在禁食的印度尼西亚人面前切勿进食。

谈判

- 印度尼西亚人只与熟悉和喜欢的人做生意。建立个人关系需要花费些时间，但是这对于业务成功至关重要。
- 印度尼西亚的谈判速度远远慢于美国。要保持耐性，切勿仓促行事。
- 通常情况下，一次商务旅行并不能完成复杂的商务交易，你应在几个月内数次拜访。实际上，第一次会面除了相互认识，收效甚微。
- 在印度尼西亚，优雅的言谈举止是成功构建人际关系的重要因素。不过，礼貌的表现并不会影响印度尼西亚商人的自我判断。
- 各文化中，礼貌行为的标准也迥然不同。许多印度尼西亚人会问你高度隐私的问题（如“你为什么不结婚？”“你赚多少钱？”），而丝毫没有意识到西方人认为这些问题侵犯了个人隐私。如果不想回答这些问题，你可以面带微笑地解释说在你们的文化中这些话题不能公开讨论。
- 在印度尼西亚，每个人都有一定的社会地位，每个人在“重要性等级”中都有一定的位置。在没有弄清对方的地位比你高、低还是相同之前，你根本无法成功地与其交谈。即使用英语交谈，印度尼西亚人也要首先弄清你的地位。正因如此，印度尼西亚人才会询问诸如职业、受教育情况和薪金等个人问题。
- 印度尼西亚人尊重上级，向迟到的上级发火或公开反对上级的观点都是不礼貌的。下属向上级汇报他们想听到的内容，事实情况只有上级的朋友私下里与其交流。在印度尼西亚文化中，印度尼西亚人通过避免让上级公开听到坏消息的方式表达对上级的尊敬。
- 由于公开反对某人是不礼貌的行为，所以印度尼西亚人很少说“不”。你应洞察对方，区分出于礼貌的“是”（但是实际含义是“不”）和真正意义上的“是”。用印度尼西亚语交谈时，区分这点并不难，因为印度尼西亚语中至少有 12 种方式讲“不”，多种方式表达“我在说‘是’，但实际想说‘不’”。

而英语很难表现这种细微的差别。西方人通常认为这是一种欺骗行为，但是印度尼西亚人只是在运用本民族的文化标准，规范自身的礼貌行为。

- 即使在英语中，这种“不”的表达，也显而易见。当印度尼西亚人说到，“是的，不过……”，他的意思就是“不”。
- 表示“不”的明确方式就是通过牙缝吸气。这种声音通常表明存在问题。
- 含糊其词暗示着“不”的意思，即使此人既没有讲“是”也没有讲“不”。他甚至装作没有听到这个问题。
- 所有文件签署完毕，业务才算成交。由于印度尼西亚人经常请教占星家，签署文件要等到“好日子”才能进行。
- 在印度尼西亚，人们也许会在西方人认为不适当的场合微笑或放声大笑。微笑可以掩饰尴尬、羞涩、痛苦、冲突及丧失脸面。印度尼西亚商人也许会在商务谈判中最严肃的时刻开怀大笑，这是一种紧张的表现。印度尼西亚护士在照看病情严重的男病人时会哈哈地笑，这可能是因为接触男性而令其感到尴尬，而非无情冷淡的表现。外国人要花费数年的时间才能了解其微笑和大笑的真正内涵。
- 在印度尼西亚，在公共场合下流露出愤怒的表情会令其颜面尽失。人们认为情绪失控的人根本无法控制自我，这样的人是不值得信任和尊重的。
- 当众陷入尴尬称为 malu。
- malu 心理使得印度尼西亚人会允许一个人继续错下去，也不会当众给他指正错误，因为这可能使他窘迫不安。实际上，印度尼西亚人会在允许他人犯大错的同时，“尊重”他人的威信。
- 印度尼西亚华人当中，做出决断时提出正反两方面的意见是一种礼貌的行为。即使用英语交谈时，他们也可能提出“是/否”形式的选择问句。他们不会问“愿意一块儿吃饭吗”，而是问“你想不想一块儿吃饭”（You want dinner or not?）。“想不想”（want or not want）、“好不好”（good or not）、“能否”（can or can not）等表达直接把中文译为英文。而西方人听起来，这些表达非常具有挑衅的意味。

文化注释

外籍经理很难从印度尼西亚员工那里获取准确的汇报，因为印度尼西亚员工往往说他们认为能取悦老板的内容。印度尼西亚人的这种性格从他们的孩提时代就已经逐渐灌输到他们的思想中了。外籍主管不能通过成为“其中的一员”来避免这个情况，因为老板是“公司之长”。外国人必须建立一个网络，从而能够私底下听取事实真相。在西方受过培训和教育的印度尼西亚人会提供帮助，因为他们能够认识到自己的老板实际上希望获得事实真相。

- 询问印度尼西亚华人问题时要小心谨慎。对于“Isn’t my order ready yet?”（我所点的菜还没好吗？）这个问题，讲英语的人会做出否定回答“No”，意思是“No, it’s not ready.”（是的，还没好。）。而汉语的回答模式恰恰相反，“Yes”意为“Yes, it is not ready.”（是的，还没好。）。
- 印度尼西亚各族人都喜欢在商务和社交场合保持沉默，片刻的沉寂让人有思考的时间。但是，沉默并不一定代表着接受或拒绝。西方人通常不适应这种沉默。
- 在印度尼西亚，公共场合下，人们不会通过批评或指责来突出个体。个体应当成为集体的一分子，集体才应成为谈话的对象。如果你必须批评一位员工，你可平和地在私底下进行。
- 时刻留意社会等级体系。如果你是代表团成员，排队进入，这样最重要的人就会首先被介绍给对方。如果你介绍两个人认识，先称呼最重要一方的名字。（如“Suhardjono 经理，这位是王工程师。”）
- 讲话时，声音平和温柔，保持沉着冷静的态度，给对方留出大量的时间思考你所讲的内容。在新加坡，人们不会在他人话音刚落便开口讲话，礼貌要求他们在做出回答前，沉静片刻以示对对方的尊敬（通常是 10 ~ 15 秒）西方人通常在印度尼西亚人还没来得及回答问题的情况下，错误地认为对方表示同意，于是又继续讲话。
- 避免涉及以下话题：批判印度尼西亚人的办事方法、宗教、官僚作风、人权历史、政治、性、男性和女性的作用。（然而，听到人们详细讨论节育方法时，切勿感到惊奇。印度尼西亚政府大力支持人口控制计划。）
- 好的话题包括旅游观光、旅行、未来规划、公司的成功（讨论个人成功是一种自吹自擂的无礼行为）及食物（同时要称赞当地的食品）。个人尝试学习印度尼西亚语的经历也是很好的话题。
- 进餐时尽量不要讲话。席间，大家都默默地进餐，此时切勿感到不适。

商务款待

- 许多印度尼西亚人对外国人都有不好的印象。印度尼西亚遭受外国列强的剥削长达300余年。对你而言，社会交往是排除这种预先形成的印象的最佳途径。
- 积极应邀参加所有的社交活动，社交关系决定着能否建立成功的业务关系。
- 对方不会马上邀请你参加社交活动。耐心等待，让印度尼西亚人首先向你发出邀请函。成为印度尼西亚人举办的活动的客人之后，你才能成功地举办自己的社交活动。
- 书面形式回复书面邀请函。在印度尼西亚人看来，白色和蓝色表示悲伤，不要用这种颜色的纸张打印请柬，红色或粉色纸张是打印邀请函的最佳选择。
- 一般来说，印度尼西亚人会邀请夫妇二人参加宴会，但不会邀请他们共进午餐。然而，夫妇同时在场的时候不会讨论任何业务事宜。

文化注释

为印度尼西亚人举办一次聚会，复杂烦琐。首先，提前一周发送邀请函（称谓为夫妻二人），但是不要奢望会有收到许多书面形式的回复，尽管你的邀请函上注明"请回复"。印度尼西亚人对承诺出席社交活动很谨慎，你可以找借口打电话或亲自见面以提醒客人聚会的事情。接着，你应解释以下方面信息：①本次聚会的主题；②全部客人的名单；③谁是最尊贵的客人。务必邀请多位同族的印度尼西亚人。虽然公司主管人的丈夫可能讲英语，但他的妻子也许不会英文。19：00—21：00举行聚会。（热带地区，人们在凉爽的早晨很早就起床了；同样，晚上休息的时间也很早。）客人可能21：30就会散去。印度尼西亚人觉得自助餐要比在指定的餐桌吃饭更舒服随意。食物做得一定要精美；如果你让印度尼西亚服务员安排餐宴，他们很可能选择工薪阶层的菜肴（可口但不精美）。切记穆斯林不饮酒。最后，向尊贵的客人表达尊敬之情。他是最后一位到场的，排在自助取餐的第一位。陪同这位贵宾，向他解释每道菜。21：00左右，客人们相继离开；你应陪同贵宾出门，将其送上车。

时差

- 印度尼西亚跨越三个时区。爪哇和巴厘遵守西印度尼西亚标准时区，比格林尼治标准时间早七小时（G.M.T.+7）。中部印度尼西亚标准时区，比格林尼治标准时间早八小时（G.M.T.+8），龙目岛和西努沙登加拉就位于这个时区。东印度尼西亚标准时区包括马鲁古群岛和新几内亚岛，此时区时间比格林尼治标准时间早九小时（G.M.T.+9）。

社交礼仪

问候方式

- 印度尼西亚由 300 多个民族构成，每个民族都有其风俗习惯。这些民族不仅有生活在新几内亚岛上丛林中的与世隔绝的石器时代的部落，还有生活在雅加达繁华都市的居民。
- 首次介绍时应与对方握手。长时间分别之前和之后，也应与对方握手。多数印度尼西亚人握手时紧握对方的手，持续 10 秒或 12 秒。（相比较而言，北美人之间的握手大多只持续 3 ~ 4 秒。）握手时把一只手放在心脏上，以示特别强调。
- 多数印度尼西亚人是穆斯林，其余的人主要是印度教教徒。按照传统，信仰伊斯兰教的人，男性和女性不能有身体上的接触。实际上，如果一个女性触摸了一位男性穆斯林，他就必须接受宗教仪式来净化自己，然后才能祈祷。正因如此，女性不应伸手与印度尼西亚男性握手，男性也不能伸手与印度尼西亚女性握手。当然，如果西化的印度尼西亚人主动与你握手，你应伸手与其握手。
- 问候时，信仰伊斯兰教的印度尼西亚人的传统称呼语是“selamat”，意为“和平”。
- 在印度尼西亚华人中间，鞠躬是传统的问候方式。然而现在，多数人也握手或鞠躬并握手来表示问候。比起印度尼西亚的其他民族，男性华人能更自在、放松地与女性握手。
- 总而言之，在印度尼西亚，问候方式庄重而正式，切勿草率行事。要花些时间，因为匆匆的介绍表示对对方的不尊重。从公司主管到工人，对所有印度尼西亚人来讲，这一点都很重要。
- 印度教教徒的传统问候方式是微微弯腰，同时合掌（似乎在祈祷）。这种问候方式称为合十礼，年老的、思想传统的印度教教徒才行合十礼。然而，西方职业女性与印度男性握手表示问候的做法也是可以接受的。

- 在所有印度尼西亚民族中，公开亲吻（即使是快速轻吻对方面颊）是不可接受的行为。只有最时髦的都市人见面时才轻吻对方。

文化注释

英国人的问候语“你好吗？”在这里也是一句问候语，与此相同，印度人有很多类似的问候语。中国人见面时，通常会涉及食物。“吃了吗？”就是其中一个。回答“是的，吃了”，即使你此时饥肠辘辘。同样，马路上遇见熟人时，典型的印度尼西亚问候语是“去哪儿？”。“走走”或“闲逛”是最好的答复，切勿向对方描述你的行踪。

- 名片通常印成英文（最好凸印）。由于印度尼西亚商人多数是华人，最好在名片背面把英文译为中文（随汉字来讲，金色是最高贵的颜色）。
- 名片应尽可能包含更多的信息，其中包括公司名称、职位等。印度尼西亚人在自己的名片上印上上述信息及显示高贵身份的称谓。
- 印度尼西亚曾沦为荷兰的殖民地，因此当地人通常运用荷兰的学位名称。具体如下：
  - Drs=Doktorandus，工科或法学以外领域的博士研究生（男性）
  - Dra=Doktoranda，工科或法学以外领域的博士研究生（女性）
  - Ir=Insinjur，工学博士（男性或女性）
  - S H=Sarjana Hukum，法学博士（男性或女性）
- 西方人应当使用各自一般的学衔，无须将其翻译成印度尼西亚语。
- 在印度尼西亚，必须庄重地互赠名片。介绍人的时候，来访商人应当递赠名片。务必赠送给在场的各位每人一张名片（最庄重的做法就是右手拿着卡片，左手轻轻地掩着右手手腕）。双手拿卡，打印的一面朝向对方，以便对方看清卡上文字。接收方双手接过名片，仔细阅读卡片片刻，然后小心地将其放入口袋。接收名片时，你也应如此。
- 切勿把名片放入裤子后面的口袋里，因为许多男性把钱包放在那儿。尽管在名片上记下对方名字的发音等信息很有帮助，但切勿让对方看到你在其卡上写字。这种行为会被理解为“弄脏”名片。

称呼方式

- 印度尼西亚无数个民族的命名方式各有不同。人们可以有一两个名字，长名字或短名字；名字可放在姓氏后面，又可放在姓氏前面；或者有一个名字，一个姓名首字母。
- 西方人处理印度尼西亚人名时通常会遇到许多麻烦。留心他人的介绍，重复对方的称谓和姓名，询问对方自己的发音是否准确。可能的话，按照发音记下对方的姓名。
- 不论印度尼西亚人名的发音多么困难、拗口，都不要笑。多数印度尼西亚人认为名字是神圣的。实际上，爪哇人中，一些遭受一连串厄运的人会把名字改为自认为较幸运的名字。
- 称呼与你会面的商人时，称呼其至少一个称谓如姓名。如果一个人没有职称（如总裁、工程师、博士），在其姓名前加上先生（Mr.）或女士（Madam）、夫人（Mrs.）或小姐（Miss）就可以了。然而，注意切勿遗漏对此人及有助你认识此人的其他重要称谓。
- 在传统的印度尼西亚语中，先生（Mr.）或女士（Madam）、夫人（Mrs.）或小姐（Miss）的书写方式应为：
  - Bapak=Mr.（加在其他称谓之前）
  - Ibu=Madam, Mrs.或 Miss（所有已婚或未婚女性）

  这些称谓用在人名之前。例如，Wowungan 先生应被称为 Bapak Wowungan。注意，Bapak 和 Ibu 的字面意思分别为“父亲”和“母亲”。
- 正式介绍中，最好按照以下顺序称呼对方：

  ① Bapak, Ibu；

  ② 学衔（也可排在最后）；

  ③ 尊称；

  ④ 名字和姓氏；

  ⑤ 公司或政治职位。

  因此，在正式介绍一位男性主管时，假设此人名为 Juanda，姓 Kusumaatmaja，你可称他为 Bapak Doctor His Excellency Juanda Kusumaatmaja,

Chief Accountant（首席会计师）。幸运的是，多数印度尼西亚人会接受西方人善意而真诚的称呼（只称呼他们的名字和职位）。

- 通常来讲，一般的印度尼西亚人只有一个名字，而往往有两个中名。人的社会地位越高，名字就越长。日常生活中，往往将长名字缩短。有两个名字的人通常只使用一个名字和另一个名字的首字母。
- 赴麦加朝圣过的男性穆斯林被授予 Haji 的尊称，女性穆斯林则授予 Hajjah。注意这些称呼并非自动授予夫妻二人的。夫妻必须单独完成朝圣，才能赢得此称呼。然而，如果无法确定，你可犯个慷慨的错误，在其名字前面加上这个称谓。多一个称谓要比遗漏一个称谓好得多。
- 中国人的名字一般包括姓和两个字（有时为一个字）的名。姓在前名在后。“常武江”（Chang Wu Jiang）这个姓名中，“常”是姓（又称族姓）。人们称呼他时，通常是在姓氏前加上称谓，如常先生、常博士。
- 一般来讲，中国已婚女性并不改随夫姓，而保持其娘家姓。尽管西方人通常称呼已婚女性为某某（其夫姓）夫人，但是更准确的称呼方式应是某某（其娘家姓）女士。例如，刘春青（女）嫁给了常武江（男）。西方人可能会称其常太太，但准确的称呼方式应为刘女士。
- 许多中国人都有英文名，因此他们的名字在讲英语的人听起来并不陌生。因此，常武江会称其自己为 Mr. Wally Chang（韦利·常）。其他情况下可使用其名字的首字母缩写，例如 Mr. W. J. Chang。
- 当询问印度尼西亚人你应如何称呼他时，你应主动向其解释他应如何称呼你。印度尼西亚人可能同样无法分辨你的姓名中哪个是你的名字。称呼的正式程度应与对方相同。当你称一位印度尼西亚人为“Armizal 博士”时，切勿告诉对方“叫我鲍勃就可以了。”

肢体语言

- 除了握手，异性之间没有任何公开的身体接触。切勿在公共场合亲吻异性或与异性拥抱，夫妻之间也不能如此。相反，同性间可以进行身体接触。男人可以手拉手，甚至走路时可以挽着胳膊，这些举动是友谊的表现。
- 穆斯林和印度教教徒认为左手是肮脏的，吃饭时只用右手。如果能使用右手，切勿用左手触摸物品或他人。也要使用右手接受礼品或持现金。（很明显，必要时，可以使用双手。）

- 脚同样被认为是肮脏的。不要用脚推动或指物体，切勿把脚搭在桌子上。
- 不要把脚跟或鞋跟朝向他人。因此，对于坐姿有以下要求：你可以把一条腿搭在另一条腿上，但是不能把一只脚搭在另一条腿上。
- 用拳头重击另一只手的手掌同样是印度尼西亚人忌讳的手势。
- 多数印度尼西亚人认为头部是灵魂之所在。切勿触摸他人头部，爱抚小孩的头部也不可以。
- 和世界上多数国家一样，召唤某人时，伸出手，手掌朝下，手指做出挖铲的动作。美国人召唤人的方式（手掌朝上，摆动一根手指）被视为一种侮辱他人的行为。
- 用食指指人是不礼貌的。可用右拇指指人，与此同时其余四指握拳（宛如搭车者做出的手势），此手势还代表“你先”的意思。
- 直直站立，双手放在臀部，这种“双手叉腰”的姿势通常被理解为生气或挑衅的姿势。实际上，这种姿势在印度尼西亚皮影戏通常代表生气等情感。

礼物

- 馈赠礼物是印度尼西亚文化的传统。礼物虽小，但人们通常相互赠送礼物。
- 通常会馈赠礼物来庆祝某一事件，譬如旅行归来、应邀到印度尼西亚人家中做客、客人参观公司或车间，或者回赠对方。
- 在馈赠者面前不应打开礼物。当着对方的面拆看礼物，会让人觉得接受者贪婪、没有耐心。更糟糕的是，如果礼品不太适合或大煞风景，当面拆看会让人陷入尴尬的境地。接受者应当略表谢意，然后等馈赠者离开后再拆看礼物。
- 多数场合下，食物都是很好的馈赠物品。某人到印度尼西亚盛产美食的地区旅游访问，返回时应为朋友带回一些特色美食。
- 由于穆斯林禁止食猪肉、饮酒，所以切勿赠送印度尼西亚人此类物品。其他食物可以成为很好的礼物，尽管肉食必须为清真肉。由于禁止赠送猪肉和喝酒，猪皮制品和含酒精的香水也是赠送礼物的禁品。

- 信仰伊斯兰教的印度尼西亚人认为狗很肮脏，切勿赠送其玩具狗或带有狗类图案的礼物。
- 印度尼西亚人非常喜欢猫和鸟（特别是燕雀）等宠物。他们发行冠军燕雀唱歌的磁带，这种磁带是馈赠给爱鸟者的最佳礼品。
- 切记男性赠送给女性的个人礼品会被误解为浪漫爱情的表白。经商的外籍男性赠送印度尼西亚女性香水或服装等个人物品时，必须让所有人都知道他不过是帮妻子转赠礼品而已。
- 按照传统，中国人接受礼品前通常会拒收三次，这样他们就不会看上去很贪婪。不断坚持赠与其礼品，一旦他们收下，你要表示说你很高兴他们能收下礼物。
- 中国人喜欢对方馈赠食物，不过参加宴会或聚会时不要馈赠食物，除非事先得到主人的允许。携带食物会表明主人不能提供充足的食物。相反，事后应赠送食物表示感谢。糖果或果篮是最佳的礼品选择。

文化注释

在中国人看来，以下物品均与葬礼有关，切勿当作礼品馈赠给他们：

- 草鞋
- 钟表
- 鹳或者鹤（尽管许多年轻的中国人知道西方人把鹳联想为生命的诞生）
- 手帕（葬礼上通常递送手帕，手帕象征悲伤和哭泣）
- 主色是白色、黑色或蓝色的礼物或包装纸

- 避免赠送刀子、剪刀或切削工具，因为在中国人看来，这些物品象征着割断友情。
- 尽管中国人只在探望病人或参加葬礼时携带鲜花，但西方广告的宣传已使鲜花成为深受人们喜爱的礼物。务必赠送偶数枝鲜花，因为奇数会带来厄运。
- 春节期间，按照传统，人们会把钱包在红色信封里作为礼物送给孩子和日常业务中接触到的非政府机构的服务人员，这种礼物称为红包。务必赠送崭新的、金额和张数为偶数的钞票。许多雇主会赠送给员工金额相当于月薪的红包。

- 严守教义的印度教徒不吃牛肉，也不使用牛皮制品。因此多数皮革制品不能当成礼品赠予他们。

服饰衣着

- 印度尼西亚横跨赤道地区，因此该国常年炎热潮湿。多数低地日气温达75~95华氏度，湿度高达75%。
- 只有山区才会出现低温气候，不过经商的人除了旅游，很少去该地区。
- 雨季为9月到来年2月，但是全年都会突降阵雨。许多人每天都携带雨伞。
- 由于气候炎热潮湿，在印度尼西亚，人们穿着休闲的职业装。男性的标准工作制服是黑裤子，浅色长袖衬衫和领带，不穿外套。许多职业女性穿着短袖衬衣，不打领带。
- 如果请柬中特别强调男士要穿“西装便服”，那么来时必须穿着标准的西装。
- 职业女性穿着浅色长袖短衫和裙子。在较正式的公司，职业女性须穿长袜和职业套装。服装颜色应为黑色和柔和的颜色，职业女性不适合穿着颜色鲜亮的服装。
- 作为外国人，在确定正式程度之前，应穿着较保守的服装。男性应当穿着西服套装，打领带，在适当的场合可脱去外套，解下领带。不论穿着什么服装，务必保持漂亮整洁。必要时每天沐浴数次。
- 许多印度尼西亚男性上班时穿着印花布料的开领衬衫，这也是非常流行的休闲服装。牛仔服是很受欢迎的休闲服，但应避免穿着短裤，在非正式场合也应穿着端庄得体。女性穿着暴露会被人认为其品质低劣。年轻人可以穿着短裤。
- 鉴于伊斯兰教和印度教的敏感度，女性应穿着至少遮住上臂的服装，裙子必须过膝。

以色列 *Israel*

文化注释

以色列国家成立以前，希伯来语主要服务于宗教，因为拉丁语在罗马天主教徒之间使用。希伯来语不是犹太人日常使用的语言。如今，希伯来语广泛使用，已成为凝聚犹太人的一股力量。

基本资料

语言

以色列的官方语言是阿拉伯语和希伯来语，在以色列经常听到的其他语言有英语、法语、依地语和俄语。

宗教

尽管以色列是犹太人的家园，但是以色列作为一个国家并没有官方宗教。除了原苏联在中俄边境作为实验划分的“犹太自治州”，犹太人只拥有以色列这一片家园。

文化定位

认知形式：以色列人组织并传递信息的方式

以色列人对于能够推动国家发展的信息持开放的态度并予以接受，但是他们强烈的实用主义观点及决心不会接受违背国家文化的信息，其信息处理方式是分析性及抽象性的。个人看待问题的角度比普遍规律法则更重要，但是这些角度都会受到犹太教义及国家需要的影响。

谈判策略：以色列人接受事实的方式

主观情感是事实的基础。但是，对犹太教的信仰、国家必须成功、问题必须解决、稳定需要维持，这些信念都会对事实进行修正。客观事实是情感和信仰的附属品。

价值体系：行为的基础

以色列需要作为一个国家生存下来，这种需要贯穿于所有的价值体系。以下三个方面塑造了主流文化的价值体系——他们区分正误善恶的方法。

决策的核心

尽管集体主义依旧存在，但是重心放在个体的创新意识上，在社会和商业大环境下尊重个人成就，对个人的决策持有强烈的信任。做决策的过程中会将理想与现实相结合，情感与坚定的意志相辅助，体力劳动与精神力量相融合，强大的军事力量与对和平的极度渴望相辅相成。个人的尊严和价值及私人生活、言论自由的权力总是受到尊重。

减压之道

强大的小家庭是社交活动的基础，为家庭成员提供社会认同感，它还是生理与心理安全的焦点之所在。希伯来语复苏，作为一种现代语言成功获得接受，语言方面的认同将社会力量凝结在一起。对犹太历史与传统的强烈意识为日常生活构建框架，带来稳定感，也使人们更为敏感地意识到周边阿拉伯国家中的反犹太情绪。

平等与不平等问题

以色列是一个建立在竞争机制下的民主平等国家。普遍军役的水平衡量及教育的影响力有助于提升一种平等感。尽管有角色不平等的现象存在，但平等的权利保障给所有的人。针对巴勒斯坦人及阿拉伯人存在强烈的偏见，正如其他国家对犹太人存在歧视一样。对男女平等的重视在国家与生活的各个方面都随处可见，举例来说，男女在义务军事训练面前一律平等。

商业惯例

约会

准　时

- 守时不是大多数中东国家的传统美德。如果你的客户是西班牙或葡萄牙籍犹太人，或者是巴勒斯坦人，他们很有可能迟到，甚至会爽约。但是，如今他们可能越来越接受西方的守时观念。当然，除非你们认识，否则你不会预先知道对方对时间持什么态度。
- 大多数——但是不是所有的——德国、波兰及原苏联的犹太人对待商务事宜更为及时。
- 中东的商业惯例是让请求者（包括外国商人）久等。在了解客户之前，每天预约两个以上的约会是不智之举。

- 以色列的人口来自世界各地（只有 60%的以色列犹太人是在本土出生的），所以这里汇集着不同的文化传统。因此，商业行为中有北美式的、俄国式的、欧洲式的，或者结合了各种方式的。
- 传统的阿拉伯商人很少把会见看作私人活动。所以你的拜访经常会被客户的朋友及其家人的电话或拜访打断。西方人经常被这些打扰激怒，尽量以镇定的态度对待这一切。
- 犹太人的神圣节日，安息日，在周五的日出之时开始，周六日落时刻结束。为了对犹太宗教团体表示尊重，任何商务活动都不宜在安息日开展。上班时间是周日至周四。
- 上班时间不尽相同，甚至是否营业都取决于老板的宗教信仰。大多数犹太人星期五（尤其是在下午）和星期六不开展业务；穆斯林经营的地方所有周五时间都不营业；天主教教徒经营的周日不营业。（记住巴勒斯坦人要么是穆斯林，要么是天主教教徒。）
- 与犹太人会见的经典安排是周日至周四 8：00—16：00，以及周五 8：00—13：00。

- 犹太教和伊斯兰教都使用阴历日历，与西方使用的日历不同。但是，在正式的商业场合及与外国人打交道的时候，大多数穆斯林会选择使用西方日历。
- 犹太教和伊斯兰教使用的阴历每月只有 28 天，所以一年 12 个月只有 354 天。每一年的节日（以西方日历来算）都在不同的日期。
- 记住当以月份为单位达成协议安排时（如两个月的交货期），穆斯林想到的是每个月 28 天，而西方人想到的是 31 天。

谈判

- 等待决策的做出要花费很长时间。
- 大多数穆斯林的谈判风格十分对抗，可能突然变得情绪化。你要毫不犹豫地友善回应。

文化注释

也许是长期被意图毁灭以色列的阿拉伯国家包围所致，以色列人们表现出强烈的宿命感。如果一个人认为自己一年之内就会死去，那么任何长期方案都不能赢得重视。在以色列成功达成交易必须保证能够收到即时的成效，长期合作的保证很少具有卖点。

同样，以色列人对某个方案的强烈反对可能突然烟消云散。有一种态度是“生命短暂，不值得争论，让我们达成交易尽快完成吧”。

- 与大多数以色列犹太人不同，以色列阿拉伯人在了解并喜欢你之前绝对不会考虑和你做生意。因此，社交因素与商业因素同样至关重要。
- 通常来讲，以色列的生意开展步伐比西方国家的缓慢，要耐心。
- 中东国家的商业会议开始得缓慢，时间长久地花费在询问你的健康和旅程上面。
- 名片非常重要。大多数以色列商人讲英语，许多外国人在名片的一面印制英语，另一面印制希伯来语。
- 雕花的名片在以色列被认为是最有声望的人拥有的。

文化注释

严格遵守东正教的犹太人认为经期中的女子“不干净”，所以他们尽量避免触碰任何女性。为了避免偶然接触到，女性不能直接把任何东西递给东正教男性。相反，女性要把东西放在桌子上，使男性能够轻易接触到，随即拿起该物品。此种技巧外国女商人也必须使用，即使是在递名片的时候。

- 英语是从左向右读的，而希伯来语是从右向左读。以色列的杂志封面在英语国家的人看起来是封底。大多数以色列商人看得懂英语，所以销售资料不必翻译成希伯来语，但是他们会下意识地先从英语宣传材料的封底看起。记住，以色列人对材料的第一印象可能就是封底。
- 大多数以色列人讲话时距离比北美人习惯的要近。不要退后，也不要回避。谈话过程中还会有大量的肢体接触。但是，外国商业女性不要主动进行任何肢体触碰。
- 在传统的中东商业会议接近尾声的时候，会提供咖啡，这是会议很快会结束的信号。阿拉伯人还会点燃薰香。
- 阿拉伯男性走路的时候会手拉手，而西化了的以色列阿拉伯人很少这样做。如果一个以色列人拉住你的手，就要把这看作友谊的表示。
- 阿拉伯语是一种夸大性的语言。以色列的阿拉伯人说“是”的时候，通常意味着“可能如此”。可以受此鼓舞，但是不要以为谈判已经结束。
- 讲英语的犹太人经常会惊奇地发现他们被以色列犹太人称为“盎格鲁·撒克逊”，这并不是有意侮辱。
- 以色列人喜欢辩论，很少在观点面前感到茫然。你不必对他们的所有立场都表示赞同。
- 运动是可供谈论的好话题。游泳、足球、篮球是在以色列最受欢迎的体育运动。

商务款待

- 宴请宾客是中东的一项传统，所以大多数以色列人都会尽地主之谊对你加以款待。
- 准备好进入阿拉伯人的大楼前脱掉自己的鞋子，你可以效仿主人的做法。
- 记住，以色列教徒在饮食方面有严格的限制。恪守教律的犹太人禁止吃猪肉；严格自律的穆斯林既不喝酒也不吃猪肉。如果你决定举办一场聚会，就要预先了解客人的饮食禁忌。

- 左手在阿拉伯世界被认为不干净的，阿拉伯人一般只使用右手。即使你是一个左撇子，也要用右手。
- 不要把盘里的食物全部吃光，要留下一点食物，这是你已经吃饱的标志。
- 要知道许多种服务都要付小费。

时差

- 以色列比格林尼治标准时间快两小时（G.M.T.+2）。

社交礼仪

问候方式

- 尽管以色列不同的文化群体使用不同的问候方式，但是大多数做国际生意的以色列人见面时都握手致意。

文化注释

由于东正教禁止触碰女性，所以外国商业女性不要主动同以色列人握手。要等到他们伸出手再握手。以色列超过 50%的犹太人是“世俗者”——他们并不遵守传统的犹太仪式，大部分做国际生意的商务人士都属于这个群体，他们会握手。传统上，东正教犹太人戴一顶无边圆帽，穿黑色衣服。

- 一个传统的阿拉伯人或东正教犹太人认为没有必要介绍自己的妻子，仿效这种做法。如果他表现得仿佛妻子并不在场，你也要装作没有看到。
- 传统的男性阿拉伯人的问候方式包括抓住对方的右手，把左手放在对方的右肩膀上，在脸颊上亲吻。但是，与外国人打交道的阿拉伯人可能在初次见面时仅仅握手即可。

称呼方式

- 以色列的犹太人来自世界各地，他们的名字能够反映出以前国家的传统。例如，俄罗斯犹太人拥有一个教名，后面跟着取自教父的名字（某人的儿子），以及姓氏。
- 通常来讲，以色列犹太人的教名在最前面，姓氏放在最后。称呼他们的时候用头衔，或者用先生、夫人抑或小姐加姓氏的方式，除非对方有其他建议。

- 以色列阿拉伯人有传统的阿拉伯名字，这让西方人经常感到迷惑。最好的解决方法是让你遇到、谈到或写信的阿拉伯人用英语写出自己的名字，找出他们的全名（用于通信），以及当面的称呼方式。
- 以色列阿拉伯人的名字用阿拉伯语书写，部分原因是因为书面阿拉伯语中没有短元音，从阿拉伯语翻译成其他字母会存在误差。因此，阿拉伯人的名字用英语写起来可能有几种方式。
- 通常来讲，阿拉伯人的名字与英语名字顺序相同：头衔（如果有的话），教名，有时候还有一个中间名字（经常源自父亲或教父），最后是姓氏。因此前埃及总统是 President Anwar al-Sadat；他的头衔是总统（President），教名是 Anwar，al-Sadat 是他的姓氏。
- 词语 al 在阿拉伯语中的字面意思是“来自”。像 al-Barudi 这样的名字可以意味着“Barudi 的儿子”，也可以是“Barudi 城来的人”。不要把它与西方的昵称 Al（“阿里克斯”或者“阿尔波特”的缩写）混淆。
- 词语 abu 在阿拉伯语中意味着“某人的父亲”。以色列的阿拉伯人经常把尊敬的长者称为 Abu。
- 大多数阿拉伯人应该用头衔和姓氏的方式称呼，与称呼西方人的方式一样。在书面语中，要用他们的全名。如果他们没有头衔，那么使用 Mr.（先生）、Mrs.（夫人）或 Miss（小姐）。

肢体语言

- 左手在阿拉伯世界中是不洁之物。在中东，使用右手的频率要远远高于左手（除非要传递不干净的东西才用左手）。永远不要用左手吃饭，只能使用右手。避免用左手打手势。
- 一只手不够用时可以使用双手。
- 阿拉伯人尽管讲话的时候经常打手势，但是他们不会用手指点他人。因为这是极不礼貌的行为，尤其是在阿拉伯人中间。
- 通常来说，要一直把脚踏在地上。传统的阿拉伯人就座时不会交叉双腿。

永远不要将脚底指向阿拉伯人，这是一种侵犯性行为。脱鞋时（如在进入庙宇之前），鞋底要放置在一起，以免鞋底指向他人。

- 任何伸展拇指的手势——包括“翘拇指”的姿势或搭车的姿势——在整个中东都是侵犯性行为。

礼物

- 在了解收礼人之前不要冒昧地送礼物，尤其是与东正教犹太人和阿拉伯人打交道时，切记不要送出冒犯其信仰体系的礼物。
- 如果你受到以色列家庭的邀请，不妨带一份鲜花或糖果作为礼物。确保送给东正教教徒的食品礼物要符合教律规定。
- 切记在收授礼物时都要用右手，不要用左手（但是使用双手是可以被接受的）。

服饰衣着

- 外国人也要遵守以色列奉行的庄重传统，但是不要尝试他们的当地传统服饰。非犹太人不要戴圆顶小帽（除了在犹太教会堂里），非阿拉伯人也不要戴穆斯林头巾或其他阿拉伯式头巾。
- 以色列的大部分法律是世俗化的，所以关于衣着几乎没有制定相关的法律条款。但是“不庄重”的服饰会惹来东正教犹太人或传统穆斯林的非议。
- 尽管以色列天气很热，但是保守的传统要求将身体的大部分面积遮盖住。
- 男性应该穿长裤和衬衫，最好是长袖的。出席商业会议要求穿外套、打领带。但是，许多以色列商人很少打领带。要把衬衫的纽扣一直扣到锁骨。

文化注释

所有的女性——包括外国人——都要求在公共场合（尤其是在传统的场所）衣着保持庄重。领口要高，袖子如果没到手踝部，至少也要到肘部。整体效果要保持宽宽松松，遮盖完好；紧身的衣服及暴露的服饰都是不能被接受的，因此最好不要穿裤装。尽管帽子和头巾不是一直需要的，但是建议带着围巾。

- 以色列的社交场合几乎用不上晚礼服，只有在外国使馆主办的场合才用得上这些常规服饰。

- 记住以色列的夏季炎热潮湿，冬季寒冷需要穿外套大衣。室内供热系统很差，所以带一件毛衣或披肩很有用处。在远离海岸的地区，冬季冷到你需要戴帽子和手套，尤其是在高海拔地区。

意 大 利　　Italy

文化注释

在意大利北部，单身女性通常可以在餐厅就餐，而不会受到他人骚扰。然而，左右环顾会引起他人注意，男性会对她笑着盯着看。

然而，在意大利南部，男性无法接受一个女子单独就餐的做法，她在就餐期间，通常会受到他人骚扰。就餐时，带上阅读资料，这表明你不愿被打扰。

基本资料

语言

意大利语是意大利的官方语言，它有多种不同的方言。许多经商的人会讲英语。

文化注释

欧洲历史最悠久的大学于 12 世纪创建于博洛尼亚（意大利中北部城市）。

宗教

尽管全国人信仰天主教，但意大利并没有国教。

文化定位

认知形式：意大利人组织并传递信息的方式

意大利人通常乐于接受信息，并就此展开激烈的讨论，不过参与者的观念很难发生改变。人们往往根据主观判断，采取联想式信息加工方式。解决问题时，意大利人关注具体情况的细节问题，而非借助于规律或法则。

谈判策略：意大利人接受事实的方式

做出事实判断时，主观感情比意识信念或客观事实更为重要。然而，宗教教义几乎渗透于所有商务。受过高等教育的意大利人往往通过事实支持自己的论点。

价值体系：行为的基础

天主教教义发挥着最重大的影响。以下三个部分刻画了主流文化的价值体系——他们区分正误善恶的方法。

决策的核心

个体对自身做出的决策负责，但是个体通常服从家庭或公司的利益。人们向往城市生活，长期忠实于本地区和家庭。

减压之道

大家庭的规模日益缩小，但它仍是安全和稳定的主要源泉。在大家庭和社会看来，追求成功是产生焦虑和安全感的根源。意大利人个性明显，但是他们都具有很强的社会和文化顺应力和连续性。

平等与不平等问题

意大利社会中，贫富分化现象严重。收入把人们分成层层等级。雇用关系构成了稳固的社会和政治基础。尽管北部地区讲德语的人群数量庞大，但是讲述各方言的人们相互很难沟通，整个国家没有一种标准的语言。女性追求平等权利的进程发展缓慢。

商业惯例

约会

准　时

> 严守准时守时的原则，尤其是在商业发达的北部地区。在那儿，业务拓展有着“美国式”的办事效率，承受着“美国式”的压力。

- 意大利商人喜欢与认识的人打交道，即使与此人只是在一次交易会上象征性地握过手而已。前往意大利商务旅行之前，你必须雇用能干的谈判代表，他能恰到好处地把你介绍给其他人，并且为你安排约会。
- 在意大利如果希望马上得到答复，你应首先写信要求会面。随后，通过电报、传真或电话等工具继续与对方联系。
- 注意暑期阶段，多数公司在 8 月停止办公。如果 7 月中旬写信要求会面，你可能要等到 9 月才能得到满意的答复。
- 洽谈生意前，意大利人喜欢通过闲谈熟悉对方。他们热情好客，体贴入微。对方询问家庭问题时，你应做出回答。
- 10：00—11：00 或 15：00 后安排会面。
- 在意大利北部地区，公司的办公时间通常是周一到周五，8：30—12：45，15：00—18：30。周六上午，许多公司照常办公。
- 在意大利中部和南部地区，公司的办公时间为周一至周五，8：30—12：45，16：30 或 17：00—19：30 或 20：00；周六 8：30—12：45。南部公司的办公节奏更随意。
- 比起众多拉丁国家，意大利的公共假期较少，但是商人必须意识到意大利的每座城市都把庆祝保护神的节日定为法定假日，此日，城市的多数机构都停止办公。

谈判

- 清楚公司的等级体系，至关重要。称谓与美国责任观念不尽相同，权力随个体不同而不同，与人的称谓没有必然的联系。

文化注释

公司通常设有水平的权力链，意大利人称为 cordata（实指一条绳索上的登山运动员）。这种平行权力链基于个体间相互的责任的程度。

外来者很难理解 cordata 理念。但是，这种理念确实存在，并且推动业务的进行。你应该聘用一位熟知公司内部结构的可靠的联系人。

- 谈判进展要比美国公司慢得多。合同越重要，谈判前进行的研究越多。人们认为危机感会削弱人的谈判地位。
- 最后时刻的需求的急剧变化通常是惹恼对方的计策。你须耐心冷静，在成功看似渺茫时，可能峰回路转，成功地签订合同。
- 社交场合，人们并不互换名片；商务场合人们才互换名片，尤其是因为意大利人认为让外国人拼写其姓名是不礼貌的。
- 意大利人的名片通常为白纸黑字。一般来讲，地位越重要的人，名片上的信息量越少。
- 最佳话题包括意大利文化、艺术、食品、葡萄酒、自行车和足球等体育项目，家庭、意大利景观和电影等。
- 主人会对本国的某种现象或政治持否定态度，但是你不能对其言论大为赞同，切勿表达你本人的批评意见。
- 避免涉及宗教、政治和第二次世界大战等话题。
- 意大利人通常不讲伤风败俗的笑话，如果听到类似笑话，他们会深感不适。
- 切勿询问在聚会上刚刚相识的人的职业，这是一种无礼的行为。

商务款待

- 在商界，意大利人的热情好客起到无比重要的作用，他们通常热情地在餐厅款待客人。不管你的感受如何，谢绝邀请都会令对方感到不悦。

文化注释

就餐时，意大利人双手放在餐桌上，不会把一只手放在腿上。餐桌上摆有 3 个盘子：最上面的小盘盛的是开胃菜；下面是一个深盘子，盛的是食用面糊或汤；最下面的大盘子放的是主菜。

用餐刀叉奶酪，不要用手拿。切勿用手拿除葡萄或草莓以外的水果吃。

意大利人认为葡萄酒是可以呷吸的食物，而非消遣娱乐的饮品。因此，切勿饮酒过量。

- 商务宴会邀请为数不多的重要人士参加。如果你是主人，在发送邀请函之前，你须与意大利谈判代表商量，因为你不能了解公司所有员工的个性和职位。
- 询问意大利客户的秘书，让其推荐最喜欢光顾的餐厅。
- 款待客人是一项严肃的工作，餐桌上人们能够获得或失去真正的威信。恰当时机，人们可以谈及公事。
- 工资金额与人的威信呈正比，意大利人甚至会在开餐前塞给服务员小费，以免你拿到账单争着付账。
- 要求买单时，服务员才会把账单拿来。召唤服务员时，说“senta”（意为“过来”）。你还可以略微抬起手臂，说“camariere”或“signorina”（小姐）。
- 女主管付账的可能性很小。
- 保留餐费的收据。为贯彻税法，“税务官”有时会在餐馆外面核对账单。
- 餐厅里，你须要求服务员上冰块，因为意大利人通常不提供冰镇饮料（他们认为冰凉的食物不宜身体健康）。

文化注释

> 人们通常在8：00进早餐。早餐包括面包卷、面包、黄油，也许还有果酱和浓咖啡或巧克力。
> “午餐”是一天中的正餐，13：00开始进餐。
> “晚餐”很清淡。一般从19：00开始，有些地方，晚餐供应到22：00。

时差

- 意大利当地时间比格林尼治标准时间早一小时（G.M.T.+1）。

社交礼仪

问候方式

- 作为客人，别人会首先介绍你给他人认识，你应特别尊重在场者中职位最高或年龄最长的人。

- 到达和离开时与在场各位一一握手。大型聚会上，如果没有人正式地把你介绍给他人，你最好与他人握手，进行自我介绍。
- 握手时还应用另一只手握紧手臂。
- 女性好友之间会相互“亲吻”对方面颊（只是两人相互贴面而已）。
- 密友和男性亲属通常相互拥抱，并且拍打对方后背。

称呼方式

- 切勿直呼对方名字，除非对方要求你这么称呼他——你应运用正式的称呼方式。公司主管和下属之间通常不直呼对方的名字。
- 教授和医生享有很高的威信，称呼男士为“Dottore”，女士为“Dottoressa”。最好称呼对方职位，即使你对此无法确定。出于小心谨慎而犯错误，意大利人会认为这是他“应得到的社会地位”，即使他在学术上并没有获得此职位。
- 个人称谓在口语和书面表达中有多种称呼方式。例如，“Dottore”是否接序姓氏不影响其用法。Attorney Green（格林律师）称为 Avvocato Verdi，Signorina Avvocata 即 Miss Attorney（律师小姐）。会面前，尽可能弄懂这些细节。

肢体语言

- 意大利人“用他们的手讲话”，多数手势通常具有一定的意义，且没有负面含义。
- 一位不高兴的男士会快速地用指尖敲打下巴，而后手指向前推动。这种动作带有反抗或嘲笑之意，这与美国人把拇指放在鼻子上并摆动其他手指的动作含义相同。
- 以下手势有两种含义：手掌朝下，食指和小手指伸直，其他三个手指向内弯曲，象征着魔鬼的角，这一动作是说避开罪恶势力。如果同样的手势，不过手指向上，则含有淫秽之意。

礼物

- 有时，人们在高级经理会议中馈赠商务礼物。礼品的体积不大，看上去价格不高，但是知名制造商生产的产品。利口酒或美食，或客人本国制造的工艺品等物品是最佳礼品选择。
- 切勿赠送明显带有贵公司商标的物品。
- 注意，一些意大利公司出版了纸张光滑且高质量的插图图书，很适合展放在咖啡桌上。
- 你可赠送给对你有过特殊帮助的任何员工一件小礼物。便携式闹钟、钢笔、银钥匙链、记事簿或计算器等物品，只要它们是知名品牌的产品，都是馈赠的最佳礼品。可以送给秘书鲜花或巧克力。
- 如果应邀到某人家中做客，你须携带包装过的巧克力、油酥面团或鲜花。切勿赠送偶数枝鲜花，也切勿赠送菊花，因为出席葬礼时，人们才赠送菊花。切勿赠送胸针、手绢或小刀，因为这些物品带有伤心难过之意。
- 如果你打算赠送葡萄酒，必须确保葡萄酒的质量，因为许多意大利人都是名酒品尝家。

服饰衣着

- 在商界，质量考究的服装是成功的标志。女性必须穿着昂贵典雅的服装；男士须选择时尚且做工精细的领带和西装。
- 切记，意大利是欧洲时装的重要中心。即便是休闲装也要款式时髦而别致。
- 城市里，女性可以穿裤装，但很少穿短裤。穿着短裤或无袖上衣的人不能进入教堂。

日　本　Japan

文化注释

外国人不要因为日本人问到许多隐私问题，而感到恼怒。日本人会询问外国人的工作、职位、责任、管辖员工人数等。日语是非常复杂的语言，其中包含多种不同的称谓方式。日本人需要获得大量信息，才能决定与外国人谈话时运用哪种称谓。(这些细节区别在英语中无法体现,但是对日本人来讲，却不容忽视。)

基本资料

语言

日语是日本的官方语言。日语复杂深奥，日本是世界上唯一以日语为母语的国家。日语中，多数句子都能用至少八种不同程度的敬语形式表达，日本女性通常使用敬语程度更深的表达方式。日本交流通常注重大量的细节区分。信息虽未表达，但人们已经完全理解了。

宗教

神道教是日本的本土宗教，神道教支持君主制政体。然而，日本人对宗教差异持有宽容的态度，他们甚至可能同时信仰佛教和神道教。许多人按照神道教仪式举办婚礼，而去世后，按照佛教仪式举行葬礼。

此外，日本人还信仰其他宗教，基督教教徒占总人口数的 4%，其他宗教的信仰者占 18%。日本没有国教，日本人往往将宗教教义与现代生活结合起来。

文化定位

认知形式：日本人组织并传递信息的方式

日本人通常不受外界影响，但是在团队内部，人们乐于接受他人的信息。他们往往根据主观判断和经验常识来思考问题，坚守传统价值观。忠诚团队使他们关注特定和特殊的事物，而非普遍和抽象的事物。他们为自己未雨绸缪的做法而感到自豪。

谈判策略：日本人接受事实的方式

由于日本人思考问题更为主观，所以他们往往更多地依赖个人情感做出事实判断。然而，由于他们恪守集体一致性原则，其他人会认为这种行为是基于优越论的思想意识，即认为自己比他人强。日本人克制的交流方式会由于外国人的毫不知情，而使这种情况恶化。

价值体系：行为的基础

最近在年轻一代中，传统的价值体系才逐渐失去影响力。以下三个部分刻画了主流文化的价值体系——他们区分正误善恶的方法。

决策的核心

集体做出决策，几乎不需要得到个人的认同。个人行为会影响集体，特别是其家庭。局外人要想参与决策制定，就必须首先获得团队成员的认同。日本人具有适度的团队意识。

减压之道

由于需要维护尊严，日本人具有高度的生活焦虑感，他们不断地承受着多种压力。强烈的职业道德观念和牢固的团队联系形成社会等级，提供了生活稳定性。儿童时期起，日本人就形成了压抑情绪的性格，所有的行为都要受到环境的制约。外国人对此很是费解。

平等与不平等问题

社会尊重长者。同辈间竞争激烈，但是人们相互信任，日本人具有很强的民族优越感。男性在所有公众场合中占支配地位。社会上性别差异现象很明显，不过，西方的平等思想现已渗入年青一代的思想中。

商业惯例

约会

准　时

➢ 严守准时、守时的原则。

- 人们一周通常只休息半天，一周的办公时间通常为 48 小时，加班不支付报酬。最近，大公司开始实行五天工作日，主管很少在家办公。
- 办公的具体时间为 9：00—17：00 或 17：30。（许多人晚餐完毕后，晚上 21：00 或 22：00 再返回公司。）
- 节假日期间，银行和公司停止办公，商店照常营业。
- 一年共有三周假期（元旦，12 月 28 日至来年 1 月 3 日；黄金周，4 月 29 日至 5 月 5 日；8 月中旬是一个传统的返乡旅游时间，称为 Obon 季节）。假日期间，人们往往祭拜祖先，前去扫墓，因而，此时人们很难开展业务或进行旅游。

谈判

- 日本人回答“我会考虑这一点的”时，他的实际意思是“不”（no）。
- 对于否定疑问句，如果日本人表示同意，他们会做出肯定回答（yes）。例如，“某公司不要我们吗？”（Doesn’t Company A want us?），如果日本人认为某公司根本不要你们，他们会说“是的”（yes）。而在英语中，我们会回答，“是的，他们不要你们。”（No, they do not want you.）
- 前往日本，你须将“对不起，很抱歉”（I’m sorry）挂在嘴上。但是，切勿因为担心不被人喜欢而一味地逢迎，这只不过是出于礼貌而已。

- 谈判首先在主管层进行，而后在中层工作人员间展开。
- 在日本，“关系”的作用很大。不过，要认真选择你的中间人，因为日本人认为必须忠实于他们。切勿选择一位地位低于你所要接触的人的中间人。中间人不应隶属于业务双方。
- 如果没有中间人，亲自打电话要比写信更好一些。写信可能根本得不到答复。
- 遇到不利状况可与中间人商讨。你可聘用把你介绍给对方公司的人充当中间人。
- 聘用日本人而非西方人做律师，显示了你的合作精神。首次会面中，日本人通常借此机会了解你，与此同时聆听你的提议。保密协议的界定很模糊。
- 合同并非最终结果，你或他们可能进行重新谈判。
- 由于年龄和职位同等重要，你应尊重日本团队中最年长的成员。
- 你不会因为工作出色而受到日本人的称赞，因为他们奖励的是整个团队，而非个体成员。不应突出个别的日本员工。
- 日本人不会详细而准确地告诉你，你应当做些什么。
- 多数日本公司实施岗位轮换制，人们每隔几年会在本公司更换工作岗位。这样，员工就能充分了解公司和公司员工。
- 品质圈由从事同项工作、共同讨论工作改进方式的成员组成。
- 美国通常不重视意见箱，而在日本，意见箱作用很大，因为日本员工在里面塞满了他们提出的意见。
- 切勿直接指责或拒绝，要委婉而间接地表达此意。同样，不要提问对方可能不能作答的问题。
- 工作时，日本人态度严肃，切勿试图“活跃气氛”。
- 与懂英语或配备翻译的日本人工作时，一定要保持耐心。说话速度要缓慢，中间时常地停顿，避免口语性用法。翻译所用的时间甚至比你说话的时间要长，因为他要使用冗长的敬语表达方式。
- 如果翻译几乎把日语同声翻译成英语，切勿感到惊奇，但是你须等到英语发言人讲话完毕，才能将其讲话翻译成日语。与英语不同，日语是可预知性语言。日本商人的话刚讲到一半，翻译很可能就知道句子将如何结尾。事实上，对于日本人来讲，选择出乎意料的结尾词是不礼貌的行为。

- 有时，你须假装认为日本同事或朋友明白了你的话，即使你知道事实并非如此。这一点对于维持双方的友好关系至关重要。

商务款待

- 商务款待通常在下班后进行，而且日本人很少在自己家中款待商务伙伴。他们会经常款待你，有时并不提前通知你。尽管，第一次可能从酒吧到饭店再到娱乐场所（对职业女性不太适宜），你可以建议他们以后改变一些娱乐项目。可以去摔跤馆摔跤或到卡拉 OK 厅唱歌。
- 应邀参加娱乐活动时，主人请客买单。
- 允许主人替你点餐（因为日本人拿着菜单，这样做方便一些。）进餐时，兴致高昂；餐后，对主人表示感谢。
- 尽管首次商务娱乐活动主要是想构建友谊，而非处理业务，你也可以在此期间与对方洽谈业务。
- 如果应邀到日本人家中做客，你须牢记对你来讲，这是无比的荣幸，对此你应表示感谢。
- 出席社交场合，你应“时髦地迟到”。
- 进入日本人家时，在门口脱鞋。你须穿拖鞋从门口走到客厅，然后脱掉拖鞋。前往盥洗室时，你须穿着拖鞋，在盥洗室更换“卫生间拖鞋”。切记，返回时重新换上拖鞋。
- 在家中，一家人围坐在一张低低的桌子旁，你可以盘腿而坐，或者侧腿而坐。日本人会给你一个靠肩。
- 进餐时间很长，不过晚宴通常在晚上 23：00 左右便结束了。
- 切勿用筷子指人。不用筷子时，你须将筷子放在筷托儿上。
- 续杯时，须双手拿杯。
- 最后，你应表示将来邀请主人下馆子。即便他们一再表明外国人不应为此破费，你也应再三坚持。这种情况下，最好选择西餐厅款待对方。

时差

- 日本当地时间比格林尼治标准时间早九小时（G.M.T.+9）。

社交礼仪

问候方式

- 日本人熟悉西方习俗，他们通常轻轻握手表示问候。这一点丝毫表露不出其武断自信的个性。
- 鞠躬是日本人传统的问候方式。
- 如果某人向你鞠躬表示问候，你须仔细观察。你的鞠躬程度应与对方相同，因为鞠躬程度表明你们之间的地位关系。
- 当鞠躬时，眼睛须向下看。手心朝上，双手平放在大腿上。

文化注释

名片对建立商务信任至关重要，可以通过航空快递或日本代表提前递交名片。名片最好正面为英文，注明职业团队的成员资格等特殊信息；名片背面应为日文。身份信息如有变更，你须马上重新印刷名片，递交给相关人员。

- 鞠躬或握手问候后，递交名片。将日文一面朝向他们，这样对方就能马上阅读卡上的信息了。
- 阅读对方递交的名片，记住所有信息。如果不知道称谓的读法和意思，你可以寻求对方帮助；如果在这两方面不存在问题，你应发表相关评论。
- 妥善保管名片。不要把名片放在口袋里。如果你想把钱包放在裤子后面的口袋里，切勿把名片放在钱包里。不要在他人名片上写字，对方不在场时尤为如此。

称呼方式

- 姓氏后续 san，意为先生或女士。切勿建议日本人称呼你的名字。

肢体语言

- 日本有高度情境化的文化，即使是细微的肢体动作都具有丰富的含义。因此，避免手臂伸展、手动、奇特的面部表情、夸张的肢体动作等。
- 对日本人而言，美国人表示“OK”的手势（拇指和食指接触，呈圆形）表示“金钱”。
- 在日本人眼里，西方的一些肢体动作不具任何意义，其中包括朋友之间耸肩、皱眉等动作。
- 玩弄手指是不礼貌的行为。实际上，你可以像日本人那样，手掌向上，朝向所指物体挥手。
- 手掌朝下召唤他人“过来”。
- 展开手掌，手心朝左，在面前呈扇形移动，这一动作表示否定的答复。
- 公共场合下，可以吸鼻子、打喷嚏或吐痰，但是不可擤鼻涕。忍无可忍时，你可使用卫生纸，然后将其投入垃圾箱。日本人认为用干净整洁的手绢擦鼻涕的做法真是荒唐可笑。
- 穿过人群时，日本人可能推挤他人。不断地鞠躬，同时空手在空中削击，这种动作表示“对不起”的意思。
- 日本人不赞同在公共场合下与异性接触。
- 男人不能进行任何形式的身体触摸，其中包括拍打他人后背。
- 较之北美人，谈话中日本人会距离得更远。
- 直视他人是不礼貌的行为。
- 微笑意味着快乐高兴；同时，它是自我控制的方式，它可以掩盖心中的不悦。
- 即使心烦意乱，也要面带微笑。
- 大笑意味着尴尬、迷惑或震惊，并不代表欢乐、愉快。
- 与北美人相同，日本人适应片刻的沉寂，而且这种沉寂作用重大。

礼物

- 在日本，馈赠礼物很普遍。人们必须在年中（7 月 15 日）和年末（1 月 1

日）馈赠商务礼品。第一次商务会面时，日本人通常赠送礼物。

- 对于日本人而言，礼物的馈赠仪式要比礼品本身意义重大。不管收到的是普普通通的礼品还是价格不菲的赠物，切勿感到惊奇。
- 观察与你接触的日本人，让他们首先赠送你礼物，回赠与其等价值的礼品。
- 收到礼物时，日本人通常不会马上打开礼物。即使他们这样做了，欣赏礼品时，他们也会一言不发。这并不说明他们不喜欢你的礼物。同样，你应效仿对方的表现。
- 馈赠佳品包括进口苏格兰威士忌酒、法国白兰地或冻肉、赠给同事孩子的电动玩具，以及知名制造商生产的产品。最好是国外品牌。
- 在日本包装礼物，或者由宾馆或商店的服务员包装。最好在日本购买包装纸，这样就不会出现这样的情况：在美国深受喜爱的包装纸，在日本却无人喜欢。例如，日本人根本不使用黑白纸。米色包装纸才是最佳选择。
- 如果应邀到日本人家中做客，你应携带鲜花、蛋糕或糖果。忌讳赠送白花，因为白花使人联想到死亡。
- 避免赠送数目为偶数的物品，如偶数枝鲜花。“4”是不吉利的数字，切勿赠送数目为 4 的礼品。

服饰衣着

- 男士穿着正式服装，不能穿着休闲服饰。
- 最好穿易脱的鞋子，因为你要时常要把鞋子脱掉。
- 女性应当穿着正式，尽量不要佩戴首饰、喷香水、化妆。不宜穿着短裤。切勿穿高跟鞋，因为这样你就有可能比日本同行高出一头。
- 日本夏日炎热，因此你须带上棉制服装。务必带上足够的换洗服装，因为日本人注重整洁。
- 如果穿着和服，记住，用左边裹住右边。给死人穿和服时，才是右边裹住左边。

科威特 *Kuwait*

文化注释

科威特人对待时间漫不经心的态度常令西方人（尤其是美国商人）头疼。从科威特人的角度去想，他们认为西方人让时间限制来左右自己的生活简直疯了。科威特人视时间如仆人，而不是主人。

基本资料

语言

阿拉伯语是国家官方语言，不过商人中间说英语也很普遍。

文化注释

到科威特的商人应牢记科威特商人在美国没建国之前已经在做贸易了。科威特商人非常精于谈判之道，他们有数世纪做商人的经验，实力不可小觑。

宗教

科威特是伊斯兰国家。大多数人——包括当权者——属逊尼派穆斯林（Sunni Muslims）。什叶派穆斯林（Shiite）属少数（约 20%），20 世纪 80 年代爆发了什叶派穆斯林恐怖骚乱。科威特的逊尼穆斯林相当保守，而且深受沙特阿拉伯原教旨主义瓦哈比主义（Wahabism）的影响。虽没强迫妇女穿传统服装，但她们不能享有与男子同样的权利。尽管地位很低，妇女却实实在在占科威特劳动力的 10%。

文化定位

认知形式：科威特人组织并传递信息的方式

在科威特，你会发现人们拒绝接受任何不反映伊斯兰价值观的信息。大部分人在美国接受大学教育，这为他们带来了一定程度的抽象思维能力。然而，科威特人从小就学会了联想思维。他们依照伊斯兰法的教义，主观地理解一切问题。

谈判策略：科威特人接受事实的方式

真理只在伊斯兰法规中，所以意识形态的信仰会贯穿所有话题。主观感觉是任何情况下了解真理的唯一方式。因此，在谈判中，客观事实对他们没有什么用处。

价值体系：行为的基础

伊斯兰教是国教，并且是立法的主要来源，一切行为都由伊斯兰教原则来衡量。以下三个部分介绍主流文化的价值体系——他们区分正误善恶的方法。

决策的核心

男性领导是决策者，不过他尊重群体或集体的公议。个人永远从属于家庭、部落或集体。正确地阐释和应用神圣的穆斯林法规就能解决一切问题。领导者地位和身份世袭传承，也要看是否有能力保护大家庭的荣誉。

减压之道

安全感来自对家庭的忠诚和对伊斯兰法规的绝对服从。甚至在外国公司中，对部落的忠诚度也会影响公司岗位的聘用和一个人的受雇。对统治氏族而不是国籍的忠诚，带来国家安全感。部落成员身份依然是个人社会身份的基石。

平等与不平等问题

在伊斯兰教教义内，所有信徒平等，而且团结在宗教领袖乌莱玛（Ulema）周围，然而一些部落感觉自己比别的部落优越。传统对知识的尊敬和对手工劳动的反感使得科威特需要大量外国工人，这些工人的被接受程度各不相同。科威特人认为男人和女人在情感和智力上有质的差别。虽然一些受过教育的妇女正在获得越来越多的自由，但公共生活还是男人的天下。

商业惯例

约会

准 时

➢ 在科威特准时并不是一个传统美德。你的客户可能迟到，或者根本不露面，然而你却应该努力守时。让求人的人（包括外国商人）等候是惯常的做法，不要指望一天赴一个以上的约会。受过西方教育的科威特人会非常准时，他们也期望你能准时。

- 约会很少是私密性的，你的拜访时时会被电话、你客户的朋友和家人打断。西方人常为这些干扰火冒三丈，所以请努力保持平和的心态。
- 传统上科威特官员禁止每天工作六小时以上。早晨通常是最佳约会时间。
- 要理解：政府雇用科威特人只是社会福利系统的一部分而不是管理工业国家的方法。科威特官员可以随心所欲，来不来工作都可以。每天的日常工作由外国人完成，主要是非科威特籍阿拉伯人。
- 在出席科威特商务会谈的几个人中，问你最多问题的人可能是最不重要的人（此人通常是非科威特籍的专业人员）。真正的决策者可能是一个沉默无语、年长的科威特人，他洞察一切，但从不直接与你谈话。
- 会谈中总有人进进出出，所以可能要求你重复好几遍全部陈述。表现一下自己的风度，照要求做。即使你要对一个显然没资格听讲的、一窍不通的家庭成员重复陈述，也不要生气。
- 携带足够多的宣传材料，保证与会人员人手一份。

文化注释

➢ 一些西方商人建议在国际宾馆的大厅里举行商务会谈，而不是在科威特人的办公室里。这样做有几个好处：会谈中进进出出的人会少得多；科威特人愿意以此来表明他们真正感兴趣；最后一点，你可以得到更适合你口味的饮品（当地科威特人的茶和咖啡相当浓，而在宾馆供应西方口味的饮料）。

- 星期五是穆斯林的神圣之日，这一天不工作。大部分人星期四也不工作。一周工作时间从星期六到星期三。
- 政府办公时间 7：30—14：30，从星期六到星期三。
- 营业时间变化较多，不过大部分商业机构下午关门很长时间，在接近傍晚时再开几小时。
- 文件应附有两个日期，格林尼治（西方）日期和希吉拉（Hijrah）（阿拉伯）日期。

谈判

- 在科威特做生意的节奏要比在西方慢得多，请保持耐心。
- 科威特人不着急，所以他们不害怕沉默。因此在每段沉默时期，不要觉得有责任开口说话。
- 商务会谈总是开始得很慢，伴随着对身体健康和旅行情况的寒暄。在真正做陈述之前，也许要见两到三次面（主要内容就是聊聊天）。科威特人一旦准备好谈生意，就会让你知道的。
- 商务名片应一面印英文，一面印阿拉伯文。递名片时，应右手递过去，让阿拉伯文的一面朝对方。科威特人的谈话距离比北美习惯的距离近得多，不要僵硬地挺直背或羞涩地躲闪。会谈中还有更多的身体接触，谈话中通常伴随触摸。
- 商务会谈快结束时上咖啡，这是会面要结束的信号。这时通常也会燃香。
- 科威特男人走路时手挽手。当科威特人拉起你的手时，请把它当成友谊的信号。
- 阿拉伯语是夸张的语言。科威特人说“是”的时候，通常只表示“可能吧”。不要因此大受鼓舞而以为谈判已结束。
- 可能你永远也见不到真正的决策者，也可能你做陈述时，他正在默默地观察你。
- 一个机灵的科威特顾问会在你与他们会面之前，了解各个决策者的意见，只安排那些可能对你的提议感兴趣的人与你见面。不要草率地主动接触，介绍你自己。这样做，如果所见非人的话，你的提议有遭到拒绝的危险。

- 在科威特如果生意伙伴之间达不成一致，可以诉诸法律。不过与西方法庭不同的是，西方法庭下发判决，而科威特法庭却试图做仲裁人，经常建议做庭外调解。西方人最好接受这样的折中办法，即便他感觉自己应该赢。如果你不想结束在科威特的生意的话，就永远不要让法官裁决你和你的科威特合伙人之间的争端。若法官判你的合伙人败诉，你就会让他丢面子，那么将来你在这个国家做任何生意，他都有可能从中作梗。
- 对科威特人来说，保住面子和避免出丑至关重要，心里永远要明了这一点。对有些问题你可能必须做出让步，没有什么实际的理由，只为保护某人的自尊心。
- 最终签订合同时，请尽量简洁。传统阿拉伯合同的长度为几页纸。
- 合法且有约束力的合同必须是用阿拉伯文写就的，即便已有一份英文合同。

商务款待

- 科威特人认为招待客人是一种美德，所以他们会精心安排你在他们国内的一切娱乐活动。
- 进入一幢房子前，准备好脱掉鞋子。跟随领路的主人。
- 切记食用酒精和猪肉是非法的。吃饭只用右手，即便你是左撇子，也要用右手吃饭。
- 除非在最西化的科威特家庭里，否则不要指望有你习惯用的餐具。
- 如果一进门就看到一具血淋淋的绵羊尸体，请把这看作对你的恭维。因为这意味着主人为了你而宰杀了一头羊。
- 不要提起女人的话题，除非对方先提起来。甚至不要主动问一个科威特人的妻子或女儿的身体健康。
- 运动是一个好话题。足球、赛马、赛骆驼（禁止赌输赢）、打猎是科威特人最喜欢的运动。

时差

- 科威特时间比格林尼治标准时间早三小时（G.M.T.+3）。

社交礼仪

问候方式

- 现在科威特有好几种风格的打招呼方法，最安全的办法是等对方先打招呼，尤其是初次见面时。
- 西化的科威特男人与其他男人之间握手相迎。
- 一些科威特人会与西方女人握手。西方女商人应等科威特男人先伸出手。
- 战前，科威特女人只占劳动力的 10%多一点，而且很少处于能与外国人接触的岗位上。后来，科威特政府已驱逐了“不可靠”的外国人；外国人留下的工作空缺现在由科威特女人来担任。碰到一个科威特女商人，你应等她先伸出手来。
- 一个戴面纱的科威特妇女与一个科威特男人在一起时，传统上不会介绍她。
- 传统科威特男人之间打招呼的方法是互相握右手，左手放在对方的右肩上，互相亲吻对方的两颊。

称呼方式

- 西方人常发现阿拉伯名字令人糊涂。最好的解决方法是询问所有你将会见、谈话或通信的科威特人的名字——写成英文的。了解他们的全称（以备通信之用）及面对面交往时的称呼。
- 科威特人的名字用阿拉伯文写成。部分是由于阿拉伯文中没有书写出来的短元音，所以从阿拉伯文翻译成其他字母的文字不是十分精确。阿拉伯名字可以拼写成好几种形式的英文名字。（如利比亚领导卡扎非的名字分别拼成英文：Colonel Muammar al-Qaddafi，Mu’ammar al-Qadhafi，等等。）
- 总体来说，科威特名字的书写顺序与英语名字相同：头衔，名字，中间名字（经常是一个父名）和姓（家族名称）。这样的话科威特现任统治者（埃米尔）的名字就是谢赫·贾比尔·艾哈迈德·萨巴赫（Sheikh Jaber al-Ahmed al-Sabah）。他的头衔是谢赫（Sheikh），他的名字是贾比尔（Jaber），他的父名是艾哈迈德（al-Ahmed），意思是“阿赫迈德的儿子”，萨巴赫（al-Sahah）

是他的家族名称。

- 字母组合 al 和 bin（有时拼作 ibn）在阿拉伯文的字面意思都是“来自”的意思。所以碰到一个“bin Mubarak”这样的名字，不能一下子看出来，到底是“穆巴拉克（Mubarak）的儿子”还是“来自穆巴拉克城镇”。多数科威特人更喜欢 al 并把它用到父名中，然而，al 和 bin 可用在同一个名字中。
- 如果一个阿拉伯人的祖父是名人（或曾经非常知名），他有时就会加上他祖父的名字。如此一来，Dr. Mahmoud bin Sultan bin Hamad al- Muqrin 就是穆罕默德博士，苏丹的儿子，哈马德（Hamad）的孙子，穆克林（Muqrin）家族。
- 西方人常误以为 bin 就是名字 Ben，本杰明的简称。显然阿拉伯名字中的 bin 本身没有意义，所以你不能称呼一个科威特人“bin”。科威特人不用本杰明这个名字。
- 女人名字中的 bin 为 bint。因此 Princess Fatima bint Ibrahim al- Saud 就是“公主法蒂玛，易卜拉欣的女儿，沙特家族”。
- 大多数科威特人应该称呼头衔和名字（如谢赫哈里尔 Sheikh Khalil），就像称呼一位英国贵族一样（如约翰爵士），也可以称呼“阁下”。书写时要用全名。
- 在科威特，头衔谢赫（Sheikh）（发音与英语单词 shake 相同）表明是科威特皇族成员。

肢体语言

- 在阿拉伯世界左手被认为是不洁的，永远要用右手而不是左手。（除非做一些被认为是不洁的事情）。不用左手吃饭，只用右手吃饭。避免用左手做手势。
- 阿拉伯人说话时经常做手势，但他们不用手指另一个人。这是不礼貌的。
- 双足着地是通用的规则。阿拉伯人坐下时不交叉盘腿。千万不要给一个阿拉伯人看你的脚底板，这会被认为是挑衅行为。
- 整个阿拉伯世界都认为“竖起大拇指”的手势是挑衅行为。

礼物

- 科威特人的好客是非常出名的。被邀请到科威特人家中做客时不用带任何礼物。不过，带些鲜花或糖果主人会非常感谢。
- 恰当的礼物包括来自你家乡的手工艺品或图画书。避免带有人或狗的形象或图片，伊斯兰教禁忌人的身体，而狗被认为是不洁的。
- 给商人的好礼品包括金笔、铅笔、制作精良的指南针（使他们永远能知道圣地麦加的方位）、名片盒、打火机。如果可能的话，在这些东西上刻上文字。
- 传统上，每个做中间人或批准一项交易的科威特人都收取佣金。请谨慎从事，不要触犯美国对外腐败行为法。
- 不要表现出对一件物品的过分喜欢，科威特人会感觉必须把它送给你。
- 科威特人送你礼物时，拒绝是很不礼貌的。

服饰衣着

- 外国人同样要遵循科威特人庄重朴实的标准，不要穿本地人的衣饰（男人戴头巾，穿飘逸的白色长袍；女人戴面纱，穿从头到脚的黑色长袍）。如果科威特人看到外国人穿着他们的传统服装，会觉得受到冒犯。
- 外国人应该穿着接近科威特庄重标准的西式服装。尽管沙漠酷热，身体的大部分必须包裹起来。
- 男人应穿裤子和衬衫，最好是长袖衬衫。商务会谈中要求穿夹克衫，戴领带，衬衫纽扣要扣到锁骨位置。男人应避免佩戴能看得见的珠宝，尤其是那些围在脖子上的。
- 虽然有些科威特妇女不穿传统服装，但所有妇女——包括外国妇女——在公共场合必须穿正式服装。领线应开得高，袖子最短也须及肘。下摆即使不及脚踝，也必须在膝盖以下。总体效果应该是隐藏身体的套子形状。科威特人不能接受紧身、凸显身材的长款礼服，因此不推荐穿着裤子或裤装。虽然不必总戴帽子和围巾，可是手头备有围巾还是明智之举。只要一出门，马上会知道你的穿着是否得体，如果科威特男人们色眯眯地盯着你看，就意味着你的着装不够庄重。

马来西亚 *Malaysia*

文化注释

有些场合，马来西亚人会微笑或哈哈大笑，而在西方，在同样的场合，这些举止被认为是不合适的。微笑可掩盖尴尬、害羞、纷争或丢面子。马来西亚商人可以在商务会谈最严肃的时候笑出声来，这有可能是紧张而非轻浮的表现。外国人要花数年才能学会解读他们的微笑或大笑。

基本资料

语言

作为英国殖民化的结果，大部分马来西亚人都懂英语，在 Bahasa 马来西亚语中有很多英语外来词。（这也是 Bahasa 马来西亚语和 Bahasa 印度尼西亚语的不同之处——印度尼西亚是荷兰的殖民地，所以 Bahasa 印度尼西亚语中的外来词多来自荷兰语。）虽然英语对多元化的马来西亚人口有凝聚的作用，马来西亚当局仍然把 Bahasa 马来西亚语作为官方语言和教育语言。马来家庭里可能说几种马来方言，正如中国家庭里可以说普通话或客家话或粤语，抑或是印度家庭说泰米尔语（Tamil），或印度语（Hindi）或古吉拉特语（Gujarati）。这种语言的多样性阻碍了马来西亚民族文学的发展，因为每个群体的人只喜欢阅读用自己这个群体的语言写成的书。为了折中起见，一些作家用英文创作。

宗教

马来西亚的多样性也反映在宗教上。马来西亚是信奉伊斯兰教的国家，大部分马来人和一些印度人是穆斯林。不过占人口将近一半的不是穆斯林，仅佛教徒就占 17%。其他有信奉印度教、佛教、道教、基督教和别的宗教的人。

文化定位

认知形式：马来人组织并传递信息的方式

虽然马来人将许多本地的宗教仪式同化进他们的伊斯兰宗教中，可是日常生活中接受外部信息时，他们仍然坚持封闭的伊斯兰思维方式。处理信息凭主观、凭想象。这导致处理问题时，马来人的个人感情掺入过多，原本正确的方式是抽象思维、找出关键点，然后用规律和法则来解决。

谈判策略：马来人接受事实的方式

一时的主观感觉成为真理的基础，伊斯兰教信仰对这个真理有很大影响。只有最西化且没有神职的马来人才会以客观事实作为真理的来源。

价值体系：行为的基础

马来西亚大部分的生意都是中国人和印度人在做，他们和马来人有着截然不同的价值体系。以下三节说明主流文化的价值体系——他们区分正误善恶的方法。

决策的核心

个人决策时，马来人要考虑当下的情况及卷入其中的相关人员之间的关系，他们的决定总是符合伊斯兰教的准则。马来人组织起来速度很快，做出的决定得到家族群体的支持。他们不擅长对立，力图以缓和冲突的方式来交流，他们很少明确地说“不”。外国生意人与马来西亚同行建立起个人关系是很重要的。

减压之道

坚定的宗教信仰使马来人的生活有条理而稳定。准则就是一个核心，与丈夫和妻子的家庭有着牢固的联系。需要时亲属们应该给予帮助。世俗的法律和伊斯兰法之间很少有摩擦，因为两种法常常合并在一起宣判。尊重权威，牢不可破的家庭关系及适宜的社会行为表现提供了减轻压力的力量。

平等与不平等问题

多数州都有苏丹，皇室和平民之间的区分几乎不可能抹掉。马来人对待皇室极其尊敬，有繁杂的礼仪和特殊的称谓。马来人把持政权，但是政治上占主导地位的马来人和经济上占主导地位的中国人互相需要。种族中心主义和陈规陋习纠缠在一起，不过鲜有仇恨的种族主义存在。马来西亚人实行的是世俗伊斯兰国家的男性等级制度。

商业惯例

约会

准时

- 对一切商务约会来说，守时都很重要。让一个马来西亚经理等候会造成很严重的结果。
- 大部分马来西亚商人是中国人，他们可能守时，但大部分政府官员是马来人。他们的文化与中国人的很不相同，他们的时间观念比较淡。虽然他们期待外国人准时，可是一个马来人可以选择守时或不守时。
- 印度人的时间观念更接近马来人而不是中国人。不过一个外国商人可能接触的都是印度人中的专业人士：律师，记者，医生等。他们会期望你准时。
- 马来西亚包含各文化群体的社交活动有不同的规则。一般来说，如应邀出席一个社交活动，大部分马来西亚人都会准时出席或稍微迟一点。千万别迟到半小时以上。

- 穆斯林主持的活动不会准备酒类。没有餐前“鸡尾酒时间”和开胃菜，所以进餐时间基本接近邀请函指定的时间。
- 一旦成为亲密朋友，客人参加活动可能早到几分钟。如果你是主人，你的客人又是亲近的朋友，要提前准备好。

- 至少提前两星期制定约会时间表。（如还没到马来西亚，你可能要提前一个月定约会时间。）马来西亚经理们非常忙。很多人频繁地出行，尤其是参加一些本行业领域的会议。
- 英语是很多商业交易和多数信件往来使用的语言。然而他们说的英语常带有本地的曲折形态、句法和语法，容易使人误解。
- 马拉西亚语是马来西亚的官方语言，虽然多数政府官员都说一点英语，他们可能更愿意用本地语言开会。幸运的是，你通常会找到一个讲英语的翻译。
- 与官员的一切正式通信往来必须使用马来西亚语。如果你愿意，可以附上一份英文翻译。
- 与邻近的新加坡（强制使用普通话作为官方汉语）不同，马来西亚中国人常说难听懂的中国各地方言，结果是一个说粤语的和一个说客家话的中国人唯一共同能懂的语言是英语。无独有偶，印度社区内，说各种不同语言的群体之间用英语交谈。在马来西亚，英语被视为一股凝聚的力量。
- 虽然大部分马来人是穆斯林，但并非所有马来西亚人都遵循传统伊斯兰每周的工作模式（星期五是伊斯兰圣日，因此传统的穆斯林周末是星期四和星期五）。马来西亚十三个州中只有下面五个州遵循伊斯兰工作周（星期六到星期三）：玻璃市（Perlis），吉打州（Kedah），吉兰丹州（Kelantan），登嘉楼（Terengganu），柔佛州（Johore），这些州都位于西（半岛）马来西亚。马来西亚首都吉隆坡在雪兰莪州（Selangor），工作周从星期一到星期五。
- 星期一到星期五（在那些遵循伊斯兰工作模式的州则是星期六到星期三）的经营生意时间一般从 8：00—17：00。有些办公室星期六只工作半天（在伊斯兰州是星期四），通常在上午。
- 午饭的传统时间从 12：00（或 12：15）—14：00，不过一般缩减到一小时，从中午或下午 13：00 开始。然而许多人会花一个多小时吃午餐。在那些星期五是工作日的州，星期五中午穆斯林们会休息两小时去一趟清真寺。
- 多数政府办公室的作息时间是 8：30—16：45，周六半天，从早上 8：30 到中午（如上所述的五个州，星期四是半天）。
- 商场营业时间各不相同。多数商铺上午 9：00 或 10：00 开门，下午 18：00 或

19: 00 关门，一周营业 5~6 天。

- 经理比下属工作时间长，尤其中国人是出名的工作狂。
- 马来西亚各个州节假日不一样，特别传统的州不庆祝任何非伊斯兰节日（包括复活节，圣诞节和西方的元旦）。

谈判

- 马来西亚人只和他们认识和喜欢的人做生意。建立起这样的个人友谊需要时间，但也是成功的关键。
- 在马来西亚，商务谈判的节奏比在美国慢得多。保持耐心，如果只去一次马来西亚就完成了一笔复杂的交易是很不寻常的，做好心理准备几个月时间内去好几趟。当然，第一次除了彼此认识一下，别的收获不会太多。
- 在马来西亚，礼貌是成功交往的最重要品质。这种礼貌绝不妨碍马来西亚商人执行自己主张的决心。
- 礼貌的标准因文化而异。很多马来西亚人会问你一些非常私人的问题（如“你为什么不结婚？”或“你挣多少钱？”）而丝毫没意识到，对西方人来说，问这些问题是很唐突的。笑一笑并解释一下在你的文化中，这些话题不可以公开讨论——并且了解到你自己也在不知道的情况下违背了当地关于礼貌行为的标准。
- 马来西亚人的礼貌要求不能公开表示不同意，所以很少听到“不”字。一个礼貌的，但并不是发自内心的“是”，仅仅是一个避免得罪人的技巧。在马来西亚，“是”可有各种含义：从“我同意”到“也许吧”到“我希望你从我不太积极的态度猜出我真正的意思是‘不’”。
- “是”跟任何修饰语连在一起时，真正的意思是“不”。“是，不过……”可能是“不”的意思。“可能有困难”则是明确的拒绝。
- 明确地表示“不”的方式是从牙齿缝往里吸气。这种声音表示有问题。
- 做决策时，“是”常常比“不”要来得快。这是因为必须寻找一种礼貌地说“不”又不丢面子的方式。甚至可能需要第三方去说这个“不”字。
- 既然马来西亚人常要看星相，所以签合同日期可能拖延几天，等着“吉日”来临。

- 在马来西亚，一个公开表达愤怒情绪的人非常丢面子。一个不能控制自己脾气的人被认为不能控制自己，这样的人得不到信任或尊重。
- 在马来西亚中国人中，几乎每个决定都给出正面和反面的选择被认为是有礼貌的行为。即使说英语时，他们也可能给一个问题加上“是或不”的模式。他们不说“你想吃饭吗？”，而可能说，“你想吃饭还是不想？”用的短语（“想不想”“好不好”“能不能”）都是直接从汉语翻译成英语的。外国人听起来，会感觉过分，有点咄咄逼人。
- 问马来西亚中国人问题时要小心。如对“我的订单还没准备好吗”这样的问题，说英语的人会用否定回答“不”，（意思是“不，没准备好。”）。中国人的方式正相反：“是。”（意思是，“对，还没准备好。”）

文化注释

马来西亚各族人都觉得沉默很舒服。沉默的停顿留出思考的时间，它并不表示接受或拒绝。西方人常发觉这样的停顿很不舒服。

- 年龄和高职位受到高度尊重。如果你是代表团的一员，要排好队，首先介绍最重要的人。如果介绍两个人认识，首先说最重要的人的名字（如“史密斯总统，这位是王工程师”）。
- 说话语调要安静、温和。永远保持平静。说出自己的意见后，要给别人留出充分的反应时间。马来西亚人不会在别人话音刚落就做出回应，礼节要求他们在回应之前，应有一定的停顿时间（可长达 15 秒）。西方人以为他们同意了，就会在马来西亚人没来得及回应之前，又继续讲下去。
- 名片用英语（最好是压印浮雕花的）。既然大部分马来西亚商人是中国人，你可能希望名片反面译成中文（对汉字来说，金色墨水最权威）。
- 你的名片应包括尽可能多的信息，包括商务头衔、资历。马来西亚人把所有这些印在名片上，同时包括贵族头衔。
- 在马来西亚交换名片是正式的仪式。介绍完毕之后，来访的商人应奉上他或她的名片。确保给在场的每个人一张名片。递名片时应用双手或用右手（左手轻轻地扶着右手），给名片时打印的一面应对着接受名片的人（以便他或她能阅读名片上的文字）。他或她会双手接过名片，研究片刻，然后精心地放进口袋里。不要把名片塞进后兜（很多男人装钱夹的地方），也不要在别人的名片上写字。

- 谈话中禁忌的话题包括批评马来西亚的道路、宗教、官僚主义或政治。也要避免谈性的话题和两性的角色。
- 不错的话题包括旅游、旅行、将来的计划、组织的成功（谈论个人的成功被认为是不礼貌地自吹自擂）和食物（同时恭维一下本地的烹饪）。

商务款待

- 利用好应邀参加社交的机会。建立成功的商业联系取决于建立良好的社会关系。
- 食物在马来西亚文化中异常重要，社交活动通常包含食物。中国人标准的打招呼用语的字面意思就是："你吃了吗？"
- 你也许不会一下子就受到邀请。耐心点，让马来西亚人首先邀请你。如果没有在马来西亚人的社交活动中当一回客人，你就不能成功地自己主持一次这样的活动。
- 书面邀请要书面回答。中国人之间，白色和蓝色是与悲哀事情相联系的颜色，所以你的邀请函不要印成这样的颜色。红色和粉色是很好的选择。
- 一般，夫妻双方被邀请赴晚宴而不是吃午餐。然而，夫妇俩都出席的场合一般不谈生意。

时差

- 马来西亚时间比格林尼治标准时间早八小时（G.M.T.+8）。

社交礼仪

问候方式

- 马来西亚有三个主要群体：马来人、中国人、印度人，每个民族有自己的传统。
- 对于年轻的或受过外国教育的马来西亚人，握手是最普通的打招呼方式。马来西亚标准握手更像是攥手，不是绵软无力，而是持续 10 ~ 12 秒。（比较起来，北美人握手持续 3 ~ 4 秒。）马来西亚人经常是双手并用。

- 在马来西亚，西化的妇女可以和男人、女人握手。男性马来西亚商人常等妇女先伸出手。女人完全可以在被介绍时点点头，而不伸手去握。只有打招呼时，才必须伸手；握手太频繁容易被误解为追逐情色。（男人之间，打招呼和离开时都倾向于握手。）
- 马来人一般是穆斯林。传统上，穆斯林男人和女人之间没有身体的接触。（事实上，如果一个虔诚的穆斯林男人被女人摸了一下，他必须履行严格的仪式清洁自己，然后才能再祈祷。）有鉴于此，妇女不应主动与马来男子握手，男人也不应主动与马来妇女握手。当然，如果一个西化的马来人主动伸手来握，那就无妨。
- 传统的马来问候方式是额手鞠躬礼，有点像握手但手不抓紧。双方都伸出一只手或双手，互相轻轻地碰一下手，然后收回手，放在心脏的位置。这种方式只限于同性之间打招呼：男人和男人，女人和女人。不过要是衣饰（围巾或披肩）阻碍了实际的皮肤对皮肤的接触，那么马来男人和女人也会行额手鞠躬礼。
- 在马来西亚中国人之间，传统的招呼是鞠躬。不过现在大部分都握手或鞠躬加握手。中国男人与女人握手时不会感到不舒服——这一点与马来西亚其他各族不同。
- 很多但不是所有的马来西亚印度人是印度教徒。多数印度教徒避免男女之间的公开接触，尽管举止并不像很多穆斯林那样激烈。男人可以和男人握手，女人可以和女人握手。只有西化得很厉害的人才和异性握手。马来西亚印度人也可能是锡克教徒，或基督教信徒或穆斯林，他们都避免两性之间公开接触。
- 传统印度人打招呼的方式是双手合十，轻鞠一躬（好像祈祷一样）。一般年长的、传统的印度教徒才行这种礼。不过一个西方女商人与一位印度男人打招呼时不握手，行这种礼也可以接受。
- 在各族之间，公开场合亲吻（即便只是在面颊上轻啄一下）也是不能接受的。只有最时髦、大城市的马来西亚人才会以轻吻打招呼。
- 正如英国的问候语“How do you do?”（你好吗？）只是修辞上的，没有实际意义，马来西亚人也有很多这样的修辞问候语。中国人打招呼离不了食物。“你吃了吗？”或“吃东西了吗？”都是修辞性问候语。回答“吃了”，即便你正饥肠辘辘。与之相似，马来西亚人街上碰见时典型问候语是“你去哪儿？”也是修辞性的，“散步”或“随便走走”都是完全可接受的回答——后一句是传统马来反应的英语对等。对方并没有期望你告诉他自己的行程。

称呼方式

- 恰当地称呼马来西亚人是一件复杂的事，尤其是对于不熟悉马来西亚族群命名方式的西方人来说。介绍时多花些时间，可能交换名片。重复马来西亚人的头衔和他的名字并询问你的发音是否正确。这样会让对方有机会介绍头衔或名字的历史或来源，给你提供可能有用的个人信息。
- 马来西亚是一个君主立宪国家，有九个皇室家族。既然有这么多皇族人，外国人可能迟早会碰到一个。他们的头衔和称呼方式不尽相同。问一下当地人，某位皇室成员怎么称呼。
- 你遇见的大部分生意人都以头衔加上名字来称呼。如果一个人没有职业头衔（如工程师，医生或老师），西方人可能用先生、太太、夫人或小姐加上名字来称呼。然而，要明白这样称呼省略掉了对这个人本人和你理解这个人都很重要的头衔。

  传统马来语的“先生”、“夫人”或“小姐”是：

  - Encik=先生
  - Puan=夫人（已婚妇女）
  - Cik =小姐（未婚妇女）

这些用于名字的前面（如阿马迪先生被称为 Encik 阿马迪），虽然女士在马来语中没有对等形式，不过现在的趋势是用 Puan（夫人）指代所有成年的女性。

- 马来西亚的三个主要民族都有自己的名字排列方式。
- 马来人传统上没有姓。多数马来人是穆斯林，穆斯林名字来源于阿拉伯语。每个穆斯林都是一个名字加上 bin（某某人的儿子）加上父亲的名字。例如，Osman bin Ali 就是“奥斯曼，阿里的儿子”。正确的称呼方法是奥斯曼先生，而不是阿里先生——阿里先生指的是他的父亲。

- 穆斯林妇女名字加 binti（某某的女儿），再加上父亲的名字。例如，海迪彻·宾迪·费奥兹（Khadijah binti Fauzi）是“海迪彻，费奥兹的女儿”。她被称为海迪彻小姐，或者结婚后，称为海迪彻夫人。出于商业的目的，一些妇女在名字中加入丈夫的名字。这样，如果海迪彻嫁给奥斯曼，她可能选择海迪彻·奥斯曼夫人的称呼。注意，英语中，binti 也可拼做 binte。
- 一些西化的马来人略去了名字中的 bin 或 binti。
- 一个已经完成到麦加朝圣的穆斯林男人被称为图安·哈吉（Tuan Haji），女人做到这一点的被称为哈雅（Hajjah）或哈雅女士（Puan Hajjah）。注意这些头衔不能自动转给配偶，必须自己努力完成朝圣，才能赢得这个称号。不过，如果拿不准，那就犯些慷慨的错误吧。称呼夸张点的头衔总比不说头衔强。
- 中国人的名字通常由姓开头，加上两个字或一个字的名字组成。在张武健（Zhang Wu Jian）这个名字中，张是姓（或家族名字）。人们会用头衔加上“张”来称呼他（张先生，张医生）。
- 中国人的妻子一般不用丈夫的姓，而保留未嫁前的姓名。尽管西方人通常称呼已婚妇女：夫人加上丈夫的姓，而中国人一般称呼太太加上她自己的姓。如李楚琴（Li Chu Qin，女性）嫁给张武健（男性）。西方人可能称呼她张夫人。而在马来，正确的称呼是李太太。为适应西方人，很多中国人采用一个开头的英文名字，使说英语的人能够用听起来熟悉的名字区分他们。这样，张武健可以叫自己威利·张先生。其他人则取其名字的第一个字母（Mr. W J Zhang 张武健先生）。
- 似乎很多中国人都有相同的姓，因为在中国总共只有约 400 个姓！然而，这些姓转写成英语时可能有几种变化。比如，Wong，Wang，Huang 都是同一个汉语姓氏的英语版本。
- 马来西亚的印度人遵循几种不同的传统。因为他们传统上没有姓，一些人现在采用了所有家庭成员都有的，代代相传的家族名字。
- 传统印度人没有姓。印度男人的名字会以他父亲名字的起始字母开头，加上他自己的名字。例如，V. 瑟鲁塞尔万（V. Thiruselvan）意思是“瑟鲁塞尔万，V.的儿子”。为了合法起见，两个名字都应写全，中间用“a/l”（anak lelaki 的缩写，意思是“某某人的儿子”），瑟鲁塞尔万 a/l Vijay。两种情况下他都是瑟鲁塞尔万先生。然而很长的印度名字常被缩减，他可能愿意别人叫他瑟鲁先生或塞尔万先生。

- 印度女人的名字与男人一样：父亲名字的开头字母加上她自己的名字。写全称时，用“a/p”（anak perempuan 的缩写，意思是“某某人的女儿”）代替“a/l”。印度妇女嫁人后，就不再用父亲名字的起始字母，而是在自己的名字后面加上丈夫的名字。如当 S.卡玛拉（S. Kamala）（女性）嫁给 V. 瑟鲁（男性）时，她的名字就会是卡玛拉·瑟鲁夫人。
- 一些马来西亚印度人会采用西方风格的姓。他们中的一些人是基督徒（会用一些圣经上的名字如亚伯拉罕、雅各布等）。或者他们来自一个葡萄牙殖民地（如果阿 Goa 或马拉卡 Malacca），他们的姓的起源就是葡萄牙语如罗萨里奥（Rozario）或德西瓦（Desilva），可称呼他们雅各布医生或德西瓦先生。
- 印度锡克教徒（Sikhs）名字后要加上男人（Singh）或女人（Kaur）。称呼他们要用头衔和前一个名字。对一个印度锡克教徒只称呼 Singh 先生就像在英语中称呼男人先生（Mr. Man）一样没有意义。
- 印度穆斯林和马来穆斯林的名字相似，都遵循一样的模式。
- 当你询问马来西亚人你应该怎样称呼他或她时，主动解释一下他们应该怎样称呼你。他们同样拿不准哪个才是你的姓，称呼的正式程度应根据他们的习惯。当你称呼一个马来西亚人古普塔医生（“Dr. Gupta”）时，不要告诉他“叫我鲍勃好了”。

肢体语言

- 在马来西亚，除了握手，两性之间没有公开的接触。公开场合不要亲吻或拥抱异性——即使是自己的配偶。另外，可以允许同性之间的接触。男人之间可以拉手甚至可以挽着胳膊一起走，那只是他们之间友谊的表示。
- 穆斯林和印度教都认为左手是不洁的，只用右手吃东西。可以用右手，就尽量不要用左手碰任何人或物。用右手接受礼物或拿现金（显然，需要双手并用时，可以用两只手）。
- 脚也被认为是不洁的。别用脚移动或碰任何东西。

- 不要露出你的脚底或鞋底。这个限制决定了你的坐姿：你可以从膝盖交叉双腿，但不能把一只脚的脚踝放在另一条腿的膝盖上。不过在马来西亚，任何形式的交叉双腿而坐，都是很随便的姿势，有马来西亚皇室在场时，不要交叉双腿。
- 不要把脚放到任何不是为脚准备的器具上，如桌子。
- 用食指指着人是不礼貌的。马来人只用食指指动物。很多印度人觉得用两根手指都是不礼貌的。如果必须指明某人或某物，用右手整个手掌（掌心向外）。也可以用右手拇指，其他四根手指都要向下蜷起来。（要确定五个手指都蜷起来了——老年马来人会认为攥紧拳头，伸出拇指和小指是表示侮辱的手势。）
- 马来人认为攥紧拳头砸向另一只手的手心是淫秽的手势，应避免这个动作。
- 印度人和马来人认为头是灵魂的寄居所在。所以别碰别人的头，即使拍拍小孩的头也不可以。
- 印度人左右摇头表示同意，虽然西方人会误以为这个动作表示“不”。仔细观察，印度人摇头和西方人表示否定的动作（颌部牵动）不太一样。
- 与世界上很多地方一样，向某人招手示意，伸出手，掌心向下，手指做挖的动作。这里像美国一样，掌心向上，一根手指摇晃召唤某人是侮辱人的手势。
- 站直了，双手叉腰永远是愤怒、咄咄逼人的姿势。
- 在马来西亚，人们站着，互相之间距离多远才舒服，因文化不同而各异。一般如果要握手的话，你愿意站得分开一些也可以（两到三英尺），印度人离得更远一些（三英尺或三英尺半）。

礼物

- 马来西亚反贪局实行严格的禁止行贿受贿的法律，所以要避免赠送那些会被理解为贿赂的礼品。
- 朋友之间才送礼物。在与马来西亚人建立个人关系之前不要送他们礼物。否则看起来就像贿赂。
- 马来西亚人的习俗：不当着送礼物的人的面打开礼物包装。这样做意味着接受礼物的人贪婪而没有耐心。更坏的情况是，如果送的礼物不合适或让人失望，丢脸在所难免。所以心里要明白，接受礼物的人，只会简单地谢谢你，然后把礼物放在一边不动，直到你离开。

- 猪肉和酒为信奉伊斯兰教的人所禁忌，所以不要送这些礼物给马来人。其他食物可作为很好的礼物，不过肉类制品必须是清真的（合乎伊斯兰教之礼）。对猪肉和酒精的禁忌也使得猪皮制品和含酒精的香水不能作为礼物。
- 马来穆斯林认为狗是不洁的。不要送玩具狗或带有狗图案的礼物。
- 记住一个男人送给女人的个人礼物可能被误解为爱意的表示。外国的男性商人个人送礼物（如香水、衣物）给一个马来西亚妇女时，必须让每个人都知道：他只是转交妻子送的礼物。
- 不要用白纸包礼物给马来人，因为白色是葬礼的颜色。
- 中国人的习俗是接受礼物之前要推让拒绝三次，否则就显得贪婪，所以要继续坚持送。他们接受礼物后，要说你很高兴他们接受了礼物。
- 中国人喜欢食品礼物，不过别带食品礼物到晚宴或聚会上（除非事先约好）。这时带食品暗示主人不能准备足够的食物。过后，可以送食品作答谢礼物。糖果和果篮都是很好的选择。
- 对中国人来说，下列物品都与葬礼联系，不能作为礼物：

  草编凉鞋；

  钟；

  鹳或鹤（虽然许多青年中国人知道西方文化把鹳与出生联系在一起）；

  手绢（经常在葬礼上送，象征悲哀和哭泣）；

  礼物（或包装纸）主色调是白、黑、或蓝色；

  不要送刀、剪刀或切割器具。对中国人来说，这些象征割断友谊。
- 虽然传统中国人只给病人或葬礼送花，但是西方广告已经使鲜花作为礼物流行起来。送花要确信送双数，单数不吉利。
- 中国新年时的习俗是把钱用红色信封装起来，送给孩子和平常打交道的服务人员（非政府职员）作为礼物。这份礼物叫红包。要用新的钱币，钱的张数，甚至钱数都要是双数。许多雇主给雇员的红包等于一个月的工资。
- 印度人只用鸡蛋花（frangipani）（夏威夷人做花环的花）来做葬礼的花环。
- 如果给印度人钱，记住应该给单数（与中国人的传统相反）。通常在原来的数目上加一美元。例如，不给 10 美元，而给 11 美元。

- 信奉印度教的印度人不吃牛肉或使用牛身上的东西做的产品。所以多数皮革制品都不能作为礼物送给他们。

服饰衣着

- 马来西亚紧靠赤道北面，终年炎热潮湿。大部分低地白天温度在 75 ~ 95 华氏度，湿度为 60% ~ 70%。
- 只有山区温度较低，那里商人很少涉足（旅游除外）。山里夜间的温度实际可跌至冰点以下。
- 雨季从 9 月延续到 12 月，不过马来西亚全年都会突降大雨。许多人天天随身带伞。
- 由于天气湿热，马来西亚的商务装很随意。男人的标准办公穿着是一条深色裤子，浅色长袖衬衫和领带，不用穿夹克衫。很多商人穿短袖衬衫，不打领带。
- 商务女性穿浅色长袖衬衫和裙子，在较正规的办公室里要穿长袜和套装。这里商务女性的时尚装扮比美国的更多一些褶边和装饰。
- 作为外国人，应该穿得保守些，直到你确认需要正式到什么程度。男人需要穿西装夹克衫，打领带，如果看起来合适，可以脱掉夹克衫，不打领带。不论穿什么，尽量保持干净整洁；需要的话，一天洗几次澡。
- 很多马来西亚男人穿蜡染开领衬衫上班。这样休闲的穿着很流行。牛仔裤也可以接受，不过短裤除外。
- 为了尊重穆斯林和印度教徒的感情，妇女一定穿至少能盖住上半截胳膊的衬衫，裙子应及膝或更长。

墨 西 哥 *Mexico*

文化注释

很多墨西哥人认为自己是瓜达卢佩女神（Guadalupe）的子民，他们相信瓜达卢佩女神的神迹。1513年，圣母玛利亚三次在一个贫穷的阿兹特克人胡安·迭戈（Juan Diego）面前显现，告诉他在供奉阿兹特克女神妥南蒂恩（Tonantín）的特珀雅克（Tepeyac）建一所教堂。如今，每年有超过100万名朝圣者拜访这所长方形的教堂，到处都是瓜达卢佩圣母的形象。这座教堂已经成为阿兹特克与西班牙文化和墨西哥民族性融合的象征。

基本资料

语言

虽然墨西哥人使用超过100种印第安语言，但墨西哥的官方语言是西班牙语。受过教育的人和城市中心的人大多数都懂英语。

宗教

没有官方规定的宗教，不过几乎90%的墨西哥人是罗马天主教徒。新教徒约占5%，而且这个百分比呈增长趋势——福音派新教派尤其明显。

文化定位

认知形式：墨西哥人组织并传递信息的方式

为了讨论的目的，墨西哥人容易接受信息，但从他们的态度上几乎看不出有主动获取信息的样子。墨西哥人处理信息凭主观、凭想象，因为他们所受的教育大部分是背诵。遇到问题他们往往把自己的情绪带进来，只看到特殊性而不能用规律或法则来解决问题。

谈判策略：墨西哥人接受事实的方式

主观感觉构成真理的基础，这导致真理随着自己想要东西的变化而变化。对天主教的宗教信仰虽然无处不在，但对他们关于真理的认识没有大的影响。只有受过高等教育的人才使用客观事实为依据。

价值体系：行为的基础

由于邻近美国，又跟美国有一段“吃亏交易”的历史，墨西哥人总是怀疑美国的意图。下面三个部分说明其主流文化的价值体系——他们区分正误善恶的方法。

决策的核心

个人为他或她的决定负责，家庭或群体的最佳利益是决定的主导因素。要与一个墨西哥人做生意就必须先了解对方，而在墨西哥，了解的唯一方式就是了解其家庭。技巧不太重要，重要的是怎样适应这个群体。所以，与正确位置上正确的人建立起私交极其重要。

减压之道

个人在社会结构中扮演的角色和大家庭的存在使墨西哥人的生活有稳定感，然而家庭也给成员带来压力。深厚的友谊和私交把群体成员团结在一起，需要时会尽力相互扶持。这种亲属、朋友、成员构成的网络对阶层归属和社会的机动性至关重要。所有这一切都需要相互扶持——终生的忠诚。

平等与不平等问题

贫富悬殊形成强烈的反差，不过墨西哥上层阶级的人数也是所有拉丁美洲国家最多的——相互之间形成千丝万缕的联系。大男子主义盛行，普遍认为如果有机会发生性行为，就可以真的去做。对于女性来说，在服饰、化妆和行为上都压抑女性气质。

商业惯例

约会

准　时

守时虽然是令人敬佩的美德，但墨西哥人在日常生活中不严格遵守时间。因为只期望外国人准时而且只在商务圈子里要求准时，所以请准时赴约，不过要带些手头工作，以防对方迟到。

- 聚会、晚宴等不要求准时。如果应邀赴一个墨西哥家庭聚会，至少迟到半小时。在墨西哥城，至少迟到一小时。
- 在你到墨西哥之前两到四周就要通过邮件和电传与对方约定，到达前一周再次确认。尽量与一个组织中的高层人士建立联系。请一位当地有关系的人为你介绍和联络对方。
- 早餐、中餐和晚餐都可以约见对方。让对方挑时间。
- 办公时间 9：00—18：00，午餐时间 13：00—15：00，星期一到星期五上班。

谈判

- 商务气氛友好，高雅而不拘谨。
- 节奏比在美国或欧洲慢。机构的高层做决定，低层进行磋商。这需要花些时间。对他们的拖延要保持平静和耐心，把拖延的时间算在你的预期时间表内。

- 在墨西哥，私人友谊对生意至关重要。墨西哥人寻求的是基于信任和可靠性的长期关系，所以花时间建立这些关系很重要，因为你们的友谊比你所代表的大牌公司更有助于你的前途。要重复多次拜访，行程结束后还须保持联系。
- 态度要温和、亲密，不过要保持你的尊严、礼貌和策略。你的墨西哥同行开始可能含含糊糊，有点怀疑，拐弯抹角。你的信任和善意可以改变他们的这种态度。
- 墨西哥人高度尊重一个人的个人尊严，不管他的社会地位如何、物质财富多少。因此，不要以势压人，不要公开批评任何人或做任何令人尴尬的事，不论这个人是谁。
- 墨西哥人拒绝说“不”。“也许”或“我们再看看”可能实际就是“不”的意思。你也要这么做。所有协议要书面写下来，因为口头说的“是”可能出于礼貌，后来就会更改协议。
- 谈判时，要强调两个公司相互之间的信任和兼容性。重点强调对个人和他或她的家庭的益处及增强自豪感的作用。这种情感攻势可能比逻辑上的底线效果更好。
- 如果有分歧，不要过分迁就，因为这会显得软弱。
- 你在价格上要留下合理的余地以便谈判。
- 陈述时要使用高级的、有良好的视觉效果的仪器。
- 尽管形势变化很快，高级管理层还是鲜见妇女的身影。在墨西哥，妇女压根就不被尊重。
- 墨西哥人有地位意识。你的谈判组中应该至少有一位来自高级管理层的人员。如果你有大学学历，别忘提一下。住一流的宾馆，在高档餐馆就餐。
- 外国货物和服务的成本是谈判的一个主要障碍，准备好一些有创造性的财务解决办法。

商务款待

- 最佳的商务会面时间应该是早餐和中餐，即白天的主要进餐时间。
- 如果应邀到一个墨西哥人家里，不要指望能谈生意。反而应该利用这次机会进行社交，认识一下他的家里人。晚饭在 20：30—21：30，你要晚到半小时。

- 墨西哥惯例，你的家庭和在家乡的工作都是好的话题。要避开历史上敏感的话题，如墨西哥与美国的战争和非法移民问题。
- 一群人聚餐时，习俗是一个人买单，通常是这群人中最年长的。争着买单说明有风度。
- 你可能被邀请参加一个姑娘的 15 岁生日聚会。这是很重要的场合，就像美国女孩开始出来社交举行的聚会。
- 墨西哥海拔与你的所在地不同，身体需要适应。尽量别暴饮暴食，不要大量抽烟。
- 外国女性商人邀请商务伙伴参加商务宴会是不明智的，除非配偶或其他同事也参加。女性可在宾馆吃商务餐，把餐费算到你住宿的账单里。要不然，男人不会愿意让你掏钱。

时差

- 墨西哥时间比格林尼治标准时间晚六小时（G.M.T.–6）。

社交礼仪

问候方式

- 握手为男人打招呼的方式，女人则互相轻拍右前臂和肩膀。如果关系好，还可以拥抱或互相在面颊上吻一下。男人会等女人先伸出手才能握手。
- 第二次或第三次见面时会拥抱，做好心理准备。
- 聚会上，进入房间时，对每个人轻鞠一躬。习俗要求与每个人打招呼并握手，通常主人会介绍你。离开时，主人也期望你与每个人握手。

称呼方式

- 在墨西哥，头衔很重要。只要用一个人的头衔直接称呼他或她即可，如教授、医生。只有非常熟悉的人才称呼名字。等对方先叫名字，你再叫名字。

- 没有职业头衔的人可以称呼先生、夫人或小姐再加上他们的姓。在西班牙语中：
  - 先生= Señor
  - 夫人= Señora
  - 小姐= Señorita
- 多数墨西哥人有两个姓：一个来自父亲，在名字中列在前面，后面跟着另一个来自母亲的姓。称呼某人时，一般只用父亲的姓，如胡安 ·安东尼奥 ·马丁内兹 · 加西亚先生的称呼是马丁内兹先生；安娜 · 玛丽娅 · 古铁雷斯 · 埃雷拉小姐的称呼是古铁雷斯小姐。妇女结婚后，会加上丈夫的姓，以后名字冠以丈夫的姓。如上面提到的两个人结了婚，女方的姓名就是安娜 · 玛丽娅 · 古铁雷斯 · 埃雷拉 · 德 · 马丁内兹。大多数人会叫她马丁内兹夫人。

肢体语言

- 墨西哥人谈话时彼此挨得很近，这样的距离会使美国人很不舒服。如果你与对方拉开距离，就会被认为是不友好的表示——或者墨西哥人会上前一步，再次把距离拉近。
- 墨西哥男人热情友好，身体接触很多。他们拍一下肩膀或抓别人的胳膊。如果你要挣脱开，他们会认为是对自己的侮辱。
- 在公共场合，墨西哥人嘴里发出“嘘嘘”的声音，引起某人注意，这在他们这里不算粗鲁的表现。
- 男人应避免把双手插进兜里，双手放在臀部表明你在挑战。
- 比量高度时，一定用食指。用整个手比量的是动物的高度。
- 在商场里买东西付钱时，把钱放在收银员的手里，而不要放在柜台上。

礼物

- 商务环境里不需要给经理送礼物。然而，送一些小礼品，如带有公司徽标的小东西（第一次访问时送）或一瓶葡萄酒或苏格兰威士忌（随后到访时送），墨西哥人还是非常感谢的。如果需要送更贵点的东西，座钟、精工制作的钢笔或金质打火机都是很好的选择。

- 要给秘书送礼物。可象征性地送份礼物给为你服务的政府秘书。不过对于私营企业的秘书，回访时要送更贵的礼物（如香水、围巾）。男性给一个女秘书送礼物时要声明这是他的妻子送的。
- 赴宴的客人不用送礼，多多感谢或回请一下就行了。不过，如果送礼物的话，他们也会很高兴地收下。糖果、鲜花（要向花店店主强调必须早点送到，或准时送到）、家乡的工艺品都是很好的选择。
- 送花时，要清楚墨西哥的民俗：黄花代表死亡，红花布下咒语，白花解除咒语。
- 避免送银质礼物，银子容易与制作卖给旅游者的廉价小饰品联系起来。
- 在拉丁美洲，不要送刀具礼物，因为刀象征割断友谊。

服饰衣着

- 谈生意时，男人应穿保守的深色西装，打领带；女人穿连衣裙或裙子和衬衫。
- 男人穿裤子和浅色衬衣是休闲装束；女人可穿衬衫或漂亮的裤子。牛仔裤除非剪裁精良、熨烫平整，否则会被认为不合适。除非在度假胜地，否则女人不宜穿暴露的服装或者男女都不宜穿短裤。男人可能愿意穿传统的一种浅色衬衫，下摆不用掖进裤子里。

荷　　兰　　*Netherlands*

基本资料

语言

荷兰语是官方语言。小部分人说弗立斯兰语（Frisian）、土耳其语和阿拉伯语。荷兰人是欧洲最高明的语言学家，大部分荷兰人都至少会说一门外语。大部分人都懂英语。

教育

荷兰人 100%都受过教育，这在所有欧洲国家中是最好的教育记录。20%左右的成年人中学毕业后会进一步深造，教授外语的教育系统也很完善。

宗教

虽然人们认为荷兰是新教国家，但罗马天主教徒还是占微弱多数。荷兰革新教会和卡尔文教派是最重要的教派。荷兰最大的群体是宣称没有宗教信仰的人，占 37%。

文化定位

认知形式：荷兰人组织并传递信息的方式

荷兰人一般很谨慎地对待外界信息。他们是抽象思维，会客观地分析、处理问题。荷兰人认为自己有责任服从普遍的行为规则，而不是只依照个人规则行事。他们发展友谊很慢，而且选择性很强。

谈判策略：荷兰人接受事实的方式

真理在于客观事实的累积，这一点受他们对社会民主意识的坚定信念的影响，不相信主观感情。荷兰人喜欢尽可能少地提供信息，他们的原则就是节制，不接受带主观感情色彩的论据。

价值体系：行为的基础

在荷兰，计划是一种生活方式。计划、管理和组织对荷兰人非常重要。下面三个方面说明主流文化的价值体系——他们区分正误善恶的方法。

决策的核心

荷兰人非常讲究个人主义，在决策过程中必须考虑其文化历史。各阶层人士都认为需要保护个人隐私。

决策很慢，很耗人精力，因为在这个过程中，要斟酌一切无关大局的顾虑。一旦决定下来，就不可更改。在荷兰，计划是一种生活方式。荷兰人纠缠于计划，管理和组织过程中。虽然要坚持普遍的价值观念，但发展友谊也是很重要的。

减压之道

普遍规则和规定与很强的内心约束结合起来使生活稳定，减少不确定感。

他们非常需要社会秩序和个人的秩序，对离经叛道的行为不够宽容。每件事都在计划之中，包括休闲时间。荷兰人很少表达自己的情绪，因为他们很坚强，有控制力。不过荷兰人坚信用科学方法能解决人的问题。

平等与不平等问题

荷兰明显是一个等级社会，各阶级充当社会组织的角色，使社会有了结构和秩序。在那里，示威是民主进程的关键部分，因为人口密集和过分组织严密总会产生不同政见者。

法律保障所有人的平等权利，不过可能不在市井实行，有种族主义（尽管他们否认存在种族主义）。

虽然现在荷兰人仍然很愿意保持父系核心家庭（包括定义完备的男女性别角

色），可是这种结构开始受到侵蚀，因为更多妇女正在进入劳动力大军。荷兰女权运动是欧洲进展最慢的。

商业惯例

文化注释

在美国，所有生意人，不论宗教信仰如何，都受“新教工作理念”的影响。与此类似，卡尔文教派的理念影响了所有荷兰商人。最明显的就是荷兰人有节俭、诚实、谦卑的美德。荷兰人认为炫耀、耍手段、自吹自擂令人憎恶。

约会

准　时

- 在荷兰准时非常重要，要确保准时参加商业和社交活动。
- 荷兰人认为计划和高效利用时间很重要。商业会面时，即使你只迟到了几分钟，荷兰人也会怀疑你利用时间的能力。在荷兰，一个迟到的人被认为或者不称职（能力不够，不胜任工作），或者不值得信赖——或者两者都是。
- 荷兰人准时的另一个方面就是快速反应时间。任何公司如果不能接到询问就立刻开出报价，就不能赢得荷兰客户。送货和服务也要快。

- 记住欧洲人和南美洲人书写时，先写日，再写月，最后写年（如 1999 年 12 月 3 日写成 3.12.1999）。
- 会说英语的荷兰生意人占很大比例。几乎每个场合，都可找到能把英语翻译成荷兰语的人。
- 荷兰人对自己能够高效利用时间感到很自豪，而做到这一点就要求事先计划好。要精心制定约会时间表，不要以为一个便条就可以改变计划。顺其自然在这里绝不是美德。
- 通过电话，传真，电传确定约会应至少提前一周到两周通知；如可能的话，用邮件要留出一个月的时间（航空邮件需要一周时间才能送到）。

- 收到重要信件一定要回复（合同、报价、意向书等）。
- 商务信函可以用英语写。用商务信函的正式格式，语法要正确。给个人的信件中，头衔要写完整，正确无误，即使你们关系很好。
- 许多荷兰经理都会在6月、7月、8月及12月末度长假，所以要确认能约到对方。
- 荷兰大企业里都有接待区，有专门的接待员端咖啡或送烟草。传统习俗要求你退出接待区时给接待员小费。
- 办公时间：8:30—17:30，周一到周五办公。
- 银行办公时间：9:00—16:00，周一到周五。一些银行周四夜里照常营业。
- 商场营业时间：8:30或9:00—17:30或18:00，周一到周五。一些商店周四或周五营业时间可延长至晚上。注意大部分商店每周都有半天时间不营业。

谈判

- 荷兰经理一般很直接而且效率高。然而在荷兰，决策进程却比在美国慢。
- 在荷兰公司里，决策过程是在集思广益、达成共识的基础上完成的。咨询每个受影响雇员的意见，听取所有人的意见，不论他的地位和资历如何。这个过程可能花很长时间。
- 荷兰社会重视多样性。每个人都可以有自己的说法，没有必要都统一。不过人们会努力包容所有不同意见，包括试图让持不同意见的人改变主意。
- 一旦做出一个肯定的决定，荷兰公司的行动就会快起来，每个人都致力于这个工程。准备好迅速行动。
- 一个否定的决定出炉得更慢，说“不”是荷兰人唯一不直率的时候。他们可能支支吾吾或者预言一些不可逾越的困难，而不直截了当地说“不”。
- 荷兰人敬重谦虚的品格，讨厌夸张或炫耀，所以要确保有很多数据支持你的观点。陈述要简单、直接。
- 不论事情多么小，答应了就一定要做到。荷兰人不相信一个不准时的人或不能按时寄出报价单的人能负责地执行合同。
- 多数荷兰经理都懂英语，所以你的商务名片没必要翻译成荷兰语。不过，全部宣传材料和说明书应翻译成荷兰语。

- 荷兰人很注重历史。如果你的公司已运营多年，应在名片上标明公司成立日期。
- 荷兰人很重视教育，学士学位以上的任何学位都应印在名片上。
- 谈生意之前，荷兰人一般不在社交活动上花大量时间。很可能你走进办公室，介绍完自己，就开始谈生意。身在一个有数百年商业历史的国家，荷兰经理们自信能快速判断他们是否愿意与某人做生意。
- 另外，也可能一位荷兰经理让人调查未来客户的背景资料。这给他们提供坚实的证据，支持他或她最初的印象，同时保持了能“精明地判断人的性格”的名声。
- 荷兰人想在谈生意前聊天时，一般会问乘飞机旅行的情况、住宿情况，以及你在美国的什么地方等。与荷兰人做生意，联系很重要，因此要知道每个能说你或你公司好话的人的名字。了解你自己国家和荷兰的最新政治事件，因为荷兰人经常谈论政治。

文化注释

避免传达任何你想保密的信息。荷兰人愿意公开进行公司运作，听取所有员工的建议，所以每个员工都能接触到信息。而且，一般来说，保守秘密会让荷兰人觉得不舒服。

- 荷兰人尊重诚实和直率的人。所以直率一些，比显得刁滑和躲躲闪闪好。
- 荷兰人一般不恭维个人。任何事都是团队努力的结果，嘉奖通常颁给团体，而非个人。反过来，他们一般也不归咎于个人。事情出了错，他们认为是制度的问题，是制度没有很好地履行监督的职责。
- 荷兰人恭维或责难个人时，一般不在公开场合。
- 不要给人以自己高高在上的印象，荷兰社会的中心教义就是平等。荷兰人认为公司里的每个人，从公司老板到后勤人员都很宝贵，值得尊敬。
- 在荷兰，隐私很重要。无论在家还是上班，门要关严。门关着，进去前要敲门，等里面的人回应了再进去。
- 询问的个人问题应该表面化；如果对方想让你知道关于他或她家庭的任何细节，他或她会告诉你。避免谈论性的话题，包括荷兰的合法妓女问题。

- 荷兰人与人交谈时，喜欢的距离比北美人之间更远一些。他们家具的摆放也表明了这一点。你会发现自己在滔滔不绝地说，而坐的椅子离对方太远，令人不舒服。不要拉近你的椅子，家具摆放不是你应该管的事。
- 荷兰人家庭生活与生意无关。不过，经理把工作带回家去做，而且可能在家打电话谈工作上的事情。

文化注释

虽然荷兰人认为生意是严肃的事情，但他们偶尔也会在商务陈述和正式发言中幽默一下。荷兰人的幽默感往往善意而通俗；机智，讽刺和玩辞令的把戏不受他们欢迎。

商务款待

- 虽然荷兰并不以烹饪驰名，可是食物构成了荷兰人交际的重要部分。
- 一日三餐之外，荷兰人还在 10：00 和 16：00 休息一下，吃些点心。咖啡在上午休息时间喝，下午喝茶。
- 荷兰人喜欢在午餐或晚餐时招待外国生意上的朋友，通常在餐馆而不是在荷兰人家里。

文化注释

荷兰人也可不选择正式晚餐，而是在晚餐后邀请客人到家里去。用非常多的开胃小吃，加上酒类和咖啡款待客人。这种场合吃喝数量抵得过一顿正餐，不过环境更放松，不拘束。

- 所有社交活动都会精心安排和详细计划。荷兰人不喜欢随机应变，他们不会临时通知一下，就邀人吃午餐。
- 记住社交活动要准时。
- 荷兰人看重好咖啡，你可要有心理准备，会喝很多。
- 吃东西要用餐具，只有极少数东西可以用手拿着吃。很多荷兰人甚至吃面包都用刀叉！
- 餐桌上，别把手放在大腿上。双手保持在桌面以上，手腕搁在桌面上。

时差

- 荷兰时间比格林尼治标准时间早一小时（G.M.T.+1）。

社交礼仪

问候方式

- 在荷兰，每个人打招呼或离开时都握手。男人跟男人，男人跟女人，甚至被介绍给一个小孩时，都要握手，握手要有力而短暂。
- 介绍时，边握手，边重复你的姓。传统上不说任何问候语（如你好吗？），虽然很多荷兰生意人为了让外国人感觉自然，也会说问候语。
- 如果在一个商务集会或社交活动中，你还没有被正式介绍给任何人，那你就要介绍你自己。在房子里走一圈，跟人握手，重复你的姓。不这样做，就会给人留下坏印象。
- 站立时，不要两手插进口袋里，右手握手时，左手千万不要插在口袋里。
- 在荷兰，除握手外，很少有公开的身体接触。密友或亲属可以轻轻拥抱。

称呼方式

- 荷兰人的名字排序与美国一样：名字后跟自己的姓。
- 传统上，只有家庭成员之间和亲近的朋友之间才直呼名字。与荷兰同事相处要花很长时间才能亲近到能直呼名字的地步。
- 另外，很多荷兰经理是与外国商人打交道的高手。你的荷兰同行可能很快就建议你们直呼名字，要明白他们这是在努力想使你觉得舒服。
- 与没有职业头衔的人打招呼时，用先生、夫人或小姐加上姓来称呼。
  - 先生=Mijnheer（也拼作 Meneer）
  - 夫人=Mevrouw
  - 小姐=Juffrouw

- 谈话时并不总用职业头衔。通常，律师、工程师或医生如果希望你称呼他们的职业头衔时，他们介绍自己时会加上头衔。
- 另外，荷兰人的书信往来非常正式。所以要搞清楚收信人的正确头衔，在信里用上。
- 进商店对每个在场的人，其他顾客或职员道声“日安”被认为很有礼貌。不过，不要打扰别人——荷兰店员每次只为一位顾客服务。

文化注释

你会发现礼貌对待服务人员很有益处。即便美国公民认为很糟糕的客户服务，也能体现出荷兰人平等的理念。对北美人来说，荷兰的店员有时表现得好像为你服务是给你恩惠一样。不过荷兰社会人人平等，不需要公民做别人的仆人。对待荷兰店员或任何荷兰公民态度都不要居高临下。

肢体语言

- 在公开场合，荷兰人非常讲究礼节和克制。避免任何形式的引人注目。比如，你认出远处一个认识的人，大声喊着打招呼就会被认为没有修养。（然而，你可以挥手引起她或他的注意）。
- 一个男人和一个女人一起在街上走时，男人要靠路边走。
- 弯胳膊，并轻敲肘部下边是指责某人不可靠——是荷兰商人很严重的指责。
- 吸吮大拇指是说“我不相信你”的一种方式。
- 用食指沿鼻梁向下刮几次是表示某人吝啬或刻薄。
- 表示某人疯了，荷兰人有几个手势。或用食指敲敲前额，或做出驱赶面前飞舞昆虫的动作。
- 另外，北美人表示“疯了”的手势（用食指在太阳穴附近画圈）几乎跟荷兰人表示“有你的电话”的手势相同。（荷兰人用食指在耳朵上方，而不是太阳穴上方绕圈）。
- 轻轻地敲两个大拇指指甲盖鼓掌是讥讽的手势，最好理解为“我们觉得不好笑”。
- 嚼口香糖时不要与任何人交谈。

礼物

- 送荷兰经理的礼物应该质量好，但不要太贵。
- 适合生意人的礼物包括进口酒、优质钢笔、袖珍计算器或任何新的玩意儿。荷兰人普遍收藏葡萄酒，所以别送葡萄酒做礼物，除非你能为对方挑选适合他或她的品牌。
- 应邀到荷兰人家里吃晚餐，可给女主人一束没包装的鲜花，或者第二天送一束花或一株植物。
- 晚餐时别带葡萄酒做礼物，因为这样会暗示主人家的酒窖收藏不足。
- 应邀到荷兰人家里时，巧克力或糖果也是不错的礼物，尤其是到有孩子的家庭。

服饰衣着

- 荷兰人的商务着装非常保守，不过也因行业而不同。金融行业的大部分商人穿深色西装，戴庄重的领带，内穿白衬衫；女人穿深色套装，白衬衫。应邀赴宴时，注意采取同样的穿着。
- 另外，有些行业允许很随意的穿着。相当多的经理在办公室外才打领带，穿夹克衫。
- 令人惊奇的是，一个人的地位越高，他或她就可以穿得越随便（在一些行业）。你会发现销售职员穿着西装而老板却穿牛仔裤和套头衫。

文化注释

荷兰不是一个“衣着彰显成功”的地方。一位荷兰总裁越富有，越成功，他或她就越要努力显得与普通人一样。荷兰富人不穿高档时装，不开豪华车或住豪华别墅。在人群中，经常看不出一个荷兰总裁和一个普通经理之间的差别。

- 像在许多国家一样，荷兰男人工作时脱掉夹克衫。照他们的样子做。
- 视情况需要，荷兰人也喜欢装扮。正式社交场合，男人会要求穿赴宴的礼服，女人穿晚会长裙。这些场合包括正式聚会，晚宴，晚上看剧院演出。
- 休闲服穿着与美国一样。不过只有在散步或徒步旅行时才穿短裤。

新 西 兰 New Zealand

文化注释

新西兰最初是英国管辖下的殖民地澳大利亚新南威尔士州的一部分。即使新西兰独立之后，这个国家与欧洲的联系还不是直接的，而是转道通过澳大利亚。过去新西兰人对这种控制非常愤怒。如今，虽然新西兰和澳大利亚成为军事同盟和贸易伙伴，但两国之间仍存在相当大的竞争。所以，永远不要把新西兰人误认为是澳大利亚人。

基本资料

文化注释

新西兰国土由三个主要大岛组成。北岛拥有肥沃的农田和森林，一个牧业区和一个火山形成的高原。新西兰 75%的人口生活在北岛。南岛包括一带狭长的山脉，上有冰川，山脉周围有平原，峡湾，浓密的林带和海滩。南岛提供了很多运动的机会，包括在山中滑雪。斯图尔特岛（Stewart）是南面的一个小岛，居民不超过 600 人。其他岛更小，而且基本上无人居住。

语言

英语是官方语言。虽然政府采取措施保存毛利语言，但大部分毛利人说英语。新西兰英语形成了有鲜明特色的口音和俚语。

文化注释

记住新西兰人称自己为“吉维”(Kiwis，意思是新西兰人，尤其指士兵和国家运动员)。如果有人说你是他们的“配偶”或“棘手的案子”，请把这当作对你的恭维，因为它们的意思是“朋友”或“一个有趣的人”。他们也常使用一些毛利词语，包括 Kai(“食品”)和 pakeha(“非毛利人”)。

宗教

多数居民是基督徒。英国国教教徒为数最多，占人口的 22%。还有罗马天主教徒、长老会教友和循道宗信徒。几乎 20%的新西兰人把自己描述为不信教的人。

文化定位

认知形式：新西兰人组织并传递信息的方式

新西兰主流文化一般不接受外来信息。这是一种高度重视实践经验但又凭借抽象思维和概念处理信息的文化。新西兰人的人文主义理念使他们认为人的福祉最重要，需要优先考虑，不过新西兰人倾向于用普遍规律和非人情的法规来解决问题。

谈判策略：新西兰人接受事实的方式

客观事实的累积构成了真理的基础。坚定的爱国主义可能对新西兰人心中的真理有所影响，不过他们很少相信主观感情。

价值体系：行为的基础

新西兰文化有深厚的人文主义基础，在这里，人文的进步与物质的进步同样重要。下面三个部分描述主流文化的价值体系——他们区分正误善恶的方法。

决策的核心

新西兰人决策时非常个人主义(勇于决策)，不过个人也会遵守公司的政策，因此，经理人事变更不会破坏谈判。新西兰人的思维取向是先己后人，强调个人的积极进取和取得的成绩。他们不觉得说“不”很困难。他们不期望别人的帮助，不过却期望每个人都认同他们的价值体系。友情少，即便有也是基于需要的具体的友情。

减压之道

有足够多的外部组织和社会结构保护新西兰人免受日常压力的困扰，使他们有安全感。

文化注释

新西兰以发达的社会立法体制著称。新西兰是英联邦中第一个创立老年人年金的成员国，时间为 1898 年。早期的创新之举还包括 1893 年制定妇女选举权法，1894 年制定劳动仲裁法，1911 年制定寡妇年金法。

最后期限和工作表现会造成人的焦虑，不过新西兰人不公开表达自己的情绪。对一个人最大的奖赏就是他的成就得到认可。几乎每件事情都有既定的规则可循，不过这些规则如果需要可以变通。社会各个阶层都依赖专家。

平等与不平等问题

所有民族都已经融入一个真正多民族的社会，尽管对毛利人的偏见还在继续。社会有一些制度上的不平等，使某些人有机会沿着社会等级的梯子一路往上爬。尽管存在不平等，但新西兰人仍相信所有人都应享有平等权利。传统性别角色正在改变，不过妇女仍然在为同工同酬和平等权利而斗争。

商业惯例

约会

准　时

- 约会一定要准时或早点到，迟到是不好的做法。
- 社交活动常常准时开始。

- 办公时间：8: 30—17: 00，星期一到星期五，星期六是 9: 00—12: 30。
- 商店 9: 00—17: 30 营业（星期五一直营业到 21: 00）。
- 访问新西兰的最佳时间是从 2—5 月，10 月和 11 月。12 月和 1 月是炎夏，很多新西兰人都去度假。

- 新西兰财政年度从 4 月 1 日到来年 3 月 31 日。
- 如果可能，要在你访问前的三周时间为用电传和电话安排会面。

谈判

- 新西兰人珍视他们的平等社会，很强调人与人之间的平等。他们尊重人是因为这个人本身而不是因为他的财富和地位。因此，谈判中强调诚实和坦率，忌渲染和炫耀。
- 他们的商业气氛的节奏比在美国慢，不过一般比在澳大利亚快。
- 一般保守的北美礼仪在与新西兰人交往中就合适。
- 开始时会面常在办公环境中进行。以后，你可以建议在餐馆或宾馆一起吃午餐。
- 午餐约会是为了谈生意。如果接到晚宴邀请，就是配偶一起参加的比较放松的社交活动。晚宴不是谈生意的时机。

文化注释

新西兰毛利人并不像其他国家的土著居民那样被边缘化，毛利人影响了新西兰的文化。毛利传统非常重视谦卑和诚实的品格。毛利社会是高度集体化的。

商务款待

- 新西兰人喜欢在家里宴请客人，被邀请吃饭时，不要感到惊讶。注意“茶”和“下午茶”之间的差别。下午茶在 15：00 和 16：00，而新西兰人说的茶是我们一般所说的晚饭，在 18：00 和 20：00。他们的“晚饭”是我们说的夜宵。
- 不要期望吃饭时畅所欲言，多数社交活动在饭后进行。
- 政治和体育运动都是不错的话题。新西兰人喜爱户外活动，积极参与非对抗性体育活动，如徒步旅行，钓鱼，航海和组织体育活动。
- 避开种族话题，特别是对待毛利人的问题。
- 新西兰人力图树立与澳大利亚不同的独立的身份，两国之间有激烈竞争。不要当新西兰人的面表扬澳大利亚或澳大利亚人，千万别把两国弄混了。

- 新西兰人对政治固执己见。谈话时可坚持自己的看法，进行辩论，在新西兰人眼里这不是侮辱或个人主义。新西兰人不尊敬一个没有明确信念或看法的人。你应当知道一些关于新西兰无核政策及这个政策如何导致新西兰和其他国家，最有名的是与美国之间关系紧张的知识。

时差

- 新西兰时间比格林尼治标准时间早十二小时（G.M.T.+12）。

社交礼仪

问候方式

- 新西兰人很友好，彬彬有礼，不过倾向于内向和拘泥礼节。他们可能等待别人去接近他们，不过一旦别人接近他们时，他们很友好。
- 男人在介绍时和准备离开时都握手。握手有力同时要有目光交流。
- 新西兰男人一般等一个妇女先伸出手，才能与之握手。妇女一般与妇女握手。
- 使用正式问候语"你好吗？"，直到你们的关系达到了更进一步的友谊。以后，非正式场合就可以用"Hello"或新西兰的"G'day"（日安）。

文化注释

毛利人传统的打招呼方式是互相摩擦鼻子。你可能碰到一个毛利人或有部分毛利人血统的商人，他们的习俗与其他新西兰人相似。

称呼方式

- 欧洲后裔的新西兰人的名字顺序与美国人一样：先名字，后跟姓。
- 开始会面时，要称呼新西兰人头衔或先生，夫人或小姐，后加他们的姓。
- 一旦建立联系，新西兰人会尽快地前进到称呼名字的程度。不过你要继续用头衔加姓来称呼他们，直到你感觉出对方比较随意的语调或直到某人要求你称呼他或她的名字。

肢体语言

- 公共场合嚼口香糖或用牙签剔牙被认为很粗鲁。
- 表示胜利的“V”形手势表示色情，尤其当掌心向内做这个手势时。
- 新西兰人通常语音柔和，大声喧哗会惹恼他们。他们说话时嘴巴不会张得很大；事实上，他们好像常常从牙齿缝里发音。
- 任何夸张的动作，甚至喝水，也会招人轻视。新西兰人比澳大利亚人更多地保持了传统英国人的克制。

礼物

- 拜访新西兰人家庭时，虽然并不要求送礼物，但你可带一些小礼物如巧克力、鲜花、威士忌。
- 礼物应该简单、实用。过分炫耀会让主人不快。

服饰衣着

- 服装与北美风格类似。一般很随意，不过商务服装比在美国稍微正式一些。
- 新西兰位于南半球，季节与北美相反。温带气候，而不是热带气候；一年中大部分时间须穿暖和的衣服，带雨具。
- 商务服装比较保守。男人穿深色西装、打领带。
- 女商人穿连衣裙或裙子，衬衫外加夹克衫。

尼加拉瓜 *Nicaragua*

文化注释

1972 年 12 月，在毁灭性大地震中，尼加拉瓜死伤 10 000 人，不过美国公民记得最清楚的是匹兹堡海盗队球员罗伯托·克莱门特的死。波多黎各出生的克莱门特——他是这一代最著名的西班牙语运动员——坚持乘坐满载救灾物资、已经超载的 DC-7 前往尼加拉瓜首都马那瓜，因为他知道，只有他亲自在场，才能保证那些物资送到穷人手中。飞机起飞不久就坠毁了，那些最终到达马那瓜的物资直接落到了苏慕萨（Somoza）国民卫队手中，其中大部分被出售。

基本资料

语言

官方语言是西班牙语，黑色人种说加利福纳（Garifuna，非洲人和印第安混血人种）语，尼加拉瓜的美洲印第安人说几种印第安语言，沿大西洋海岸线一带常说英语。

尼加拉瓜西班牙语有一些独特的词汇。尼加拉瓜西班牙语以说服力很强而驰名，在邻国哥斯达黎加被认为是淫秽的词语在尼加拉瓜却是日常用语，甚至是传媒用语。

文化注释

尽管教育基础设施缺乏，但尼加拉瓜人热爱诗歌。他们很自豪尼加拉瓜人均拥有诗人的数量比世界上任何国家的都要多。

宗教

没有官方宗教。85%的人口信奉罗马天主教，其他人信奉各种新教派。

文化定位

认知方式：尼加拉瓜人组织并传递信息的方式

尼加拉瓜人是骄傲的民族，评估外部信息时很慎重。他们的大部分学识都靠背诵得来，所以思考问题比较主观，富于想象力。他们看待多数情况都从个人角度出发，很少依靠规律或法则来解决问题。

谈判策略：尼加拉瓜人接受事实的方式

事情的结果常常被个人感情所左右，他们对几种意识形态的信仰（桑地诺主义、爱国主义、教堂）影响他们对真相的判断。他们很少用客观事实证明一个论点。

价值体系：行为的基础

尼加拉瓜仍然在政治矛盾中挣扎，这强化了他们对自己的价值体系的认识。下面三个部分描述了主流文化的价值体系——他们区分正误善恶的方法。

决策的核心

个人决定常与家族和大众群体的需要掺杂在一起。一个人的自我身份是建立在他或她在家中的位置和在群体中表现的基础上，所以尼加拉瓜人永远不可能真正摆脱这些影响。技能的重要性不及一个人的社会关系和承担起集体一员的责任的能力。约1%的人口掌握着全部资源，不过在这一小撮精英里，也有多个派别。

减压之道

各阶级都依靠自己的大家庭组织——亲戚网络来寻求帮助和支持。对于社会底层的人们来说，经常面对经济困难，大家庭组织是他们主要的社会和心理支持系统。教会几乎没有政治权力，不过教会的观念和组织结构渗透到社会的方方面面，为社会带来一定程度的稳定。

平等与不平等问题

一小撮派别林立的寡头，盘踞在一小部分中产阶级和大部分下层阶级的顶端。尼加拉瓜国内，贫富差距极端悬殊，不过每个人都努力获取或把持权力。大男子主义盛行，即便是女游击队员回家之后也要从属于男人。如今女性被选举为总统的实现可能促进女权运动的发展。

商业惯例

约会

准　时

虽然准时的品格被人尊敬，但是他们并不会严格守时。然而，他们期待外国人会守时。

- 记住很多欧洲人和南美人写日期时先写日，再写月，最后写年（如 1999 年 12 月 3 日，被写作 3.12.99）。尼加拉瓜也是这样。
- 上班时间：星期一到星期五，8：00—18：00；星期六，8：00—12：00。政府办公室办公时间：星期一到星期五，7：00—17：00。中午一般有两小时的休息时间，12：00—14：00。
- 会见时间应在起程之前一个月通过电话或电传与对方约定。
- 访问尼加拉瓜的最佳时间是 2—7 月，9—11 月。圣诞节前后两周，复活节前后两周，8 月一整月都是公共假期。

谈判

- 做生意的节奏比在美国要慢得多。对于拖延要耐心，在你预计的时间表里要把可能拖延的时间计算在内。
- 拉丁美洲人都是跟朋友做生意。因此，不要急于谈判，要先花时间建立良好的关系。
- 生意中的接触很重要，因此拜访之前要有安排，请人把你介绍给主要客户。

可以通过大使馆、银行和美国国际贸易局达成商业接触。

- 在办公室谈生意或在餐馆边吃边谈，家里或家人在场的环境下他们不谈生意。如果应邀去一个尼加拉瓜人家里，这是社交活动而不是谈生意的机会。
- 对尼加拉瓜人来说，个人名誉和“保住面子”非常重要。因此，在公共场合，永远不要批评别人，不要以权势压人或做任何让别人尴尬的事。

商务款待

- 午餐是一天的主餐。传统午餐包括黑扁豆、玉米粉圆饼（中有肉馅）或肉食、水果和蔬菜。
- 他们更愿意在早餐或午餐时谈生意，而不是晚餐时。
- 一般谈论尼加拉瓜的风景，家庭，工作和体育活动比较好。要避免谈论动荡的政局和宗教问题。

文化注释

要知道一些关于美国卷入尼加拉瓜的历史知识。美国多次武装卷入当地事务，从 1850 年沃尔特·华克的雇佣军到 20 世纪支持康特拉斯游击队反对马克思主义的桑地诺政府。尼加拉瓜人对于美国的意见因人而异，不过了解反美情绪的根源对你很有益处。

时差

- 当地时间比格林尼治标准时间晚六小时（G.M.T.–6）。

社交礼仪

问候方式

- 男人之间握手打招呼。女人之间拍彼此的右前臂或肩膀。关系很好的女性朋友之间可以互相拥抱或接吻；关系比较近的男性朋友之间可以轻轻拥抱一下。
- 聚会上的习俗是要与每个人都打招呼并握手。

称呼方式

- 只有孩子、家庭成员和亲近的朋友才能彼此称呼名字。
- 多数西班牙语名字都有两个姓：一个是父亲的，列在前面，后面跟着母亲的姓。称呼某人通常只用父亲的姓，如胡安 · 安东尼奥 · 马丁内兹 · 加西亚先生（Señor Juan Antonio Martínez Garcia），人们称呼他马丁内兹先生（Señor Martínez），安娜 · 玛丽亚 · 古铁雷斯 · 埃雷拉（Señorita Ana María Gutiérrez Herrera）被称为古铁雷斯小姐。女人结婚后，通常加上丈夫的名字，以后别人以她丈夫的姓称呼她，如她的名字变成安娜 · 玛丽亚 · 古铁雷斯 · 埃雷拉 · 德 · 马丁内兹夫人，大部分人就会称她为德 · 马丁内兹夫人，或不那么正式地称她为马丁内兹夫人。与此相似，尼加拉瓜的女总统比奥莱塔 · 巴里奥斯 · 德 · 查莫罗夫人（Señora Violeta Barrios de Chamorro），在办公室里，可以称她为总统夫人，不过选举前，她被称为德 · 查莫罗夫人或查莫罗夫人。
- 一个人有头衔，就一定要用头衔和姓来称呼她。一个博士或内科医生被称为 Doctor（博士和医生两个意思）。教师喜欢被称为教授，还有工程师、建筑师和律师等的头衔。

肢体语言

- 把大拇指放在食指和中指之间被认为是色情的手势。（这个手势被认为是“无花果”。）
- “到这来”的手势是手心向下，用手指或整只手做向下挖的手势。
- 你还看见人们像在美国挥手告别一样，手心朝外或朝里，看起来像一个人在给自己扇风一样。
- 事先没被允许，不能给个人或宗教仪式拍照；一些人反对给他们拍照片。记住，车站和桥梁有军事意义，所以可能禁止拍照。

礼物

- 第一次去尼加拉瓜一般不需要赠送礼物。旅行结束时，问对方下次来访时，你可以给他带什么礼物。

- 秘书和接待员可能对生意影响很大，所以一定不要忘记从美国给她们带些东西，香水和围巾是最好的选择。
- 如果应邀到尼加拉瓜人家里，带些小礼物，如鲜花或糖果。
- 问一下当地卖花的人，送什么花合适。一般白色花只适合用在葬礼上。

服饰衣着

- 男性商人应穿保守的深色西装，打领带，在最热的季节不要求穿夹克衫；女人穿连衣裙或半截裙和衬衫。
- 轻便的衣服适合休闲穿着。城市里，男人应穿裤子和衬衫，女人穿连衣裙。无论在城市还是农村，穿短裤和牛仔裤都不合适。女人穿裤子或暴露的服装很不寻常，可能冒犯某些人。男人愿意穿传统的轻便衬衫，下摆不用塞进裤腰里。

挪　威　Norway

文化注释

挪威人特里格夫·赖伊（Trygve Lie）曾是第一任联合国秘书长。

基本资料

语言

挪威的官方语言是挪威语，是与冰岛语、丹麦语、瑞典语相关的日耳曼语族的语言。挪威语有两种形式，书面语叫“Bokmål”，用于学校和广播；另一种是日常口头语言，叫“Nynorsk”。根据法律，有时传授知识和媒体方面必须使用口头语言。主要的少数民族语言是拉普语（Lappish 也叫“萨米语”Sami），是拉普人（Lapps）或拉普兰人（Laplanders）的语言。这个民族还有个名字叫萨米族（Sami），尽管有些人觉得这个词汇是贬义的。大部分挪威人学习过英语。在商业圈和大城市里英语得到广泛应用。

文化注释

正如其他斯堪的纳维亚语言，挪威语的补充字母（如“ae”，“o”，“a”等上面有重音符号的字母）列在字母表的最后。如果在电话簿里找以这些音或字母开头的单词时要记住这一点。

宗教

挪威完全实行宗教信仰自由，不过它有一个官方的国家教会、福音路德教会或挪威教会。94%的挪威人属于这个教会。

文化定位

认知方式：挪威人组织并传递信息的方式

挪威人对待外部信息一般很小心，他们很谨慎地对待新产品或做事情的方式，他们的教育正变得越来越抽象化。人们开始通过概念和分析处理问题。虽然他们很关心社会福利，但是个人主义决定了一切必须服从同样的规则和规定。

谈判策略：挪威人接受事实的方式

多数情况下，挪威人对社会福利的信心决定了什么是真理。真理通常有客观事实的支持，而非受主观感情决定。

价值体系：行为的基础

挪威拥有高度民族主义的文化，它具有包容不同意见者和离经叛道行为的自由理念。下面三个部分描述主流文化的价值体系——他们区分正误善恶的方法。

决策的核心

在社会福利系统中，对个人决定有很强的信心。强调个人进取精神和成就，认为个人的能力比她或他的社会地位重要。虽然强调个人的尊严和价值，但是挪威人感觉到帮助那些不能自助的人是他们的责任。

减压之道

人们接受生活的不确定性，通过一个强有力的社会福利系统来舒缓焦虑。坚强的核心家庭让生活稳定而有秩序。鼓励年轻人早些成熟和冒险以塑造坚强的自我形象。

平等与不平等问题

爱国主义超越了社会上的各种差别，挪威的人口大体上属于同一种族，最大限度地减少了民族差异。挪威社会是非常讲究民主和平等的社会，各个权力阶层的人都坚定地相信自己的人民。挪威社会基本上是一个力求减少差异的中产阶级社会。丈夫和妻子分担照顾孩子的责任。

商业惯例

约会

准　时

- 永远要准时。迟到会被挪威人理解为不尊敬。
- 社交活动同样要准时。

- 记住许多欧洲人和南美人写日期时，先写日，再写月，最后写年（如 1999 年 12 月 3 日写成 3.12.1999），在挪威也一样。
- 跟挪威公司打交道时，公司秘书会为你安排约会。
- 一周工作时间为周一到周五，8：00—16：00。商人离开办公室马上回家吃晚饭，晚饭时间一般在 17：00。
- 在复活节期间，7 月和 8 月早期最好不要到挪威进行商务旅行——大部分挪威人那时都在度假。

谈判

- 写信给挪威公司时，收信人写小组负责人名字是有风度的事情，即便你并不认识他或她。
- 挪威人相对来说不太讲究礼节（与邻国瑞典比，可以说相当随便）。
- 你可以向遇到的经理介绍你自己，而不必等秘书引见。
- 限制会面时间是个好主意。
- 挪威人对美国人对法律问题的担心很警惕。书面确认交易就足够了，若你必须提出让律师介入，那么谨慎、委婉地提出来。
- 如果你对该地区各个国家的不同之处有所了解，会得到斯堪的纳维亚人的高度评价。
- 不要谈论个人话题（主人或家庭成员的受雇情况、薪水、社会地位）。
- 爱好、政治、体育运动和旅行都是不错的话题。

- 不要批评其他民族或体制，挪威人强调宽容。鞭挞挪威人允许捕鲸的决定不会为你赢得任何朋友。
- 要避免把挪威和美国相比，尤其在生活成本方面。挪威人厌倦了听别人谈论他们的国家物价多高。
- 挪威人珍视自然，对自己干净的自然环境非常自豪。

商务款待

- 如果你在上午很晚时与对方约见，可以邀请挪威同事共进午餐。
- 提出邀请的人付餐费。
- 午餐通常是冷餐，不过如果是商务餐的话，通常吃热菜而不仅仅是三明治。
- 多数挪威餐馆里，含酒精的饮料只在周一到周六，15：00 以后才供应。
- 就餐时间可以随便谈生意。

文化注释

挪威人喜欢谈论体育运动——越野滑雪运动始于挪威。

- 在餐馆里，可以抬手示意叫侍者过来。
- 挪威人吃晚餐通常在 17：00 或 18：00。
- 去挪威人家里做客，等着主人请你进再进去；请你坐下才能坐下。在餐桌旁等着主人邀请每个人开始吃。
- 一些挪威人晚饭前有鸡尾酒；另一些人没有。有可能你一到那儿就被领到餐桌跟前，所以要准时到。
- 左手拿叉，右手拿刀。
- 在餐桌前，手不应放到大腿上。
- 最好把自己盘子里的食物都吃完。
- 挪威人家里的晚餐可能有好多道菜，持续数小时。所以放松一些。
- 结束时，人们可以说挪威语“takk for maten”或“谢谢您的款待”来感谢女主人。不过，用挪威语来说，主人会更高兴。

文化注释

19 世纪与 20 世纪之交时，挪威人的室内装修流行把内门掩藏起来。在老房子里，你可能必须寻找一扇门到底在哪里，所以看到一扇门上贴着壁纸时，不要诧异。门传统上都是关着的。

- 你应该主动要求离开，因为主人不会说让你离开。冬天，傍晚在 22：00 左右结束。然而夏天，太阳直到午夜时分才落下去。晚餐后，主人会建议散散步，然后喝点东西。夏天，他会期望你在 23：00 左右离开。

时差

- 挪威时间比格林尼治平均时间早一小时（G.M.T.+1）。

社交礼仪

问候方式

- 无论男人、女人，握手都是标准的打招呼方式。
- 一天中的任何时候，挪威人互相打招呼时都说“Morn”（意思是“早晨”）。
- 挪威人相当安静，所以不要大声喧哗。

称呼方式

- 挪威人名字的顺序与美国相同：名字在前，姓在后。
- 不过，他们不像在美国那样，经常称呼名字。可以学着主人的样子来称呼。实际上，很多男人只用姓来称呼，连前面的“先生”两个字都省去了。
- 岁数大一些的人，还用头衔；年轻人中，用法各异。一般用职业头衔（医生、工程师、教授等），加上姓；商业头衔（主管，总裁等）用得并不普遍。对政府官员，用头衔称呼比较恰当。令人奇怪的是，在挪威，律师和牧师不用头衔。

肢体语言

- 摇头表示“过来”。
- 另一个人进入房间时，挪威人可站起来，也可不站起来。如果没站起来，不要觉得这是对你的冒犯。

- 然而，当你被介绍给另一个人时，一定要起立。
- 谈话时如果双手插在兜里，挪威人会认为你太随便了。
- 北美人表示“OK”的手势（大拇指和食指形成一个环状）在这里被认为是侮辱的意思。

文化注释

一些挪威人相信古老的渔民的迷信：向一个离开的人吐唾沫会给那个人带来好运。

礼物

- 应邀到挪威人家里时，鲜花、（甜的）烈性酒、葡萄酒或巧克力都是送给女主人的好礼物。
- 送花时，不要送下面这些，因为它们都是葬礼上用的：百合花、康乃馨、所有白色的花和花环。
- 含酒精的饮料被课以重税，所以烈酒是受欢迎的珍贵礼品。
- 第一次见面时不宜赠送商务礼物。
- 赠送商务礼物，要确保用上好的纸来包装。礼物既不过分豪华，也不能太寒酸。

服饰衣着

- 一般来说，挪威生意人穿得比美国生意人随便一些；不过外国访客应该穿得像在本国商务环境下应有的穿着。
- 赴商务约会，男人一定要打领带，不过他们通常接受的是穿运动夹克衫而不是西装。
- 女人可穿连衣裙或裤装。
- 干净的蓝色牛仔裤和 T 恤衫是标准的休闲服装，不过他们不能接受撕破的衣服。短裤在徒步旅行时才穿，在城市里不常见。

巴基斯坦 *Pakistan*

基本资料

语言

乌尔都语和英语是巴基斯坦的官方语言。乌尔都语现在正有取代英语的趋势，但是英语还是被政府和教育层次较高的精英阶层所使用。只占人口总数 7%的人使用乌尔都语，各个省可以自由使用他们自己的地方语言。（如旁遮普语、信德语、普什图语和俾路支族的伊朗语。）

宗教

巴基斯坦是个伊斯兰国家，因此宗教在生活的各个地方都占很重要的地位。大约 97%的人口是穆斯林，并且各自属于逊尼派和什叶派。印度教只占人口总数的 2%，剩下的 1%是基督教和其他宗教。穆斯林被要求每天祈祷五次，你可以看到人们弯着腰在商店、机场甚至田地里祈祷。麦加圣地的方向在每个旅馆都被标注出来。

人口统计

巴基斯坦的人口数在世界上排第 10 位，大约有 11 500 万。70%的人口生活在农村。

文化定位

认知形式：巴基斯坦人组织并传递信息的方式

在巴基斯坦，虽然有些民族相对比较保守封闭，但总体来说，城市居民还是对西方信息保持着开放的态度。虽然教育是精英式的，但大部分人还是以主观联想的方式处理信息。伊斯兰法律为个人的麻烦提供了解决方案。

谈判策略：巴基斯坦人接受事实的方式

在伊斯兰法律的意识形态中，真理依赖于一个人的忠诚信仰。这会使一个人按照一时的感觉而不是靠事实来解决问题。

价值体系：行为的基础

巴基斯坦是伊斯兰教的天下，所有的行为必须得到伊斯兰法律这个滤镜的透视。下面的三个方面说明了主流文化的价值体系——他们区分正误善恶的方法。

决策的核心

在家庭中，男人是一家之主，他有绝对的决策权。意见被采纳的顺序如下：家庭、民族团体和伊斯兰法律。在社会组织中的地位是一个人的认同感和自豪感的来源，私人的生活要服从于这些组织的整体利益。

减压之道

巴基斯坦人相信人的命运都是掌握在真主的手中的。西方人经常会认为这种想法是一种宿命论。安全感来自对家庭和宗教组织的绝对忠诚，但不是来自国家的统一。各种法规只起到指导性的作用，保持一个良好的关系才能维护内部的和平。强大的军方力量保证了内部的稳定和免受外部侵略。

平等与不平等问题

不平等问题是伴随着民族问题而来的，旁遮普人垄断了政府和军方。穷人和富人之间存在着难以逾越的鸿沟，大部分人都生活在绝对的贫困中。有一些教派似乎可以与基本教义有一些背离，因为他们有一些日常的做法会和正式的伊斯兰法律不太一致。享有盛誉的职位都是留给男人的，尽管巴基斯坦是唯一一个选举出女总理的伊斯兰国家。伊斯兰教义中男女有着严格的定位，男人和女人一般是不能有同样的社会角色的。

商业惯例

约会

准时

- 准时：巴基斯坦人没有什么时间观念，但是他们希望外国来访者迅速及时。
- 在社会集会中，客人们在通常情况下都要迟到 15～60 分钟。不过主人们有责任对任何可能性做好准备。假如一个客人迟到了 3 小时，同时几位未受邀请的家庭成员也在场，主人就必须为他们做好调解。
- 乌尔都语用同一个词（Kal）来表示昨天和明天。这就不奇怪了，巴基斯坦人是不像西方人那样有时间观念并守时的。

- 去巴基斯坦出差的最好时间是每年 10 月到来年 4 月。5 月到 8 月是季风天气。
- 去巴基斯坦出差还要避开主要的穆斯林假日，如在斋月里就不要去打扰你的商务伙伴了。这些假日每年是不固定的，因此你应该在决定去之前先跟旅行社、领事馆或大使馆核查一下。
- 至少提前一个月以书信或电报的方式来确定约会时间。如果在巴基斯坦境内，那就提前一个星期。如果是本地的商人，那就提前一至两天。
- 和政府部门及商业机构打交道的最好时间是上午或下午早些时候。
- 在冬季，商务工作时间是周六到周四每天 9:00—16:00，夏天是每天 7:30—14:30。
- 政府部门的工作时间是周六到周四每天 8:30—16:30。午饭时间是从 13:00—14:00。
- 所有的办公区、银行和商店周五都休息，因为这一天是穆斯林安息日。很多办公室在周六也休息。

谈判

- 巴基斯坦商人在谈判中很正式，并且善于深思熟虑且有所保留。
- 相对美国来说，商业活动的节奏比较缓慢。但是，“言归正传”的态度也是很普遍的。
- 假如你正在和政府进行商务磋商，那就多去几次巴基斯坦。巴基斯坦政府是其整个国内最有潜力的消费者，它有很多公共或半公共的公司，每一个都有自己的官员体系。
- 总是要出示你的名片。
- 避免讨论当地的政治、宗教、以色列人和犹太人还有巴基斯坦和邻国的关系（特别是和印度的关系）。
- 永远不要讨论性或拿这个问题开玩笑。
- 巴基斯坦人是严肃而不苟言笑的民族。在巴基斯坦的商务场合中，讲笑话或轻浮的表现是不可取的。
- 不要称呼穆斯林为“穆罕默德”。他们会认为这使他们听起来像宗教圣人的跟随者。
- 在银行或邮局里，如果男人先被招待了，女人们一定会表现得非常有攻击性。
- 当你到办公室拜访时，如果给你端来茶，记得一定要接受。拒绝被认为是非常粗鲁的行为。
- 当讨论财政或是人口统计问题时，有两个概念是一定要记住的：“拉克”（Lakh）表示 10 万，“克劳”（Crore）表示 100 万，也就是 100 拉克。
- 巴基斯坦官方的一个财政年是从 7 月 1 日至来年 6 月 30 日。

商务款待

- 来自国外的女士们要注意了，当宴请巴基斯坦的男士时，是很难使用支票的。因此最好是在你住的酒店的餐厅里招待商务伙伴，然后让酒店将账记在你的房费上。
- 如果你要邀请你的商务伙伴的妻子来共进晚餐，一定要小心地问他丈夫她是否“颇达”(Purdah)(这是一种妇女闭门不出的深闺制度，以避开公众的观察——穆斯林和一些印度教徒中常有的习俗)。

- 如果你被邀请到一个巴基斯坦人的家里吃饭，一定要有心理准备，可能开饭很晚——没准会在23：00。客人们在吃完饭后要立即离开。
- 巴基斯坦人都是用手吃饭，不过当他们招待客人时，会提供叉子和匙。左手拿叉，右手拿匙，用叉子将食物放进匙里。
- 如果你也用手来吃饭的话，要用右手，左手被认为是不干净的。
- 穆斯林不吃猪肉。

时差

- 巴基斯坦时间比格林尼治标准时间快五小时(G.M.T.+5)。

社交礼仪

问候方式

- 男人们通常是和其他人握手。虽然有些笃信伊斯兰教的穆斯林男人绝不碰女人，大多数的穆斯林商人还是会同女士握手的。
- 巴基斯坦女人一般不会同其他女人握手。
- 男士们可能同男性朋友拥抱，女士们在会面时会拥抱然后亲吻。但是在公共场合男女之间是不会表达任何情感的。
- 在社会集会中，应该由主人来进行介绍。

称呼方式

- 巴基斯坦的称呼方式非常复杂难懂，以至于外国人经常会问如何称呼某一个巴基斯坦人。
- 大部分的巴基斯坦人会用全名介绍自己，不带任何的头衔。他们的名字通常包括三部分，部落的代号或说姓放在最前面或最后面，一般不会在中间。巴基斯坦人应该被称作先生或夫人加上姓。学术上或是工作上的头衔也可以取代先生或夫人。

- 巴基斯坦人管先生叫“萨希伯”（Sahib）。女性泛泛的称谓是“碧尕姆”（Begum）。这样的头衔放在姓后面：齐亚（Zia）先生就被称作齐亚萨希伯，侯赛因（Hussein）夫人就被称为侯赛因碧尕姆。（但是她更正式的称呼应该是侯赛因先生的碧尕姆。）这些头衔也可以放在学术或是职业头衔后（博士萨希伯或者主任萨希伯）。
- 另一个复杂的地方就是有一些巴基斯坦名字只有在一定的语境下才有特定的意义，一般是名字的第一部分和第二部分之间有联系。但是假如名字被拆开，每个部分又有不同的含义。比如说，古兰·侯赛因（Ghulam Hussein）这个名字的意思是“侯赛因的奴隶”。这里侯赛因是伊斯兰教殉教者。但是如果只叫他古兰，那就是奴隶的意思了。
- 除非你被要求只简单地用巴基斯坦人的名字来称呼他，否则不要这样做。

肢体语言

- 握起的拳头被认为有淫秽的意思。
- 如果招呼人的话，手掌向下而不是向上，挥动所有的手指，指着身体。
- 只用单个手指做手势被认为是不礼貌的。
- 永远不要用你的脚底或鞋底对着其他人。
- 女士们绝对不要眨眼睛。

礼物

- 如果你被邀请去一个巴基斯坦人家里吃饭，礼物并不是必需的。如果你要带礼物的话，巧克力和鲜花都是不错的选择。
- 酒是被禁止送给穆斯林的。除非你知道一个巴基斯坦人饮酒，否则不要送酒作为礼物。
- 钢笔、瑞士刀、手表、晶体管收音机及其他的小玩意都是不错的商务礼品。
- 假如你被邀请待在一个巴基斯坦人的家里，临走时给每个仆人一点小费。（大多数的巴基斯坦人都有仆人。）

服饰衣着

- 从 11 月到来年 3 月，男人在商务场合不应该穿西服打领带（一年里的其他时间不用穿夹克衫，除非是和政府官员会面）。对于女士来说，裙裤比短裙更好一些，女士应该穿长袖的衣服。
- 男士们在正式的场合都穿黑色西服（不穿燕尾服）。女士们穿不太长的正装或裙子。
- 在非正式场合，男士们穿裤子和衬衫。穿着保守适当对女士们来说是最重要的。对于旅游者来说，休闲裤加衬衫或传统巴基斯坦服装——纱丽，是最好的选择。
- 女士们永远都不要穿短裤。男士们也只是在跑步的时候才可以穿。牛仔裤男女都能穿。

巴 拿 马 *Panama*

文化注释

大多数说西班牙语的人都有两个姓：一个来自他们的父亲，这个姓放在前面，后面的一个来自他们的母亲。在称呼某个人的时候，通常只用父亲的姓。比如，唐·安东尼·马蒂内·加西亚先生就被称呼为西农·马蒂内，而玛丽亚·安吉拉·谷迪赫·何瑞塔小姐就被称呼为西农瑞塔·谷迪赫。如果一个女人结婚了，她通常是将丈夫的姓放在自己的姓之前。假如上面例子中的那对男女结婚了，女的就会被称为玛丽亚·安吉拉·谷迪赫·何瑞塔·德·马蒂内夫人。大部分人会称她德·马蒂内夫人，或者更简单一点的马蒂内夫人。

基本资料

语言

西班牙语是官方语言。当地土著美洲人说多种语言。由于美国的影响，大多数巴拿马人都会说英语和西班牙语两种语言。

宗教

大部分巴拿马人（占 94%）是罗马天主教徒，尽管巴拿马没有官方的宗教。还有很少一部分新教徒、穆斯林、印度教徒和其他教徒。

文化定位

认知形式：巴拿马人组织并传递信息的方式

巴拿马人善于吸收一切信息。依靠他们的政党，他们反对美国的任何数据。他们主观且富于联想地处理信息，他们对于任何问题都要发表自己的观点，这使他们很难根据制度和法律来解决问题。

谈判策略：巴拿马人接受事实的方式

真理的得出只凭着个人一时的感觉，而对国家主义的尊崇又会影响到真理。如果没有在海外受过教育，巴拿马人很少会让事实阻碍他们的欲求。

价值体系：行为的基础

所有的价值体系都要受到他们遵从美国利益这种感觉的影响。下面的三个方面说明了主流文化的价值体系——他们区分正误善恶的方法。

决策的核心

个人具有绝对的决策权，但这也是基于他们考虑到所属的家庭或集体的感情才做出的决定。巴拿马人很难做决定，特别是当决策有负面的影响时。人际关系意味着一切，巴拿马人会不惜一切代价来维护好它。小部分的精英寡头掌握着政权，他们都要遵从本国的利益来做决策。

减压之道

生活在一起的大家庭是应付敌对和不安定的外部世界的最有力的工具。这里有强烈的工作责任心，但没做多少工作。这是一个松懈的社会，从不会让时间来指导行为。巴拿马人都是强硬派领导者的跟随者，他们自己不会干脆地采取行动。天主教会的宗教礼节和规则构成了社会行为的基本架构。

平等与不平等问题

这里贫富悬殊，中产阶级数量很大，社会最底层也占很大一部分。巴拿马人不再相信掌权的精英阶层天生就拥有无限的特权。人们天生都有信任感，因此一个人需要建立友谊。大男子主义很强烈。大多数人都相信女人最应该关心的是家庭和孩子。

商业惯例

约会

准　　时

- 守时在商务活动中是很必要的，特别是和外国人的商务约会。在日常生活中就不那么严格了。
- 如果你被邀请参加一个聚会，别按时去。晚宴上，如果有几个客人的话，最好是晚到大约一小时，如果你是唯一的客人，最好晚到 30 分钟。如果是大型的宴会，你可以晚到大约两小时。

- 记住很多欧洲人和南美人在表示日期时都是按照日、月、年的顺序（如 1999 年 12 月 3 日就要写成 3.12.1999），在巴拿马就是这样的。
- 商务工作时间是每周一到周五 8：00—18：00。政府工作时间是周一到周五 8：00—12：00，然后从 12：30—16：30。
- 在你到达巴拿马 2 ~ 4 周前，就要用信函或是电报的方式定好商务约会时间。

谈判

- 合同谈判过程要比在美国慢得多。对于这些延迟要保持耐心，并且要准备多去几次巴拿马才能完成。
- 在巴拿马，生意只在朋友之间做。因此，在准备进行商务讨论之前，先花时间跟你的商务伙伴建立良好的关系。要重点强调两个公司之间的一致性，建立高度的信任感，这比只注意逻辑底线效果要好得多。
- 虽然现在有更多的女性取得了很高的管理职位，但是她们的数量还是相对很少。在巴拿马，女人应该注意这样一个事实：她们是公司的一部分，是要忠于公司的。

- 名片和其他的材料都要用西班牙语和英语两种语言印制。虽然一个巴拿马人可以说流利的英语，但是他或她在阅读上也许会有些困难。
- 最好调整你的最初定价，以便给日后的讲价留下余地。
- 在做产品推介时，要用图表或其他可视化的辅助方式。
- 拉丁美洲人对地位是有明确定位的。一个谈判团队中应该至少有一个成员是管理者。

文化注释

拉丁美洲人对美国人对他们国家的影响都是很敏感的。注意不要说这里的人有多么美国化，或者只将美利坚合众国的国民称为美洲人，因为北美、中美、南美的人都是美洲人。

- 拉丁美洲人相信每个人的固有价值。不论一个人的社会地位怎样、物质财富有多少，他们都会同样尊重对方。因此，一定不要摆架子或当众批评别人。
- 为了避免尴尬，巴拿马人很少在公众面前表达不同意见。当一个国外的商人想要达成一项交易时，一个巴拿马人可能说“是”，这仅仅是礼貌的表现。冷淡一些的答复像是“可能”或“我们再看看吧”，都是否定的礼貌说法。说“是”并不代表万事大吉了，只有合同签了之后才算成功了。
- 如果你表现出熟悉巴拿马的历史、旅游胜地及文化，就会给你的商务伙伴留下深刻的印象。
- 高官和年纪大的人会得到特别的照顾。人们会最先跟这些人打招呼，如果是在排队，这些人会在你之前得到服务。

商务款待

- 一定要住顶级酒店，并且在豪华的餐馆宴请你的客人。问问客户的秘书你的这位客户有什么偏爱的餐馆或俱乐部。
- 好的讨论话题包括运动、旅行，还有当地的文化活动，避免讨论运河区和当地的政治问题。
- 外国的女性在参加商务晚宴时一定要带自己的配偶赴约。
- 作为女性，如果要为这顿午餐或晚餐付账，而你的客户又是个男士的话，应该私下同服务员讨论账单。假如支票被摆到了桌子上，男士肯定会强烈拒绝女士付账。把你的信用卡事先交给服务员，或者假如你在下榻的酒店招待晚餐的话，把账记到你的房费上。

文化注释

在巴拿马工作的美国人经常会在商业或社会关系网中同巴拿马人保持一定距离。为了建立更好的文化和商业联系，美国企业应该计划出并支持更和谐完整的关系。

时差

- 当地时间比格林尼治标准时间慢五小时（G.M.T.–5）。

社交礼仪

问候方式

- 打招呼时男人们经常是握手。女士们不握手，而是经常轻拍对方的前臂或肩膀。假如是朋友，他们会拥抱或亲吻对方的脸颊。
- 在聚会中，通常是和每一个在屋里的人都打招呼和握手。

称呼方式

- 头衔非常重要，任何可能的情况下都要用上。当直接称呼一个人时，只用头衔就可以不要再包括姓（称教授、博士等）。只有在熟人之间才直接称呼名字。
- 没有职业头衔的人应该被称呼为先生、夫人或小姐加上姓。在西班牙语中是这样的：
  - 先生= Señor
  - 夫人= Señora
  - 小姐= Señorita

肢体语言

- 因为美国长时期在巴拿马的影响，大部分北美的手势（包括侮辱性的）在这里都可以被理解。

礼物

- 礼品在商务往来中不是必需的。但是见过几次面以后，你可以从国内带一些礼品过去，如工艺品或画册。其他好的礼物还包括小的电子产品或贵重的酒。
- 如果你去拜访巴拿马家庭或去乡下，礼品是最受欢迎的。一些好的选择包括巧克力、葡萄酒、苏格兰威士忌或从家里带过去的本地手工艺品。礼物并不是必需的，充分表达你的感谢之情或回请邀请过你的主人就可以了。

服饰衣着

- 男人们工作中应该穿保守的商务西装。巴拿马拥有高级职位的商务人士都穿西服，别的人穿“卡米希拉斯”（一种轻薄的，露出脖子的衬衫，下摆不需要放到裤子里）。女士应该穿裙子配宽松上衣或正装。
- 在城市里，休闲裤包括牛仔裤配衬衫是最适当的休闲装束。不论男女都不要穿得太少，女士应该避免穿太暴露的衣服。在乡下很少能看到女人穿裤子，这样穿会吸引大家的注意。

巴 拉 圭

Paraguay

文化注释

不要谈论政治话题。实在无法避免时，就等你的巴拉圭商务伙伴表达他的观点后，你再表示一下支持。在巴拉圭，赞同别人是长期保持成功的一个关键。

基本资料

语言

巴拉圭的一个特别之处就是它有两种官方语言：西班牙语和瓜拉尼语（一种当地土生印第安人的语言）。不过大部分的书面表达使用西班牙语，有一些文学作品是用瓜拉尼语写的。

宗教

罗马天主教是官方宗教，有大约 97%的人口是天主教徒。国家负担所有教会人员的工资并控制一切教会活动。不过宗教信仰是自由的，剩下的 3%人口是门诺派教徒或者新教徒。

文化定位

认知形式：巴拉圭人组织并处理信息的方式

在巴拉圭，非常强硬的政府统治将人们同大部分外部信息隔离。巴拉圭人主观且富于联想地处理信息，这使他们处理问题非常主观，不受法律法规的约束。

谈判策略：巴拉圭人接受事实的方式

真理的得出只是根据一时的主观感觉，这个真理会被对国家及宗教的忠诚所影响。很少有人用客观事实来证明一件事。

价值体系：行为的基础

巴拉圭是南美国家中民族最单一的。下面的三个方面说明了主流文化的价值体系——他们区分正误善恶的方法。

决策的核心

男人拥有决策权，但是他会一直把家庭和集体的利益放在心中。一个人的个人认同感来自他的家族及他在社会中的地位。在决策过程中，人们倾向于找朋友或家庭成员来帮忙，而不是找专家。总是有一个铁腕领导人（通常是独裁者）来为这个国家做决策。

减压之道

家庭和姻亲关系（而非社团）处于社会的中心地位，这些会给予个人稳定感和安全感。教父和教母是姻亲关系网中很重要的一部分。巴拉圭人习惯追随一个强大的领导人（通常是独裁者），他们的国家主义思想给了他们安全感。天主教义是社会生活中最基本的内容，它的礼节、祭典和假日都为社会提供了连续性和稳定感。

平等与不平等问题

巴拉圭有专制统治的传统，因此缺乏民主制度。精英阶层和穷人的差距很大，精英阶层是那些受过良好教育、生活富裕，出生并生活在城市的人。最基本的社会阶层分别就是那些小户农民和精英阶层的对比。精英阶层只占很小一部分，但他们控制着国家所有的资源。大男子主义很严重。

商业惯例

约会

准 时

➢ 虽然守时并不是巴拉圭人必须做到的，但北美人还是被认为要准时。

➢ 除非是他们的礼节，巴拉圭人很少守时。期望你的巴拉圭商务伙伴快点办事是不现实的。

- 记住很多欧洲人和南美人在表示日期时都是按照日、月、年的顺序（如 1999 年 12 月 3 日就要写成 3.12.99）。在巴拉圭就是这样的。
- 商务工作时间是周一到周五每天 7：00—12：00，然后从 15：00—18：00。有些商人周六上午也办公。
- 政府机关每周工作六天，不过只在上午办公，周一到周六，7：00—12：00。
- 商店营业时间一般是周一到周五 7：30—12：00 和 15：30—19：30。
- 到乌拉圭谈生意的最好时间是每年的 6 月到 10 月。圣诞和复活节的前后两周及狂欢节期间是做不成什么生意的。每年 12 月到来年 2 月是巴拉圭的度假时间，5 月的国庆日期间也是如此。

谈判

- 拉丁美洲的谈判速度要比美国慢得多。在巴拉圭更是这样，这里的步调要比北美慢更多。
- 大多数乌拉圭男人不愿意冒犯或反对女士。因此，在你的商业团队中安排一位女性代表会很有帮助。
- 个人的关系要比集体间的关系重要得多。你的公司每变动一次在乌拉圭的代表，都可能面对从头再来的境遇。在业务关系建立之前，必须先建立良好的人际关系。
- 不要认为只要对方答应了，合同的每个部分都会被确定下来。直到签了合同的所有内容，这些内容才有再次被讨论的条件。

- 由于你将遇到的大部分商务人士都会说英语，因此应该事先确定一下是否需要翻译。
- 你要分发的所有印刷资料都应该被翻译成西班牙语，这些资料指从名片、报告到宣传册在内的所有东西。不用将资料翻译成瓜尼亚语。
- 巴拉圭人是有名的体育迷。讨论体育通常是一个很好的开场白。足球是最流行的运动，美式橄榄球被称作 fútbol americano。篮球、排球和赛马也是非常流行的运动。
- 大多数巴拉圭人都对他们国家的大型工程项目感到自豪，特别是他们的水电站。亿泰普大坝这个巴拉圭和巴西的合作项目是世界上最大的大坝。询问有关这些工程的情况是最安全的话题，这也会使你的商务伙伴非常高兴。

商务款待

- 商务午餐在巴拉圭很少见，因为大部分人回家吃午饭。不过有些巴拉圭人从下午开始工作，这样的人会接受商务午餐。
- 大多数商务宴请被安排在晚餐时间。一般会很晚，经常在 21：00 或 22：00。因为大多数饭馆 21:00 以前是不提供晚餐的。
- 晚餐被看作一个社交场合。除非你的商务伙伴先提到了生意上的事情，否则不要先提起。
- 巴拉圭人喜欢在月光下进行长时间的晚餐。很多餐馆都会有超过午夜时间的表演。这里也有几家赌场。

文化注释

- 在社交场合中，应该同每一个人握手，无论是你到达时还是离开时。
- 巴拉圭是一个重要的牛肉出产国，因此餐馆里通常会提供很多牛肉。

时差

- 巴拉圭比格林尼治标准时间慢三小时（G.M.T.–3）。

社交礼仪

问候方式

- 除非是和亲密的朋友打招呼，否则按照传统，无论是和男人还是女人打招呼都要用力地握手。
- 亲密的男性朋友见面时握手或拥抱，亲密的异性朋友之间见面，男士要吻女士，亲密的女性朋友之间通常是互吻对方。
- 只要是亲密的朋友，无论是同性朋友还是异性朋友，都可以手挽手地走。

称呼方式

- 要记住巴拉圭有两种官方语言：西班牙语和瓜拉尼语。不过所有你能遇到的商人都会讲一口流利的西班牙语，因此应该使用西班牙语的头衔。
- 大多数人应该在称呼时使用头衔和姓。只有在称呼孩子、家庭成员及那些好朋友时直接叫名字。
- 没有职业头衔的人应该被称呼为先生、夫人或小姐加上姓。在西班牙语中是这样的：
  - 先生= Señor
  - 夫人= Señora
  - 小姐= Señorita
- 大多数说西班牙语的人都有两个姓：一个来自他们的父亲，这个姓放在前面，后面的一个来自他们的母亲。在称呼某个人的时候，通常只用父亲的姓。比如，唐·安东尼·马蒂内·加西亚先生就被称呼为西农·马蒂内，而玛丽亚·安吉拉·谷迪赫·何瑞塔小姐就被称呼为西农瑞塔·谷迪赫。如果一个女人结婚了，她通常是将丈夫的姓放在自己的姓之前。假如上面例子中的那对男女结婚了，女的就会被称为玛丽亚·安吉拉·谷迪赫·何瑞塔·德·马蒂内夫人。大部分人会称她德·马蒂内夫人或是更简单一点的马蒂内夫人。
- 如果一个人有头衔，一定要使用头衔，然后加上他的姓。每一个从大学毕业的人都要被称呼为“利桑西亚多”。博士或是内科医生都被称为 Doctor。教师喜欢 Professor 这个称呼，工程师被称呼为 Ingeniero，建筑师被称呼为 Arquitecto。

肢体语言

- 像大多数拉丁美洲人一样，巴拉圭人与人之间保持的距离比美国人要近得多。如果你试着拉开了这个距离，巴拉圭人就会上前一步来拉近这个距离。
- 那种美式的翘起大拇指的手势在巴拉圭表示 OK。
- 那种美式的把大拇指和食指围成一个圈表示 OK 的手势还是不要做了，在巴拉圭，当这个手势配合上手腕弯曲且其他的手指指向地面时，就有猥亵的意味。
- 在巴拉圭眨眼会被理解成性暗示。
- 用食指的指尖轻轻敲击自己的下巴表示“我不知道”。
- 把头向后靠表示“我忘了”。
- 只可以坐在椅子上，不要坐在窗台、箱子或桌子上。笔直的坐姿被认为是有礼貌的，不要弯腰驼背地坐着。
- 休息时，只能把脚放在脚凳或栏杆上。如果把脚放在桌子上是很不礼貌的。

礼物

- 在巴拉圭，送礼品可能有麻烦，因为在以前的政治体制下腐败盛行。
- 跟在其他国家一样，礼物应该是高品质的。如果礼品是由你们公司制造的，那么应慎重地处理公司的名称和标志，而不应该整个礼品表面都印满标志。
- 要避免把刀作为礼物，巴拉圭人把这种行为认为是友谊分裂的象征。
- 被邀请到巴拉圭人的家里做客时一般是不需要带礼物的。不过带一束鲜花、一盒巧克力、一瓶酒如威士忌是很合适的。

文化注释

在巴拉圭，有钱人很多，这里是一个重要的贸易中心。你应该从美国带一些在巴拉圭买不到的东西。实际上，在巴拉圭，如果你准备好和老板议价的话，就可以以比较低的价格买到许多礼物。

服饰衣着

- 在巴拉圭，商务着装是很保守的，男士一般穿黑色西服加领带；女士穿白色衬衫加黑色套装或穿裙子。女士们一般在夏天是不穿长筒尼龙丝袜的。在夏天，男士的穿着应该和巴拉圭同事保持一致，一般都要打领带且不应该穿夹克衫。
- 巴拉圭的夏季炎热且潮湿，所以着装时要注意这些。大部分本地人都会穿棉质衣服。另外，不要把南美洲的季节弄错了，因为南美洲和北美洲的季节是相反的。
- 尽管巴拉圭的冬季根本不冷，但在冬季还是要准备厚一些的衣物，因为室内的取暖设施一般都不好。
- 不管什么季节都要做好气候和温度突然变化的准备。
- 在正式的场合（如在剧院、一个正式的晚宴等）男士们都会穿深色西服，女士们一般都穿晚礼服。邀请函上应该注明此次活动是正式的社交活动。
- 无论男士还是女士平时都可以穿裤子。但如果是在商务场合，请不要穿牛仔裤或夹克衫，也不要穿运动服，女士不应该穿短裤。

文化注释

在狂欢节期间，不要在户外穿不可以沾水的衣服，因为把步行者弄得浑身湿透是年轻人在狂欢节里特别喜欢的消遣项目。

秘　鲁　Peru

文化注释

秘鲁丰富的自然资源有利于石油、天然气和航空工业的发展。秘鲁主要的天然气资源集中在卡米西（Camisea 东部的热带雨林)地区，秘鲁高原的地势有利于航天观测和发射。

基本资料

语言

秘鲁有两种官方语言：西班牙语和克丘亚语。除了克丘亚语，还有一种印第安语言艾马拉语在南方高原地区被广泛使用。虽然许多商人懂英语，但是大家还是希望书面材料是西班牙语的或既有西班牙语又有英语。

宗教

西班牙人把罗马天主教带到了秘鲁，有 90%的人是天主教徒。5%的人属于不同的新教教派。宗教在秘鲁人民的生活中起了重大作用，它是印第安传统思想和基督教信仰结合的体现。

文化注释

秘鲁是一个多种族的国家，主要是印加帝国、欧洲、非洲、日本和中国的后裔。秘鲁文化主要受到了两大文化的影响：西班牙殖民地文化和当地的印加文化。

文化定位

认知形式：秘鲁人组织并传递信息的方式

秘鲁文化广泛地接收信息，但是秘鲁人的观念不会被轻易改变。除了一些受过高等教育的人，多数人主观地、想象地处理问题。个人对问题的干涉和理解远比法律和规定重要。

谈判策略：秘鲁人接受事实的方式

个人对某事物的感觉是真理的基础。在秘鲁，宗教和统治论这些意识形态会左右真理。对宗教和统治论的信仰会动摇真理。因此，客观事实没有多大用处。

价值体系：行为的基础

秘鲁的价值体系是建立在等级制度的意识形态领域基础上的。在统治体系中每一阶级都被上一个阶层统治着，只有自认为优越的人才能成为统治阶级。以下三个方面用来介绍秘鲁主流文化的价值体系——人们区分正误善恶的方法。

决策的核心

个人对自己的决策负责，但是家族和团队的最高利益是起决定性作用的因素。一小部分统治阶级操控着国家资源。在商业事务中，人际关系比个人专业技术显得更重要。个人价值的认同依赖于社会体系和个人家族的背景。

减压之道

对于社会的每个阶层来说，家庭都是人际关系的基石。家族亲戚是信任和合作的主要对象。在上流社会，亲戚和联姻加强和巩固了政治和经济的联盟。

一个叫作“货物”的系统罗列了一系列的职务头衔，每一个头衔都有其特定的职责。加入此系统中来，可以以公众的标准定位一个人的地位和财富，会给人带来保障感。

平等与不平等问题

由于根深蒂固的不平等，社会各阶层存在着等级分化。教育保证了社会的进步。执政者力图保持贫富的巨大差距。在秘鲁，大男子主义十分严重，妇女的社会和工作行为都受到了一定的限制。

商业惯例

约会

准　　时

准时无论在私人事物还是公共事物中都变得很重要了。但是，如果由于你没有及时和秘鲁人取得联系，推迟约会是不可取的。

- 要记得许多欧洲人和南美人写日期时把日和月写在年之前（如 1999 年 12 月 3 日写成 3.12.1999）。秘鲁也是这种情况。
- 约会至少要提前两周安排，在赴约之前，不要给商务或政府办公室贸然打电话。
- 约会应该安排在上午，可以邀请对方吃午餐。所以不要指望在一上午可以安排两个以上的会面。
- 秘鲁的工作日较长，通常一周上六天班。每天 8：00 上班，17：00 或 18：00 下班。中午可以回家吃饭，所以有时 13：00—15：00 不办公。
- 政府部门和银行的工作时间如下：夏季从 1 月到 3 月，冬季从 4 月到 12 月。
- 许多秘鲁人在 1 月和 3 月，也就是圣诞节和复活节两周前后去度假，因此不要把重要的约会定在此期间或公共假期时间。

谈判

- 在谈判中，要准备好讨论合同的各个方面，而不是只持续地讨论某一方面，同时要准备好表面上不相关的一些数据以备参考。要尽可能地做到灵活，多提问题，避免对质。
- 在你的展示中要包括多种材料，如电脑展示、吸引人的图片等。

文化注释

除了上述内容，还要注意谈判过程中，不要换掉公司的谈判人员，因为这可能导致和秘鲁人的谈判搁浅。秘鲁人认同的是他们熟悉的个人，而不是整个组织。

- 在谈判过程中，如果想请对方吃饭，你可以只邀请关键人物出席。等协议达成后，再邀请所有参与项目的人参加。
- 你可能受到热情款待，因为秘鲁人欢迎外商投资。
- 秘鲁人更喜欢谈论他们对西班牙文化的继承，而不喜欢提及他们的印第安背景。因此，谈论他们的印第安祖先是很不明智的做法。也要避免发表有关秘鲁政府、政治或恐怖主义方面的言论。
- 秘鲁人重视个人关系，他们联系更多的是个人企业而不是社团。想在秘鲁发展，就最好通过当地的中介人建立渠道。让你的中介人能够做好秘鲁商业和政府之间的桥梁。
- 你的名片和公司材料都要用西班牙语和英语两种语言打印。

商务款待

- 在豪华的饭店招待客人，如果是正餐就要邀请配偶。
- 吃饭时一般不讨论工作。
- 一般邀请正餐的时间是21：00，也就意味着正餐可能在22：30开始。因此可以迟半小时来，但餐后要再逗留半小时。
- 进口酒水很贵。
- 如你住豪华的一流宾馆，你可以在此会见客人或请人吃午餐，你还可以用传真或电传和国内联系。（注意洗澡时不要触摸金属，因为喷头连着电热系统。）
- 私自邀请人喝茶的时间一般在18：00—20：00。

时差

- 秘鲁时间比格林尼治标准时间晚五小时（G.M.T.–5）。

社交礼仪

问候方式

- 见面和分手时，男女都通过握手与对方打招呼或道别。
- 如果是朋友，男人互相拥抱，女人则亲吻面颊。

称呼方式

- 在秘鲁头衔十分重要。直接称呼某人可以直呼他或她的头衔，如教授或博士，姓或名。只有关系好的人才会称呼名字。所以要耐心等待对方从尊称你的姓改为直呼你的名。
- 没有职业头衔的人可以称为先生或夫人或小姐。西班牙语先生拼成 Señor，夫人是 Señora，小姐是 Señorita。
- 许多西班牙人有两个姓：放在最前面的是父姓，母姓在后面。称呼某人时，通常只用父姓。比如，Señor Víctor Antonio Nuñez Martínez 被称作努涅斯先生（Señor Nuñez）。Señorita María Elena Gutiérrez Herrera 被称作古铁雷斯小姐（Señorita Gutiérrez）。女人结婚后，就要加上夫姓。如上述例子中的两个人结婚后，女方就应该被称为 Señora María Elena Gutiérrez Herrera de Nuñez。许多人会称她德·努涅斯夫人（Señora de Nuñez），或者再随便点称为努涅斯夫人（Señora Nuñez）。

肢体语言

- 秘鲁人交流时比较亲近。当他们站在你身边时，不要向后退，否则会伤害他们的感情。如果你走路时，秘鲁人搀着你的胳膊，不要感到不安。男人经常挽着胳膊走路，就像女人手挽手走路一样。
- 示意人“过来”，要垂直举起你的手，手掌朝外，来回晃动，或者手掌朝下，晃动手指。
- 跷腿坐着时，把一只脚的脚踝放在另一条腿的膝盖上是不礼貌的。但是膝盖相交跷腿坐着是可以的。

- 出去吃饭时，一定要把两只手都放在桌子上，不要把一只手放在腿上。
- 敲敲脑袋这个动作的意思是“让我想想”。
- 把手放平，气愤地突然摆动，这个动作意味着让某人“走开”。
- 一抬眉毛或用手扫过身体的意思是“给我钱”。

礼物

- 初次见面不必送礼物，但为了拉近关系可以请对方吃午饭，同时可以猜测对方的品位、喜好，为以后送礼物做准备。
- 等到正式的会晤结束后再赠送礼物。轻松的社交场合是送礼物的最好时刻。
- 具有自己国家民族特色的礼物更有意义，如一个得克萨斯的腰带扣、民间艺术品或附插图的书。
- 公司的商标不要太大。
- 能代表公司形象的礼物是很可取的，比如，烟草公司可以赠送打火机，用国家矿石提炼制成的打火机是公司实力的象征。
- 计算器、电子记事本和计时器等小电子产品也是合适的礼物，但是这些产品不得不缴进口税。如有可能也可以把你们要签单的产品当作礼物送给客户。
- 不贵重的照相机和品牌钢笔，领带、围巾或天然纺织饰物也是很好的礼物。（人造的纺织品就显得太热了。）
- 当被邀请去家里做客的时候，可以带红酒、威士忌、其他的酒水或巧克力。可以给孩子带的礼物有：美国大学校园里的 T 恤、帽子、磁带等。
- 正餐后送玫瑰花也是很好的礼物，当然不能是红色的，因为红色的玫瑰是爱情的象征。其他的花则被认为是有点便宜了。
- 避免送和不吉利的“13”相关的东西、紫色或黑色的东西（象征宗教仪式）、刀（指和某人一刀两断）或手套（代表悲痛）。
- 如果你极度地喜欢秘鲁人的某一件东西，他或她可能送给你作礼物。
- 秘鲁有一些和“世袭”制度相关的社会特质。不同的家族背景、社会地位和受教育程度都会对赠送的礼物有影响。要注意这些社会因素。

文化注释

- 在美国，商务往来送礼物不像在其他国家那么普遍。美国人一般只在圣诞节或退休告别晚会上送礼物，互赠礼物象征着情感的依恋。然而，在拉丁美洲，赠送礼物是商业应酬中很平常的事。
- 秘鲁人有时觉得美国商人很可笑，因为他们在考虑是否给客户送礼物的时候总是小心翼翼，而当他们和客户还不熟悉的情况下，却会立刻直呼其名，显得过分亲热。（在秘鲁，初次会面赠送礼物，会为今后的交往打下良好的基础。）

服饰衣着

- 商业会面通常穿正式的西服。
- 应邀参加官方的晚会需要穿正式的男士晚礼服、燕尾服和女士晚装。
- 外宾不应该穿当地的印第安人的服装，即使他们是想表达对当地的文化的钦佩。

菲律宾 Philippines

文化注释

菲律宾文化是独一无二的。大部分人是马来人的后代，多数人是西班牙的姓氏，他们是罗马天主教徒。菲律宾人说英语，使得菲律宾成为继美国、英国和印度之后世界上说英语的第四大国。

基本资料

语言

英语和菲律宾语是菲律宾共和国的官方语言，菲律宾还有 70 多种语言和方言。

宗教

大约 83%的菲律宾人是罗马天主教徒，但是他们仍然坚守传统信仰。只有 9%的菲律宾人是新教徒，但这个比例在增加，新教会教派的信徒人数增长很快。大约 6%的人属于菲律宾独立教派，这是从罗马教分裂出来的天主教。大约 5%的人是穆斯林，他们集中在南部岛屿。

文化定位

认知形式：菲律宾人组织并传递信息的方式

菲律宾人很愿意与他人交谈，他们乐于广泛接收信息，但是不轻易改变自己的态度。因为菲律宾的教育大多是通过死记硬背的方法，所以他们处理信息凭主观、凭想象。这导致在处理问题时，菲律宾人的个人情感介入过多，而不善于用法律和法则来解决。

谈判策略：菲律宾人接受事实的方式

大多数真理源于一时的灵感，虽然一些真理可能依靠的是意识形态的忠诚，如天主教的信仰，很少能够找到客观事实的依据。

价值体系：行为的基础

菲律宾文化的形成受到了其他文化的影响，中国文化、伊斯兰教、西班牙和美国文化都在菲律宾留下了清晰的痕迹。以下三个方面用来介绍菲律宾主流文化的价值体系——人们区分正误善恶的方法。

决策的核心

个人在群体中活动（家庭是最重要的群体），但是他们必须争取多数人的意见，因为个人从来没有最后的发言权。他们通常从家庭的角度出发做决定。菲律宾人想要了解你，就会问及你的家庭和个人背景。他们往往不是阐述自己的观点，而是反映他人的意见。他们一般不和他人作对，他们轻易不会直接地说“不”。

减压之道

核心家庭和大家庭是支持和稳定的主要来源。一个成员的行为不检点都会让整个家庭蒙受耻辱。因循传统，特别是遵守可以维持人际关系的礼节更有利于生活的稳定。许多人际关系和宗教相关联。大家都有为了维护人际关系的责任感。互惠互利和责任感使人与人之间的关系更紧密。

平等与不平等问题

菲律宾的政治是为当权者而不是为人民服务的。然而，菲律宾人强烈向往民主、个人自由、教育和新闻言论自由。菲律宾人很有地位阶层意识。这一点在一定程度上导致了种族问题，如肤色越浅、地位越高。白人经常能够做到黑皮肤人种做不到的事情。外国的物品优于当地的东西。贞洁和安全是至关重要的。

商业惯例

约会

准　时

- 出席商业活动，菲律宾人都很准时。他们也希望外宾准时赴约。
- 菲律宾的很多社会活动并不按规定时间准时开始。实际上，准时出席晚会是不礼貌的。客人越重要，就越希望他们迟点来。迟到的时间可在 15 分钟至两小时。一般来讲，外宾应该迟一刻钟或半小时到。

- 会面的时间可以在你到菲律宾一个月之前确定。
- 当向新客户介绍自己的时候，朋友或公司的推荐信很有说服力。
- 英语是许多商业事务的通用语言，实际上，也是菲律宾所有商业和政府记者的工作语言。
- 不通过人介绍很难见到决策人，因为他们都是集团的高层。
- 为了能见到决策人，你不得不多次和下属联系。你不但要增加自己的影响力，还要不断加强会面的正式性：从正式场合的自我介绍，到半正式的午饭或约定好的商业会面。
- 一个老练的中间人总能排除中层的干扰，直接接触到决策人。
- 10：00 左右和 15：00 左右是约会的最佳时间。
- 上班时间通常是周一到周五，8：00—17：00，很多单位中午休息，12：00—13：00 不办公，当然，中午的休息时间很容易被延长为两小时。一些单位周六办公时间是从 8：00—12：00。
- 政府的办公时间是从周一到周五，8：00—17：00。许多高级政府官员工作到很晚，他们在下班后还可以在办公室接电话，但是只能在办公室，不是在家里。（而商人则是可以通过往家里打电话联系上的。）

谈判

文化注释

> 菲律宾人很爱微笑。然而就像日本人一样，微笑和大笑并不代表快乐和享受。

> 菲律宾人会在西方人觉得不合适的场合微笑或大笑。微笑背后掩藏着不安和异议。菲律宾商人会在会谈最严肃的时候大笑。菲律宾的医生会笑着告诉病人严重的病情。

- 但是外宾不要像菲律宾人这么爱笑，他们要控制自己的情绪。就像在日本一样，一个在公众场合勃然大怒的人是很丢脸和可耻的。而且，菲律宾是比日本还喜欢用暴力解决问题的民族，向别人发火很容易导致同样的后果。外宾会无意间让菲律宾人勃然大怒，因为菲律宾人觉得自己无论花费多少代价都应该挽回自己的面子。如果你必须斥责一个菲律宾员工，你要冷静地或私底下去做。
- 菲律宾人认为人人都值得尊敬。你地位越高，就越要谦虚大方。甚至拒绝一个乞丐的话语都是“对不起，先生”。菲律宾人会由于没给乞丐东西而口头道歉。如果你粗鲁地打发乞丐，你可能有失体面。
- 说话用平静温和的口气。菲律宾人喜欢和谐。你唯一能听到菲律宾人大嗓门说话的时候，是他们打闹玩笑的时候。
- 菲律宾人谈判的速度要比美国人慢多了。
- 只去一次菲律宾就谈完一个复杂的生意是不可能的。至少要在几个月内去几次。
- 菲律宾人想要避免冲突，因此他们说话会投其所好，不会轻易说“不”。
- 因为菲律宾人想要讨好和他或她说话的人，对于一个请求，他们通常会说“是”。这就意味着菲律宾人不想直接说“不”来冒犯你。在菲律宾，“是”可以有多种含义，从“我同意”到“也许吧”，或者“我希望你能看出来我没有热情，我的真实想法是‘不’”。
- 确保菲律宾人的“是”真的意味着“是”，你必须得到书面的保证。如果可能，在你们谈判的每个阶段都要得到书面的协议。菲律宾人为能完成书面的承诺而感到荣幸。

- 你会经常看到你的菲律宾合作伙伴出入社交活动，不要拒绝社交场合。
- 在吃饭的时候你打断了他人，菲律宾人会不得已邀请你加入。这里有个礼节，你要谢谢他们并拒绝说你已经吃过了。
- 记住社交活动比生意来往更重要，如果想和菲律宾人做生意，就必须让他们喜欢你，感觉和你在一起很舒服。但这种关系不会因你而延续到你的公司。如果你的公司换掉了你，起用了另一个主管，这个新任主管不得不重新建立这种关系。（除非这个新任总管是你的亲戚。）
- 名片可以用英语印刷，不必翻译成菲律宾语。在菲律宾交换名片比亚洲其他地方要随便。你给了菲律宾商人名片，他或她有可能也给你或干脆不给你名片。去拜访的商人应该首先拿出名片。
- 如果菲律宾人给你的名片上面有手写的住宅电话号码，那就意味着你可以打电话到家里和他联系。菲律宾做生意不止在工作场合，许多时候可以在办公室以外谈工作。
- 一旦你被菲律宾人接纳了，他们就很爱社交，很健谈。你可能被问及一些隐私的问题如：“为什么你还不结婚呢？”他们也会问你买东西花了多少钱，这是在关心你买东西是否“被宰”了。

商务款待

食物在菲律宾文化中十分重要。社交场合总少不了食物。实际上，标准的菲律宾问候是“Kumain ka na ba?”，意思是“你吃了吗？”。

文化注释

入乡随俗会使你和菲律宾人的关系更亲近，包括吃一种当地的令外国人作呕的食物。如闻起来很糟糕的叫作 bogoong 的虾糊糊，或者是被称作 balut 的煎鸭蛋（里面有只孵了一半的鸭卵）。近年来，由于西班牙和美国的影响，菲律宾菜已经成为西方人的美味了。

- 为了庆祝商业合作成功，你请菲律宾伙伴去吃饭。发出邀请的人通常要买单，除非你是女性，在此情况下，菲律宾商人还是会坚持买单的。
- 可以邀请菲律宾伙伴的妻子吃饭，但切记不能请她吃午饭。

- 你可能被邀请去参加菲律宾家庭的晚宴或晚会（除非他或她是中国人，中国人很少在家里招待客人），这样的晚会通常会有许多客人，包括许多亲戚。记住要尊重长辈，你也许不太可能被介绍给每个人认识。
- 许多人家有佣人，包括厨师。你可以表扬主人装修的格调，但是你要清楚可能主人没有亲自准备食物。
- 甜食在菲律宾的午餐和正餐中都很受欢迎。如果你邀请人吃午饭，记得一定要有甜食。

文化注释

晚会上不要表现得太急于想吃东西，允许主人有时间和你坐会儿。迫不及待地吃东西是粗俗和贪婪的表现。

- 邀请人参加晚会或晚宴至少要邀请好几次，只请一次是不够的。他或她不确定参加但可能出于礼貌答应你，因此至少要确认对方是否能够出席。如果对方通过第三者拒绝你，你不要感到奇怪。你可以试着写要求回复的请柬，但是很少有人退还请柬，因为菲律宾人收到书写的请柬会感到荣幸。
- 社会活动总是要唱歌跳舞的，你可能被邀请唱歌。
- 尽管晚会很吵闹，许多男人会喝酒，但是公共场合醉酒是不体面的，不要酒后失控。

时差

- 菲律宾时间比格林尼治标准时间早八小时（G.M.T.+8）。

社交礼仪

问候方式

- 外商应该和菲律宾男人郑重地握手，无论是在开场介绍的时候还是在随后的会面中。
- 传统来讲，男人和女人在公共场合没有身体的接触。握手时，男人应该等菲律宾女人先伸手，通常菲律宾的女商人会这么做。
- 外商可以主动和菲律宾男人和女人握手。

- 亲密的女性朋友见了面会互相拥抱和亲吻。同样，亲密的男人也会有进一步的身体接触，如拉手或把胳膊放在朋友的肩膀上。

文化注释

菲律宾人通过眼神接触和眉毛的动作来交流。菲律宾人打招呼可以通过眼神接触，然后再抬一下或皱一下眉毛。传统的菲律宾人可以把长辈的手放在自己前额上表示对长辈的尊敬。

称呼方式

- 你遇到的多数人都以头衔加姓来称呼。许多教授有头衔，因为菲律宾公司经常授予员工头衔而不是发奖金或委派任务。
- 如果一个人没有职业头衔，西方人可能用先生或太太或夫人或小姐加上姓来称呼。
- 有重要头衔人士的妻子有时被称为夫人加上丈夫的头衔，例如，参议员夫人或市长夫人。
- 上层社会的菲律宾人会遵守世袭的有两个姓的传统。一个是用在前面的父姓，母姓在后面。称呼某人时，通常只用父姓。比如，Juan Antonio Martínez Garcia 先生被称作马丁内兹（Martínez）先生。Ana María Gutiérrez Herrera 小姐被称作古铁雷斯（Gutiérrez）小姐。女人结婚后，就要加上夫姓。如在上述例子中，两个人结婚后，女方就应该被称为 Ana María Gutiérrez Herrera de Martínez 小姐。许多人会称她为德·马丁内兹（de Martínez）夫人，或者再随便点称为马丁内兹夫人。

文化注释

许多菲律宾人直到 19 世纪中期才有姓。1849 年，西班牙统治者命令所有的菲律宾人采用西班牙姓。每家根据政府提供的名单选择姓氏，名单上每个姓氏的第一个字母代表特定的地区。于是，来自同一城市或地区的人的姓氏都是以 A 开头的，下一个地区的人则以 B 开头，以此类推。直到今天，从一个人的姓的第一个字母都可以看出他或她的家以前在哪个地区。

- 大多数菲律宾人有绰号，许多绰号在外国人听起来都觉得很怪。一旦菲律宾人让你称呼他绰号，你就应该这么做。同时，你也应该请他叫你的绰号。

（如果没有，你可以给自己起一个。）

- 通过“文字升职”来奉承人在菲律宾是常见的。警察局的员工可以被称作队长，警署的队长可以称为市长等。外国人最好不要参与这种文字游戏。

肢体语言

- 由于美国在菲律宾驻军多年，许多北美的手语在菲律宾也被认同。
- 在美国和菲律宾，最淫秽的动作就是竖起中指。在菲律宾，用中指指人或东西是侮辱之意。
- 因为指人容易被认为是侮辱性的手势，所以菲律宾人很少用手指指东西或指方向。他们用眼神和嘴唇示意。
- 竖起无名指和小拇指，而不是食指和中指，用来表示数字“2”。大拇指在菲律宾不用来数数。
- 盯着人看在菲律宾有不同含义，多半表示否定。外国人应该避免盯着菲律宾人看，这样容易让人理解为挑衅的、好斗的。如果你被人盯着看，你就避开他瞪视的目光。
- 与世界上很多地方一样，向某人招手示意，伸出手，掌心向下，手指做挖的动作。这里像美国一样，掌心向上，一根手指摇晃召唤某人是侮辱人的手势。
- 站直了，双手叉腰永远是愤怒、咄咄逼人的姿势。更糟糕的是，这种姿势会被理解为挑衅，在菲律宾，对付好斗的方法就是交战。
- 在人群中穿行或从两个正在谈话的人中间穿过，眼睛向下看可以避免冒犯他人。当然，这样做可能有人伸出手放平，像空手道一样，或者双手握在一起拦住你。如果手在前面，那是示意你过去。
- 菲律宾人可以用手指划过你的胳膊肘来吸引你的注意力。

礼物

- 赠送礼物是菲律宾社会生活中很重要的一部分。花和食物是最平常的礼物，而在有些场合，一把小硬币是很传统的礼物。

- 当被邀请去菲律宾人家里的时候，可以带（或者在你到之前送去）花或轻巧的美味食品给主人，如糖果或巧克力。不要带酒水或丰盛的食物，这样容易暗示主人的招待很寒酸，不能满足客人。当然也有例外，可以送只有你能提供的特色菜或食物，如你家乡的食谱。饭后送一张表示感谢的便条也是可以的，有些人会送小礼物。
- 晚会后，菲律宾人通常会送给客人其他食物带回家去，这个古老的菲律宾传统叫作“pabalon”。
- 圣诞节你要送一个有象征意义的礼物给你认识的或有业务往来的每个人，如公司的日历。你的名单上应该包括每一个为你工作的人，包括日常的服务人员，如负责收发的职员、保安等，以及任何一个如果拒绝与你合作，你的生活都会变得很不方便的人，如一个重要客户的秘书。
- 菲律宾人奉行亚洲的习惯，不当众打开礼物。如果接受的人不喜欢这份礼物，他或她为了避免尴尬不会当面拆开礼物。而且菲律宾人不喜欢别人表现得贪婪，立刻打开礼物则会给人这种印象。如果你的礼物被随意地放在那里被疏忽，不要很沮丧，因为过几天主人就会感谢你的礼物的。

文化注释

外宾被邀请去参加菲律宾家庭的活动，如婚礼、周年纪念、洗礼等是很荣幸的事情。如果被邀请成为婚礼的主办人或洗礼的教父教母，就是更光荣的事了。记得带份礼物，无论你是客人还是参与者。这些活动是菲律宾人建立重要的人际关系网的一部分。

在一些仪式中，如菲律宾的洗礼，通常有抛给孩子一把小硬币的传统。婚礼上客人把小面值的比索贴在新娘与新郎的衣服上。

服饰衣着

- 由于气候炎热潮湿，菲律宾人的商务着装也很随便：男士穿深色裤子和白色的短袖衬衫，不系领带。女士穿白色的长袖衬衫或裙子。尽管着装简单，但是衣服要整齐、干净、时尚。菲律宾人很注重衣服的款式。
- 作为外国人，应该穿得保守些，直到你确认需要正式到什么程度。男人需要穿西装夹克衫、打领带。女商人可以穿白色的衬衫或深色的套装或裙子。

- 很多菲律宾男士穿绣花的菲律宾塔加路族的衬衫。这种衬衫不打领带，放在裤子外边，不用拽进去。长袖的可以穿着去上班或出席半正式的场合，短袖的只能当休闲装穿。
- 男士在正式场合要穿西服，如去戏院、正式的晚宴、晚会等，女士要穿正式的短裙。长的晚礼服要在少数的正式场合穿，如外交场合。
- 男士女士在公共场合都不能穿凉鞋和短裤，除非在海边。
- 菲律宾人太爱时髦了,所以许多办公室包括银行和政府都要求职员穿制服。
- 节假日不要穿任何可能被水损坏的衣服，弄湿行人的衣服是节假日游行的一种娱乐。

波　兰　Poland

基本资料

语言

波兰语是官方语言。波兰语和捷克语非常相似，属于印欧语系捷克语分支（英语也是这个语系的）。波兰语书写出来的是简化的拉丁字母，而不是俄语中的古斯拉夫语字母。尽管这样，对于把英语作为母语的人来说，波兰语还是被认为是印欧语系当中最难掌握的一种语言。

宗教

大部分波兰人信奉罗马天主教。大约1.5%的人口信奉东正教。

文化定位

认知形式：波兰人组织并处理信息的方式

波兰文化一直受西方文明的影响。波兰人思维抽象，处理信息概念化并极具分析能力，不过他们重视人际关系胜过法律。

谈判策略：波兰人接受事实的方式

在波兰，得出事实是基于对客观情况的判断而不是当时的主观感觉。

价值体系：行为的基础

随着铁幕的倾塌和民主思潮的崛起，波兰的价值体系越来越受到西方的影响。下面的三个方面说明了主流文化的价值体系——他们区分正误善恶的方法。

决策的核心

随着迈向自由和私有化的进程越来越近，更多做决策的权利落在了个人的身上。整个社会都相信个人主义和民主思想，同时认为所有的公民都应该对政府执政的方式有所影响。在很多方面，个人会将做决策的权利移交给集体或给一个拥有特别权力的组织。

减压之道

由于大部分波兰人都是天主教徒，教会在满足这些需要方面起到了举足轻重的作用。波兰天主教会被认为是情绪化和传统的。波兰天主教徒是整个欧洲最虔诚的。波兰的家庭通常是大家庭，这种强有力的组合也对社会有序和安全起到了一定的作用。

平等与不平等问题

波兰是一个民族极端单一的国家，但权力的争夺还是体现在政府、商业及整个社会的各个层次上。这种对于权利的争夺威胁到了民众对于平等观念的信服。在个人和大众的道德观之间存在着一些冲突。

虽然波兰是一个男权社会，但是人们也不必掩饰自己的情感。波兰这个国家有一个传统，那就是人们对于他人的感受是很敏感的。每个人一般都明确表明自己的要求、感觉及观点。

商业惯例

约会

准　时

- 作为一个外国人，你有必要在所有约会中保持准时。

➢ 对他们自身来说，准时不是必需的。如果你的一个波兰商业伙伴没有守时，你也不要感到太惊奇。

- 波兰人工作时间开始得很早。约定 8：00 见面也是很常见的。
- 商业性的午餐经常被安排得很晚，大约在 16：00 或 17：00。
- 如果可能的话，请求约会应该以书信的形式表达。
- 将这种请求翻译成波兰语会给人留下良好的印象。
- 大部分商业机构每周是五天半的工作制：周一到周五 8：00 或 9：00 到 14：00 或 15：00，周六 8：00—13：30。

谈判

- 在这里很难预测一场商务磋商需要花费的时间。在过去的政治制度下，进行一场商务磋商往往需要几个月的时间。即使是今天，假如有政府的介入，你就可以预料到这次商务磋商肯定会进展得很慢。从另一个方面来说，一些波兰的新企业家们非常渴望能够加快商业活动进展的速度。对于一些小企业来说，有时这种渴望是能够实现的。
- 在波兰本地设立一个代表处对于成功的商务运作是很有必要的。这里从办公室的空间到餐馆的预定都是需要去争取的，因此只有一个对本地熟门熟路的人才能成功地为你安排好这一切。
- 需要带足够的名片，给每一个你遇到的人都分发一张。
- 没有必要将你的名片翻译成波兰语。
- 各种提案、报告和促销资料都应该被翻译成波兰语。假如这些资料里有图表，要保证它们制作精美并打印得清楚整洁。波兰出现了一些世界范围内知名的绘图艺术家。

文化注释

波兰和它邻国的关系一直以来都不是特别好。波兰曾经被德国、俄国和奥匈帝国瓜分过。假如你是德国、匈牙利或俄国后裔，就不要说明自己的这个背景了。

- 反闪族人也是一个应该回避的话题。记住纳粹在波兰的国土上建立了大部分的死亡集中营，而不是在德国本土。

- 波兰还是一个男权社会。你遇到的大部分商业伙伴都会是男人。如果对波兰人大谈性别问题，无论是真实的还是你想象中的情况，都对你建立客户关系是不利的。
- 如果可能的话，避免谈政治。
- 美食、运动和观光都是很好的话题。

商务款待

- 商务会面中午餐和晚餐是比较常见的。在波兰几乎没有早餐聚会这个习惯。
- 在波兰，住房短缺困扰着大部分人。因为大部分公寓都是非常狭窄的，因此不要期待一个波兰商务伙伴邀请你去他的家里。几乎所有的应酬都会在俱乐部和餐馆里完成。
- 发出就餐邀请的一方通常就是要付账的人。
- 作为一个外国人，你通常会在餐馆或俱乐部得到更多的关照和更好的服务——不过这需要你被认出的确是个外国人。说英语吧。
- 不要总想着明天还要早起工作，波兰人很喜欢熬夜，聊天喝酒。早早离席会给人不好的印象，因此准备过漫长的夜生活吧。
- 虽然现在波兰也有接受喝啤酒的趋势（大部分波兰人将啤酒视作清淡饮料），伏特加还是大部分人的选择。不要落入与波兰人比赛喝伏特加的圈套中，你肯定会输的。只要你的伏特加杯子一空，他们马上会给你填满，直到所有伏特加都被喝光为止。

时差

- 波兰时间比格林尼治标准时间快一小时（G.M.T.+1）。

社交礼仪

问候方式

- 当你遇到一个波兰人或当你离开的时候，请与他握手。当你被第一次介绍给一个人的时候，也要与他握手。

- 当你面对一位波兰女士时，等她先伸出手，你再伸手与她握手。
- 老派的波兰男人会吻女士的手。外国男人不需要这么做。假如你认为传统的表示尊重的方式还是必需的，那就简单地鞠个躬吧。
- 亲密的朋友或亲戚之间也许会采取非常热情的方式来打招呼。他们会拥抱或亲吻对方的脸颊。

称呼方式

- 与其他的斯拉夫文化一样，女士的姓最后一个字母与男士的姓最后一个字母有可能是不同的。在这种情况下，女士的姓会以字母 a 结尾——因此我们会说索斯基先生（Solski）、索斯卡夫人（Solska）。
- 最简单的称呼一个波兰工作人员的方式就是使用先生、夫人、小姐或使用他们的职务来称呼。
  - 先生= pahn
  - 夫人= pah-nee
  - 小姐= pah-nah

文化注释

假如一个波兰人没有什么头衔，你可以用“先生+姓”的方式称呼他。只有亲密的成年朋友之间才可以互相称呼对方名字。如果一个波兰人表示希望你用他的名字称呼他，你肯定会事先预料到的。因为这要有一整套仪式（Bruderschaft）来庆祝你可以只用名字来称呼他了。

肢体语言

- 在社交场合，如果一个波兰人用手指轻弹脖子，这表示他正在邀请你加入他一块喝一杯（很可能是伏特加）。
- 与别人交谈的时候不要嚼口香糖。
- 不要乱扔垃圾。波兰人如果看到有人不往指定地点倒垃圾而是乱扔杂物的话，就会吓得跳起来。
- 在公共场合不要大声喧哗。波兰人是喜欢安静的民族。你会看到波兰人说话要比北美人的声音轻得多。

- 波兰的男性希望看到举止传统的女性形象。女性如果说话过于直白，很可能使男性有抵触情绪。
- 向陌生人问路时，一个女性应该要么去问警察要么去问另一个女性。如果你朝一个男性走过去，就会被认为是在调情。

礼物

- 当你第一次和波兰商人见面时，来自国外的礼物是最受欢迎的。酒（除了伏特加）是个不错的选择。
- 当你拜访一户波兰人时，一定要记得带礼物，即使你只是去简单地坐坐。鲜花是最常见的礼物。鲜花不用包装，把它送给女主人就行了。花朵一定要是单数，不要送红玫瑰（代表求爱）和菊花（只用于葬礼）。
- 在波兰短缺的物资是最受欢迎的礼物。咖啡、香水还有美国烟通常都是很好的选择。即使你不吸烟，也带点香烟过来。

服饰衣着

- 商务套装与美国的样式是一致的：男士们穿西装打领带，女士们着正装。颜色上是比较保守的。
- 牛仔裤是最常见的休闲装，男女都能穿。牛仔裤再配一件剪裁精当或宽松的衬衫就可以出席所有非商业的场合。

例外有：

豪华餐馆（必须穿西装打领带或着正装）；

剧场和歌剧院（必须穿西装打领带或着正装）；

波兰家庭酒会的邀请（应该穿夹克打领带或穿剪裁精当的裤子或衬衫）；

正式的邀请，如在除夕（要穿燕尾服或是正式的礼服）。

葡萄牙 Portugal

文化注释

虽然葡萄牙语和西班牙语差异不大，很多葡萄牙人也懂西班牙语，但是不要认为光懂西班牙语就足够了。如果你一个劲儿地试图用西班牙语交流，葡萄牙人会认为这是一种侮辱。

基本资料

语言

整个境内都是用葡萄牙语，这是一种罗马文字。在旅游景点有时会说英语，商务场合经常会用到法语。

宗教

大部分的葡萄牙人是罗马天主教徒（占97%），但是在葡萄牙没有官方宗教。宗教自由是受宪法保护的。除了天主教徒，还有少量的新教徒、犹太教徒及穆斯林。

文化定位

认知形式：葡萄牙人组织并处理信息的方式

在葡萄牙，所有为了讨论而准备的信息在未谈判前就已经被接受了。但是谈判还是要进行的，讨论的范围也很广，虽然很难对原有的决策做出什么大的改变。教学一般是正统的风格，创新是不被鼓励的，这就产生了主观且富于联想的信息处理方式。葡萄牙人认为人与人之间的关系是最重要的，因此他们更倾向于保持一个良好的关系而不愿意遵守法律法规。

谈判策略：葡萄牙人接受事实的方式

在特定的情况下，事实的得出是基于个人的感受的。虽然对于人道主义和教会的忠诚会对事实的认定产生影响，葡萄牙人还是很少会让客观的事实影响到他们。

价值体系：行为的基础

葡萄牙人的价值体系还处在一个转型阶段——从过去的独裁政治经济体系到现在的民主资本主义体系。下面的三个方面说明了主流文化的价值体系——他们区分正误善恶的方法。

决策的核心

每个人都可以自己做决定，但是他们也经常会屈从于家庭或工作团队的压力。一部分精英掌握着所有的权力，他们又通过婚姻来巩固这种权力，并且依靠大家庭的亲属连带关系来控制一切。一个人的自我认同感来自他所属大家庭的历史及自身在社会上的地位。当一个人找一份工作的时候，他拥有的关系比本人的能力更重要。

减压之道

大部分葡萄牙人都是天主教会的成员。教会的训导和社会架构给个人的发展提供了稳定性和安全感。友谊和互相帮忙是整个葡萄牙社会的黏合剂，也是各个社会阶层内部和阶层之间交流的首要保障。

平等与不平等问题

由于葡萄牙是单一语言单一民族的国家，因此所有人都有平等的感觉。整个社会也存在着极端的贫富差距——一小部分上层阶级，一大部分中产阶级，最多的还是最底层的阶级。尽管这样，人们还是感觉他们都是平等的，因为从本质上来说他们都一样。失败经常是由外部的环境造成的，而不是由于个人先天的缺陷。总体来说这是一个男子气很足的社会。

商业惯例

约会

准 时

➢ 在葡萄牙，对准时并不要求得特别严格。虽然外国人应该准时，但你的葡萄牙同伴很可能迟到 30 分钟。

- 记住很多欧洲人和南美人表达日期的方式是日、月、年（如 1999 年 12 月 3 日要写成 3.12.99）。在葡萄牙也采用这种形式。
- 提前定好约会事宜是必要的。
- 工作时间周一到周五 9：00—17：00 或 17：30。午饭时间为 12：00—14：00。不要在 12：00—15：00 定下约会。
- 商店营业时间是从周一到周五，9：00—13：00，15：00—19：00。

谈判

- 在持续的人际交往中建立一种和谐关系是最重要的。
- 向你的客户强调你的承诺，经常性的拜访是非常有益的。不要期望谈判会快速地进行。

文化注释

毅力和耐心是必需的。在葡萄牙，任何事情都不会很快地完成。葡萄牙人不愿意做时钟的奴隶。直到学会接受他们的观点，你才能够顺利地开展业务。

- 产品的售后服务很重要。你必须向你的客户证明你是能够提供这类服务的。
- 好的讨论话题一般包括家庭、葡萄牙文化中好的方面及个人爱好等。
- 避免讨论政治和政府。
- 不要表现出对别人的私人问题特别感兴趣。
- 很多葡萄牙人学习英式英语，因此不要说美式俚语。
- 名片是必要的。最好将名片翻译成葡萄牙语——英语的在一面，葡萄牙语的在另一面。

- 当你向你的葡萄牙同事分发名片时，将印有葡萄牙语的一面朝向他。

商务款待

- 午餐是最重要的一餐，经常是在 13：00 左右进行。商务午餐是很常见的。
- 酒是佐餐的最佳饮料。
- 假如你被邀请出外用餐，记住之后要回请。千万记住不要提你“欠”他一个人情。
- 女士们如果在餐馆中独自用餐，可能有人上前交谈，除非她们很明显地有工作在手边。
- 左手用叉，右手用刀。
- 在餐桌上，手应该放在膝盖上。
- 边走边吃是非常不礼貌的。
- 人们经常在茶室会面。

时差

- 葡萄牙时间比格林尼治标准时间快一小时（G.M.T.+1）。

社交礼仪

问候方式

- 热情而坚定地握手就是最标准的问候方式。
- 在社交场合，男士们用一个拥抱来打招呼。
- 女士们打招呼时互吻对方的脸颊。

称呼方式

- 称呼名字的顺序和美国是一样的：名字在前，姓在后。
- 只有关系亲密的朋友才可以互相称呼名字。

- 有一些专家经常被称为博士，即使他们并没有获得博士学位。

肢体语言

- 把手向下或是挥动手或手指表示“过来”。
- 用手指什么被认为是不礼貌的。
- 在餐厅里如果要叫服务员过来，只需要简单地举起手来。

礼物

- 第一次见面时不用赠送商业性的礼品。
- 假如你要赠送一件商业性的礼品，不是你的名片，相反地，你可以手写一张名片。
- 送的礼物不要太贵重也不要太小气了。
- 不要把带有你们公司标志的汽车送给别人做礼品。
- 当你被邀请去某人家里拜访时，没有必要带礼物。相反地，你要记得晚些时候要邀请男女主人外出以回请他们。
- 假如你执意要送给男女主人礼物，上等的巧克力或其他糖果是最好的选择。
- 假如你要送花给主人，不要送十三朵，这被认为是坏运气。不要送玫瑰或菊花。要确定花束一定是非常赏心悦目的，廉价的花作为礼品会起到相反的作用。

服饰衣着

- 保守正式的着装是必需的。葡萄牙男人即使是去看电影也要穿夹克打领带。
- 如果天气不是热得不行，男士一定不要脱下他们的夹克衫，除非他们的葡萄牙同事先这么做了。
- 在商务环境中，葡萄牙的女士常穿浅色的套装而不是西服。

罗马尼亚 Romania

文化注释

罗马尼亚人认为他们自己其实是地中海人，只是碰巧现在生活在东欧。

基本资料

语言

罗马尼亚语是官方语言，它属于拉丁语系。意大利语、法语、西班牙语和葡萄牙语都属于这个语系。实际上，人们都这样认为——一个能说流利的意大利语的人就能和罗马尼亚人进行很好的沟通，特别是如果他了解热那亚地区的方言的话，就更好了。

宗教

大约90%的人口属于罗马尼亚东正教会。剩下的人口属于罗马尼亚天主教徒、犹太教徒、加尔文教徒、穆斯林或无神论者。

文化定位

认知形式：罗马尼亚人组织并处理信息的方式

罗马尼亚人一直都是独立的，他们善于吸收外部的信息。他们接受的传统教育使他们善于联想，但绝大多数人都以概念化的方式处理信息并极具分析能力。在特定的情况下他们更愿意相信个人的力量，而不是遵从集体的规则。

谈判策略：罗马尼亚人接受事实的方式

罗马尼亚人受教育的程度越高，就越愿意用客观的事实来得出真相。他们主观的感觉也很强烈，但是对非自由的意识形态的信任使他们不会让主观意识遮盖住事实的真相。

价值体系：行为的基础

罗马尼亚人是拉丁后裔。像其他的拉丁文化一样，罗马尼亚文化尊崇平等和人道主义。下面的三个方面说明了主流文化的价值体系——他们区分正误善恶的方法。

决策的核心

随着迈向自由和私有化的进程越来越近，更多做决策的权利落在了个人的身上。同样地，个人也会将他的权力交给集体或交给集体中选出的专家。到底谁会成为决策的受益者是不明朗的，因为做决策的人和集体都是一个整体。看起来罗马尼亚人是在为整个社会的整体利益而工作的。

减压之道

家庭的和睦是最基本的因素，这可以给个人带来自我认同感和安全感。可是现在这种局面正在被打破，因为越来越多的女人开始走出家庭参加工作了。罗马尼亚人非常爱国，他们要求不论是国内的发展还是国际交往都要本着平等的原则。

平等与不平等问题

在罗马尼亚，从农民到政府掌权者的社会阶级差别是很明显的。虽然平等主义是这里的基本思想，但是不同的民族和社会阶层还是有一些不满。匈牙利和德意志是两个最明显的少数民族，他们有自己的语言。这种情况的存在已经导致一些潜在的政治和社会问题。罗马尼亚这个民族不愿意隐藏自己的情感，他们总是明确地表达自己的感情和意愿。婚姻中的两个人享有同等的权利，他们各自在家庭中的角色并不那么清晰。

商业惯例

约会

准时

➢ 罗马尼亚人通常是非常守时的，记得一定要准时赴约。

- 会面一定要事先约定好。
- 约会邀请可以用信函方式。商务信函应该用英语书写。这并不是说罗马尼亚人愿意读外文函件，而是这样的信件相对于罗马尼亚语信件来说显得更尊重和重视客户。
- 在商务会面时，带个翻译是必要的，除非你和你的罗马尼亚商务伙伴都能熟练用某一种语言沟通。

文化注释

虽然罗马尼亚语和意大利热那亚地区的方言很相似，但是还有大约 12% 的罗马尼亚词汇来自斯拉夫语言。不要期待你能够用意大利语和罗马尼亚商务伙伴谈生意。

- 因为现在有很多罗马尼亚学生在法国读大学，因此法语是应用最广泛的一门外语。特兰西瓦尼亚地区常说匈牙利语。在罗马尼亚与俄罗斯边境地区，俄语应用得很广。在罗马尼亚商人中，年纪大一些的倾向于说德语，而年轻的一代都在学习英语。在大酒店及旅游景点都有会讲英语的工作人员。
- 商业和政府机关的工作时间是周一到周五 8：00—16：00，周六 8：00—12：30。商店的工作时间要更长一些。

谈判

- 如果想同罗马尼亚建立商务往来，耐心是必需的，因为这个过程可能像老牛拉车一样慢。但是一旦关系建立了，你就可以放心地与对方进行长期的业务往来。

- 通常情况下，最好选择住在国际知名的大酒店里，因为如果不这样的话就会使你在罗马尼亚人的眼中失去重要的身份。
- 准备好分发大量的名片。你的名片没有必要使用罗马尼亚语，英语或法语就行了。你的头衔及所有重要身份都要列在名片上。

商务款待

- 要记住在欧洲，罗马尼亚是除了阿尔巴尼亚以外最穷的国家。作为一个外国人，你的硬通货使你可以优先得到很多商品。你应该从本国带一些礼品过去，最简单的讨好罗马尼亚人的方法就是送他们一些他们自己买不到的东西。
- 罗马尼亚的短缺物资经常发生变化，但是大体上包括咖啡、上等的香皂、糖果（特别是巧克力）、香水、灯泡还有香烟。即使你不吸烟，也应该在免税的商业区尽量多带一些美国烟过来（健牌 KENT 是最受欢迎的）。用一包美国烟作为小礼物，可以使你从出租车到餐馆得到更好的服务。
- 你的罗马尼亚商务伙伴会在多数的应酬中款待你。不过如果你想回请的话，最好是先请他们到你住的酒店共进午餐或晚餐。用这种简单的方式可以完成很多邀请，因为在齐奥塞斯库统治时期，商务往来只允许在商务咖啡馆中进行。

时差

- 罗马尼亚采用中欧时间（Central European Time），比格林尼治标准时间快两小时（G.M.T.+2）。

社交礼仪

问候方式

- 罗马尼亚人经常握手：介绍时、离开时、见面时都要握手。不论这一天内两个人见了多少次面，每次见面的时候他们都会握手。男士会等女士先伸手。年纪大一点的罗马尼亚人会吻女士的手。

- 如果已经就座了，当被介绍给另一个人时，男士会站起来，而女士则不用。
- 好朋友见面会非常热情地打招呼。男士会互相亲吻脸颊或嘴。
- 在社交场合，等待主人为你介绍在场的每个人。

称呼方式

- 罗马尼亚人称呼名字的顺序和美国人一样：名字在前，姓在后。
- 只有成年的亲密朋友或亲戚之间才互称名字，年长的会称呼年幼的名字。
- 一定要用头衔来称呼职业人——医生、工程师、教授等加上姓氏。

肢体语言

- 罗马尼亚商人经常戴帽子。进入室内后脱帽是有礼貌的表现，即使你进入的是一栋建筑的大厅。罗马尼亚农民戴的是提洛尔风格的帽子，就是在马克斯兄弟的老电影中奇科·马克斯戴的那种帽子，不要嘲笑他们的头饰。
- 罗马尼亚的手势非常夸张而热情，这是受到了意大利和斯拉夫文化的影响。
- 如果要说哪个男人被戴了绿帽子，罗马尼亚人会伸出食指和小拇指（和得克萨斯大学橄榄球迷们的手势是一样的）。
- 表示轻蔑的手势——将拳头握紧，然后将大拇指穿过食指和中指——这绝对是一种对他人的羞辱。

礼物

- 在商务往来中，一些不太贵重的小礼物可以用来庆祝圣诞或合同签约。这类小礼品包括精心印有你们公司名字的钢笔、计算器或打火机。
- 假如你被邀请到某个家庭做客，可以带酒或扎好的鲜花作为礼物。如果要带花的话，记得一定要带奇数（三朵或更多），康乃馨和玫瑰（不能是红玫瑰）都是不错的选择。
- 如果你要去一个罗马尼亚人家里做客，最好事先了解一下他们家现在缺什么（一般都是咖啡、香水、灯泡或香烟），然后再带过去。向他们许诺你可以帮他们带一些家居用品，虽然这种请求很可能被主人拒绝。他们可能允许你买一些零食或是为这些零食付账。

文化注释

假如这家的主人是在法国受的教育而且拥有一栋大房子，他们会有法国人的习惯——将房间分为“客房”和“非客房”。不要闯入一个你以前从来都没进去过的房间，特别是厨房。

服饰衣着

- 休闲的西方风格的服装是很常见的，牛仔装到处都是。但是在商务场合中，人们还是应该穿得保守得体。男士们除了在夏天，其余的时候都打黑色领带，夏天时可以穿一件短袖衬衫配领带。女士穿套装、高跟鞋。记得一定要擦亮你的皮鞋。
- 一定要带着你的正装（燕尾服和晚礼服），别怕麻烦。商务着装在正式的场合就足够了。
- 短裤只有在乡下和海滨才能穿，在城市里不行。
- 除非有特别的通知，接到邀请到罗马尼亚人家里拜访或去餐馆应该穿和商务场合中一样的服装。
- 如果要去东正教教堂，女士应该穿裙子，并且将肩膀遮盖住。但是不用将头发盖住。

俄罗斯 Russia

文化注释

西方人已体会到和日本人谈判时，感情控制有多么重要，与日本人打交道时，千万不能感情失控。俄罗斯人恰恰相反。俄罗斯人在谈判期间很可能情绪失控。俄罗斯人在谈判中经常会勃然大怒、恐吓威胁、中途退场。俄罗斯人和日本人有一个重要的相似点：他们都极具耐心。两种文化都崇尚容忍，这往往使缺乏耐心的北美人处于不利地位。

基本资料

语言

俄语是官方语言。注意，在俄罗斯联邦管辖下的那些强烈要求独立的非俄罗斯民族的地区，俄语并不受欢迎。

教育

7~17 岁接受的教育是免费义务教育，受教育率几乎达到 100%。学校使用多种语言授课，有时在三年级就教授英语了。学生必须通过严格的考试才能进入大学。

宗教

据官方声明，苏联是一个无神论国家。宗教受到压制，大约占总人口 50% 的人认为自己不信仰宗教或是无神论者。国家允许人们享有宗教信仰自由。如今，俄罗斯有许多宗教，其中包括俄罗斯东正教、新教、伊斯兰教和犹太教。

文化定位

认知形式：俄罗斯人组织并传递信息的方式

纵观历史，俄罗斯人并不乐于接受外来信息。随着苏联的解体，许多俄罗斯人认识到自己必须掌握新的方法。但是，这是一个挣扎的过程，他们也许会一次又一次地封闭自己，拒绝接受外来信息。他们往往通过联想做出主观判断。他们的经验告诉他们必须遵循普遍规律。有些俄罗斯人能够转变思想，遵循科学技术的抽象原则。

谈判策略：俄罗斯人接受事实的方式

许多受过教育的经理人会根据客观实际做出事实判断。然而，许多人仍旧受某些意识形态或自身情感的支配，做出事实判断。

价值体系：行为的基础

目前，俄罗斯正在经历着痛苦的挣扎，它正努力从共产主义价值观向自由市场经济体系和民主政治转变。以下三个部分刻画了主流文化的价值体系——他们区分正误善恶的方法。

决策的核心

俄罗斯人必须通过自身判断做出决策，甚至要对其决策负责。许多情况下，公司的执行长官将决策权授权给一个团队或团队里的专家。

减压之道

人们在教堂、社会团队、家庭或其他场所寻求稳定感。向自由市场经济体系和民主政治的转变如果不能向人们表明其能够提供更强大的安全感和稳定感，就不会成功。

平等与不平等问题

在俄罗斯，提倡自由市场经济体制的经济学家和极端国家主义者进行着一场力量打拼。由于国家主义者恐惧外来事务，俄罗斯人似乎必须在推动平等或不平等之间做出选择。

种族差异对社会稳定的影响越来越大，已逐渐对社会的稳定性造成了威胁。此外，尽管表面上，法律规定男女平等，但俄罗斯的女性仍旧在为争取平等权利努力奋斗着。

商业惯例

约会

准　时

- 一般情况下，准时赴约，但是如果俄罗斯人不能准时到场的话，你也不要感到惊奇。迟到一两小时，对俄罗斯人来说很正常。
- 在苏联的体系下，不一定要做到守时，因为雇佣关系得到保证，人们不会因为迟到而遭到解雇。
- 即使在今天，俄罗斯人仍认为耐心，而非守时，是一种优良品质。
- 每次会面，要安排出大量的时间。因为谈判不仅可能不准时进行，而且可能比预定时间延长两三倍的时间。

- 切记，日期的书写与许多国家不同。在俄罗斯和独联体国家，日子通常写在前面，而后是月份，最后是年。例如，3.12.99 或 03.12.99 指 1999 年 12 月 3 日，而不是 1999 年 3 月 12 日。
- 争取会面的机会很艰难。你要有耐心，坚持不懈。一旦约会被对方列入日程，努力不要让其取消会面。
- 办公时间为周一至周五，9：00—17：00。

谈判

- 据说，谈判过程中，俄罗斯人是最能“坐得住”的人。俄罗斯人认为妥协让步是懦弱的表现；从道德上讲，让步是不正确的行为。俄罗斯人宁愿比其他谈判者坐的时间更长，从而让对方做出让步。
- 保证谈判团队的成员了解并同意你希望达成的结果。把这些内容写下来（也许要添加一些谈判最后不得不放弃的“对客户和项目而言多多益善的东西”）并随身携带。充分向俄罗斯人表现出团队协作的团结。
- 实事求是，涵盖各方面的技术细节。
- 每次会后，对方可能让你签署草案。这是一个描述已讨论内容的联合声明，并非正式合约。
- 前期谈判中的“最终报价”并不是最终的报价。你要耐心等待。如果能坚持到最后的话，最终报价会让你喜出望外。
- 如果你或你的谈判成员在谈判期间没有至少两次愤怒地走出谈判房间，那么你的谈判进展得太顺利了。俄罗斯人期望对方愤怒地离开房间，残酷地宣布终止谈判。想象有多少次苏联派往联合国的代表团大发雷霆地走出房间，而往往又回来。应该像俄罗斯人那样，不管多么难以忍受，只要达到目的就行。
- 直到拿到了双方签署的正式合约，切勿对目前达成的协议过度自信。不要期望以后能重新洽谈以达成更好的协议，这个最终合约是你能得到的最有优势的合约。
- 俄罗斯人可能要求直接支付给他们一定数额的现金或外国银行的存款，因为他们十分在意沉重的俄罗斯税收体制，而且现金支付的情形很少见。事先准备好各种不同的提议方案，因为俄罗斯人对西方贸易、金融和商务规则都很陌生。
- 目前，俄罗斯人普遍使用的一种策略就是（通过长时间的谈判）允许建立外方拥有 51%股份的合资企业。然而，合约通常要求对于重大决策全体成员必须达成一致，因此 51%的股权并不具有决定性权力。
- 合约包括一个条款，要求合资各方如果不能达成一致，可提交中立国进行仲裁。各国普遍选择瑞典进行第三国仲裁。

- 俄罗斯的条例规定了成功合资企业的义务。由于这些条例不断地变化着（政府总是进行着变革），不要指望俄方能对相关法律事宜了如指掌，你应自己聘请一位俄罗斯法律专家。昨天还合法的事情，明天就可能遭到禁止，对于这种情形，切勿感到惊奇。许多法规界定模棱两可，它们的释义不断变化。
- 表象的事物常常带有欺骗性。俄罗斯公司往往尽力使公司看似飞黄腾达，具有辉煌的发展前景。充分了解对方拥有或控制的资产，然后决定合作伙伴。

文化注释

务必携带足够的名片。名片至关重要，尤其当人们很难找到电话簿的时候；1990 年出版的电话簿只发行了 25 万本，很明显这个发行量远远不能满足人口为 900 万的城市的需求。因此，许多人依靠名片文件夹。目前，社会上有各种各样的电话簿，但是它们的发行量和推广范围仍然很有限。

- 在许多国家，如日本，人们回答问题的时候往往回答“是”。在苏联，人们回答问题的方式却恰恰相反，经理人或官员面对有利机会时，经常说“不”。然而，俄罗斯商人现在通常会说“是”，表示同意对方的提议，即使他们没有决定这项计划的权利，他们也会如此。他们会做出承诺，以继续期望与外方履行的合约。
- 纵观历史，俄罗斯人对提议讲“不”的原因有很多。一是因为长久以来，创新改革的做法一直受到压制。人们担心如果自己首先提出一种方案，而方案最终失败的话，他们会为此承担责任。二是因为他们必须在一个等级体系森严的官僚机构中处理个人的地位。你很少碰见一位俄罗斯官员具有独自促进一个方案实施的权力。但是，他们可以独自取消一个项目，而无须征得他人同意。这种说“不”的权力是许多官员拥有的唯一实权。因此，他们经常行使这种权力，也就不足为奇了。

文化注释

和睦的国际关系、俄罗斯的变化及严峻的经济形势是常见的话题。

人们会问你，你对俄罗斯的印象如何，美国的生活是怎样的。这些问题听起来也许多少有些古怪，但是通常是非常真诚的。例如，俄罗斯人会向来访者证实俄罗斯播放的电视节目：讲述兽医用一次性注射针给猪注射预防针的关于美国农场生活的纪录片。由于俄罗斯尚没有足够的一次性针管供病人使用，因此，这一纪录片令他们感到很惊讶。

商务款待

- 会议桌上通常摆放大量的软饮料、茶水、咖啡（并非盛在塑料杯里）、丹麦酥皮饼、小甜饼、点心等。谈判期间，俄罗斯人尽量提供各种方便快餐，并且希望对方也能同样地盛情款待自己。
- 在俄罗斯的宾馆和餐馆，门卫只让某些人进入。因此如果他们对你不友好，对此切勿感到惊奇。
- 餐厅里就餐，你会等候很长时间。别看菜单，因为餐厅也许只能供应菜单罗列的菜肴种类的 1/3。你必须询问服务生当天供应的菜肴，当然，如果他们会讲英语的话。
- 餐厅往往摆放供多人就餐的大餐桌。如果你们只有两三人就餐，你们也许只能与他人在同一张餐桌上就餐。

文化注释

餐桌上放有两个杯子：一个是水杯，一个是盛伏特加的酒杯。注意，一旦打开一瓶伏特加酒，你就必须把它喝完。许多伏特加酒瓶没有再密封的瓶盖。

俄罗斯人坚信自己即便狂饮也能保持清醒的头脑，因此他们更乐意在你喝醉的时候和你谈生意。在俄罗斯，人们不喜欢同时混着喝几种不同的酒。

- 宴会很早就进行，通常在 18：00 左右。
- 应邀到俄罗斯人家中做客，是你莫大的荣幸，同时对主人是一种沉重的负担。按照俄罗斯的传统，俄罗斯人款待客人时会适量，同时会大大超出自身的财力。
- 最好学几句祝酒词，最常见的祝酒词是 Nah-zda-ROE-vee-ah。
- 餐厅或夜总会里，俄罗斯人也许会邀请你跳舞，也许会邀请你到他们的餐桌旁坐坐。你应礼貌地接受对方的邀请。

时差

- 莫斯科和圣彼得堡都位于最西部的时区。两地时间比格林尼治标准时间早三小时（G.M.T.+3）。
- 地缘辽阔的俄罗斯联邦横跨 11 个时区。夏令时通常从 3 月底的一个周六晚上持续到 10 月。

社交礼仪

文化注释

俄语 nyekulturny（字面意思是“没教养”）指错误的行为。俄罗斯人通常用同样的标准评判本国人和外国人。下面列举几种错误的行为：

- 进入公共场合（特别是剧院）时，身着外套（脚穿长筒靴）。你应把外套存放在衣帽间。在音乐厅、餐厅等场所，人们不应穿着外套。许多办公大楼也设有衣帽间。
- 站立或溜达时，双手放在口袋里。在公共场合，尤其应当杜绝这种行为。
- 穿着不太正式的职业装，如白领的彩色衬衣。
- 在公众场合大声说笑。
- 在室内吹口哨不仅是一种错误的行为，而且被迷信地认为这种行为会让人伤财。

问候方式

- 俄罗斯人只有在问候的时候才会在公众场合表露情感。亲友和好友会拥抱并亲吻对方的面颊。
- 除了在正式而隆重的场合，俄罗斯人问候陌生人时通常会握手，并称呼对方的名字，而不会讲“你好”等礼貌语。你应以同样的方式回应对方。

称呼方式

- 俄罗斯人的名字通常和西方的名字顺序相同，但是俄罗斯人的中名源自父亲的名字。因此，Fyodor Nikolaievich Medvedev 名为 Fyodor（俄语中相当于 Theodore“西奥多”），姓为 Medvedev，他的中名表明“Nikolai 的儿子”。

- 俄罗斯女性在她们的名字最后加字母“a”，Medvedev 的妻子被称为 Medvedeva 太太。
- 切勿称呼对方的名字，除非对方请求你这么做。如果一个俄罗斯人有职称，在其名字后面加上其职称。如果他没有职称，直接在其名字前加上小姐（Miss）、太太（Mrs.）或女士（Ms.）等。
- 俄罗斯人之间，他们会使用大量令人困惑的昵称和爱称。他们也会称呼对方的名字和父姓，这种称呼可能很拗口。一旦你与他们建立了友谊，他们会请求你只称呼其名字或父姓便可。此时，你应请求对方直接称呼你的名字。
- 尽管俄罗斯人的名字很长，但他们的名和姓变化很小。实际上，一些人名（如 Ivan Ivanovich Ivanov）很常见，以至于你得需要额外的信息才能正确辨认一个人。在正式场合，俄罗斯人会通过人的生日来区分同名的人。

肢体语言

- 俄语中表达诅咒之意的语言很丰富，同时存在着大量淫秽的肢体语言。美国人使用的“OK”手势（拇指和食指呈圆形）以及任何挥拳的手势都会被认为具有粗俗之意。
- 音乐厅内吹口哨并非同意之意，吹口哨表明你并不喜欢该节目。
- 俄罗斯人之间，翘大拇指表示同意。
- 就座时，不要双腿叉开或把一条腿搭在另一条腿上。

文化注释

作为一个有史以来一直受到警方监督的社会，俄罗斯人形成了可以蒙蔽偷听者的肢体语言。例如，为了避免说出 Brezhnev 的名字，俄罗斯人会用一个手指触摸眉毛（意指 Brezhnev 的眉毛）。逐渐公开化的自由言论降低了肢体语言的使用，但是肢体语言并没有完全消失。

当今，人们会用一个手势来指代俄罗斯黑手党的成员。

- 一些常见的传统或迷信思想有：离家前坐 1 分钟，在木头上敲打 3 次可避免噩运，向身后吐唾沫 3 次，可避免听到不好的消息。

礼物

- 很明显，急需物品是对方最珍爱的礼品。这些物品通常包括棒球帽，摇滚乐、乡村音乐或西方音乐的磁带，圆珠笔，图画书或艺术类图书，香水，上好的香皂，美国产的香烟，打火机，塑料袋和口香糖。其他好的礼品还包括太阳能计算器，质量上乘的名片盒，录像带，照相机，手表和廉价的珠宝。
- 如果应邀到俄罗斯人家里做客，带上鲜花、酒或目前供应紧缺的食物。
- 宴请同样是宗教节日的一部分。记住，俄罗斯东正教教堂遵循格里戈利历（新历），而不是十月革命以前使用的旧历。目前，新旧历相差 13 天。

服饰衣着

- 如果冬天去俄罗斯，你一定要带上非常暖和的衣服或到了俄罗斯马上购买俄式帽子和手套。此外，带上一双具有抗滑鞋底的鞋子或靴子。
- 自带鞋油，因为俄罗斯的街道一年四季都很泥泞。穿高跟鞋的女性要是在外跑腿办事的话，会很困难。
- 购买俄罗斯服装时，一定要记住，看起来外国人会有很大的优势，因为几乎俄罗斯各地对外国人都有优惠待遇。
- 由于俄罗斯的大楼里取暖效果很好，所以最好穿着多件衣服，这样你能脱下外衣，舒服地待在屋里。
- 应当穿着保守的职业装。俄罗斯服装流行款式往往落后于西方。
- 尽管俄罗斯人不赞成穿着短裤等休闲服饰，但是你会发现俄罗斯人会脱去外衣，穿着尽可能少的衣服在灿烂的阳光下，享受日光浴，而这种日子在俄罗斯很少见。

沙特阿拉伯 Saudi Arabia

文化注释

到沙特阿拉伯做客的人，不管他们来自哪个国家，都要同沙特阿拉伯人一样，受到严格的伊斯兰法律的制约。在沙特阿拉伯，西方人因为携有非法物品而被捕入狱的事件屡见不鲜。（酒、色情书刊、猪肉、麻醉剂等都是非法物品。）沙特阿拉伯的法律非常严酷，至今，小偷仍会被砍断双手，死刑犯人会被当众斩首。因而，广大平民都很安分守己，遵纪守法。

基本资料

语言

阿拉伯语是官方语言。在国外受过教育的沙特人通常讲英语。

教育

普及教育活动使沙特阿拉伯国民受教育程度得以提高，达到 57%。许多年长的居住在农村的沙特人仍然是文盲，多数邮局的周围都有很多抄写员，专门替那些没有读写能力的人写信。由于瓦哈比教派一直认为女性接受教育无益于国家发展，因此男性受教育程度远远高于女性。

宗教

沙特阿拉伯是一个伊斯兰教国家。沙特公民是穆斯林，而且他们不能转信其他宗教。西方人经常惊奇地发现，在更大程度上，沙特阿拉伯是信奉正统派基督教的国家，这与伊朗伊斯兰共和国截然不同。

沙特阿拉伯的合法宗教是瓦哈比教派下的逊尼教。瓦哈比教派极端严格、严酷，体现了 1300 多年前穆罕默德一生笃行的伊斯兰教义。

许多西方观察家认为目前沙特阿拉伯已成为富足、现代化的国家，而瓦哈比教派尚不能完全适应这种变化而对此做出灵活机变的反应。不过，它一直处于牢固地位，恪守宗教警察每天维护的教义教规。

沙特阿拉伯国内有两个伊斯兰教圣地：麦加和麦地那。每年，来自世界各地的成千上万名穆斯林到麦加朝圣。非穆斯林不能进入麦加和麦地那。

文化定位

认知形式：沙特阿拉伯人组织并传递信息的方式

沙特人很难接受没能反映伊斯兰教教义的外界信息。多数沙特人经过训练，形成了联想式思维方式。然而，多数在美国接受了高等教育的沙特人形成了从概念上分析信息的思维加工方式。相比运用规则或法规，他们更乐于采取实际行动来解决问题。

谈判策略：沙特阿拉伯人接受事实的方式

总体上，对沙特人来讲，伊斯兰教教义影响其做出事实判断，但是，事实判断仍受到参与者的即时情感的支配。客观事实很少支配个人思维。

价值体系：行为的基础

沙特阿拉伯是一个伊斯兰教控制力很强的国家，因此，西方思想很难融入沙特本国的价值体系。以下三个部分刻画了主流文化的价值体系——他们区分正误善恶的方法。

决策的核心

男性领导人是决策的制定者，但是他们通过全体或集体一致性原则制定决策。个体通常服从家庭、部落或集体。他们通过正确诠释和应用神圣法规寻找问题的解决方法。个体的家族背景和其维护大家庭荣誉的能力决定个体领导的能力和身份。

减压之道

宗族关系仍旧是决定个体社会身份的重要基础，家族忠诚和完全地服从伊斯兰教法规可使个体获得安全感。沙特人具有强烈的宿命论思想，坚信个人的命运处于阿拉的控制之中。个体对此无能为力，因此只能接受现状。忠实于沙特阿拉伯议院，可以让个体产生国家安全感。

平等与不平等问题

根据伊斯兰教教义，所有信徒都是平等的。部落之间具有文化同质性。多数人是恪守瓦哈比教教义的逊尼穆斯林教徒，大量外来工人受到不同程度的种族歧视。男性和女性被认为在情感和智力上具有很大的差异。社会公共生活由男性独自掌握。很少有职位接受沙特女性。

商业惯例

约会

准　　时

- 在沙特阿拉伯，准时守约并非一种美德。你的客户可能不能准时赴约，甚至根本不出席会面。然而，你应当努力做到准时赴约。
- 让外国商人久等是沙特人惯有的行业行为。切勿期望你一天能参加一个以上的会面。

- 进入沙特阿拉伯之前，你需要一位沙特方的主办人。这位主办人充当中介，负责安排你与适当的人会面。

文化注释

未接到邀请，非穆斯林不能进入沙特阿拉伯，这通常需要聘请一位卓越的沙特人负责安排一切事宜。一旦进入沙特，你会发现你已失去了本国政府的保护。你应服从于沙特的伊斯兰教法规，对于西方人来讲，公众场合穿着不端庄等无害的行为会导致你被捕入狱，甚至遭到鞭打。仔细研究各项法律法规，学习哪些行为是可以接受的。与此同时，你必须知道没有获得允许，你不能擅自离开沙特阿拉伯，不论情况有多么紧急。

对于女商人，沙特法规对她们行为的限制更加严厉，即使拥有签证，她们所能做的事情也微乎其微。

- 会面很难做到保密。你的会面会受到客户的朋友或其家人打来的电话或来访的打扰，对此你应有充分的心理准备。西方人总是对对方的这些行为感到恼火，务必保持沉着镇静。
- 根据传统，沙特官员每天的工作时间不能超过 6 小时。早晨是最佳的会面时间。
- 由于夏日炎热，一些沙特商人黄昏后才开始办公。他们也许会要求午夜前进行晚间会面。
- 星期五是伊斯兰教的圣日；这天，沙特人不处理任何事务。多数人周四也不办公。一周的工作时间从周六到周三。
- 政府办公时间为周六至周三 7：30—14：30。
- 银行营业时间通常是周六至周三 8：30—12：00，17：00—19：00。有些银行周四上午照样营业。
- 公司的办公时间情况各异，但是多数公司下午数小时停止办公，直到下午将尽才继续办公。
- 节假日：记住，伊斯兰教的日历遵守的是每月 28 天的国历，所以伊斯兰教每年只有 354 天。因此，节假日的日期与西方的日历迥然不同。文书工作必须署有两个日期，即阳历和国历。
- 请教你的沙特主办人，你打算会面的对象会庆祝哪个节日。不过，所有人都会庆祝两个重大节日，即开斋节和牺牲节。节日期间，公司停止处理所有业务。开斋节庆祝斋月禁食的结束；牺牲节从 12 月 10 日开始，持续三天。

谈判

- 在沙特阿拉伯，谈判节奏要比西方慢得多。保持耐心。
- 商务会面通常进展得很慢，沙特人会长时间地询问个人的健康情况和旅途情况。
- 决策的制定需要很长时间。
- 精明的沙特主办人在谈判之前，会试探不同决策制定者的观点，从而，安排你与有可能支持你提议的人接触。不要催促主办人，以免使你因与不适当的人见面而令提议遭到否决。
- 你的沙特主办联系人是你在沙特阿拉伯取得成功的唯一途径。你必须聘用性情好、拥有有地位的亲朋好友的主办人。如果没有联系人，你可通过与沙特具有业务往来的银行或美国国际贸易管理局查询谈判方情况。主办人人选一旦选定，不能更换。
- 名片一面是英文，另一面是阿拉伯文。
- 一些沙特人未注册电话号码。当对方递给你名片时，记下所有信息。
- 准备留下多份的成套宣传手册和资料。与你谈话的人可能不是真正的决策者，你的提议可能传递给一个或更多人。
- 沙特人谈话时，双方相距的距离要比北美人之间的距离近得多。不要后退或躲开。与此同时，讲话时，他们有较多的身体接触。
- 商务会谈快要结束时，谈判方会端上咖啡供大家享用。这暗示着会议将要结束。此时，沙特人通常会点香。
- 沙特男性走路时通常手拉手。如果一个沙特人拉住你的手，这是友好的表示。
- 阿拉伯语是一种夸张的语言。沙特人说“是”的时候，实际上通常是“可能”的意思。对此你应受到激励，而不能假定谈判结束。
- 对于沙特人来讲，保住颜面、避免蒙羞至关重要。在某些问题上你必须做出让步以便维护他人的尊严，即便这么做没有任何理由。
- 不要提及女性的话题，除非沙特方首先谈到女性。你甚至不能询问沙特人的妻子或女儿的健康情况。

- 应当回避关于以色列的话题。
- 运动是很好的话题。足球、赛马和赛骆驼（禁止下赌注）、打猎和鹰猎是沙特人非常喜欢的体育运动。

商务款待

- 沙特人把款待客人视为一种美德，因此在国内，他们会盛情款待来访客人。
- 进入大楼前，你应脱鞋。效仿主人的做法。
- 切记，酒和猪肉是非法物品。吃饭时只能使用右手。即便你是左撇子，也应用右手吃饭。
- 就餐期间，如果不能赶上沙特人的食量，待他们吃完后，你可细细咀嚼食物。
- 只有西化的沙特人家中才有用餐器具。
- 沙特人会不断地询问："你怎么样？"主人非常关心你想吃或想喝什么，这是一种常见的询问方法。

时差

- 沙特阿拉伯当地时间比格林尼治标准时间早三小时（G.M.T.+3）。

社交礼仪

问候方式

- 目前，在沙特阿拉伯有很多种问候方式，因而，最安全的做法是等待沙特人首先问候你。首次会面尤为如此。
- 接受西方思想的沙特男性与其他男性握手问候。
- 一些沙特男性会与西方女性握手。沙特女性不涉足商界。如果一位戴面纱的沙特女人与沙特男人在一起，一般来讲，对方不会向你介绍这个女人。你须效仿沙特人的做法。
- 男人之间较传统的沙特问候方式是紧握对方的右手，把左手放在对方的右肩上，亲吻对方面颊。

称呼方式

- 西方人通常会被阿拉伯人的名字搞得一头雾水。最佳解决方法是请求沙特主办人为你提供将与你会面、谈话或联系的所有沙特人的名字（用英文表示）。弄清楚写信时称呼他们的全名，以及当面如何称呼对方。
- 沙特人的姓名用阿拉伯文书写。由于阿拉伯文没有标出短元音，因此阿拉伯文无法被准确地翻译成其他字母。阿拉伯文中的姓名在英语中有几种不同的拼写方式（如利比亚总统的姓名有以下拼写方式 Muammar al-Qaddafi，Mu'ammar al-Qadhafi 等）。
- 一般来讲，沙特人的姓名通常和西方的名字顺序相同：称呼、名、中名（通常源自父亲的名字）和姓（一个家庭的所有成员共有的名字）。因此，沙特总统是法赫德·本·阿卜杜勒·阿齐兹·沙特国王（King Fahd bin Abdul Aziz al-Saud），他的称谓是国王（King），名为法赫德（Fahd），本·阿卜杜勒·阿齐兹（bin Abdul-Aziz）源自其父亲的名字，意指“阿卜杜勒·阿齐兹的儿子”，沙特（al-Saud）是姓。
- bin（有时拼写为 ibn）在阿拉伯语中字面意思是“来自”，因此，人们很难分别出 bin Mubarak 是指“Mubarak 的儿子”还是“来自 Mubarak 镇”。然而，多数沙特人用这个名字做父姓。
- 如果一个阿拉伯人的祖父现在是（或曾经是）一位名人，他有时会加上祖父的名字。因此，bin Sultan bin Hamad Al Muqrin 博士指“Mahmoud 博士，Sultan 的儿子，Hamad 的孙子，来自 Muqrin 家族”。
- 西方人经常把 bin 错误地认为是英文名 Benjamin（本杰明）的缩写 Ben（本）。很明显，bin 本身没有任何意义，不能称呼一个沙特人为 bin。
- 对于女性而言，bin 的拼写为 bint。因此，Fatima bint Ibrahim al-Saud 公主指“Fatima 公主，Ibrahim 的女儿，来自 Saud 家族”。
- 称呼沙特人，多数情况下应称呼其称谓和名字（如约翰先生 Sir John）。还可以称呼他“阁下”（Your Excellency）。书写时用其全名。
- 在沙特阿拉伯，Sheikh（发音与“shake”相同）这个称谓可用来称呼《可兰经》中描述的所有重要领导者。它不指代贵族成员。

肢体语言

- 阿拉伯国家认为人的左手肮脏污浊。他们通常更喜欢使用右手（除非触摸某些不干净的物品）。吃饭时切勿使用左手，避免用左手打手势。
- 尽管阿拉伯人谈话时经常用手比画，但他们不用手指别人。这是一种不礼貌的行为。
- 作为一条惯例，应双足站立。阿拉伯人就座时不会双腿交叉。切勿把脚底朝向阿拉伯人，这会触怒对方。
- 在阿拉伯国家，“翘拇指”是一种冒犯性手势。

礼物

- 沙特人的热情好客誉满全球。不过，应邀到沙特人家中做客时，你不应携带任何礼品。
- 按照传统，作为中间人，安排促成业务或成功地使得一项交易顺利达成的每位沙特人都会获得一定百分比的利益分成。

服饰衣着

- 尽管外国人可以穿着沙特式服装，但是他们并不穿着本国服装（男性的头巾和白袍，女性的面纱和长袍）。如果看到外国人穿其民族的传统服饰，沙特人会认为这是一种冒犯的行为。
- 外国人应当穿着与沙特人端庄服装类似的西方服装。尽管沙漠地区天气炎热，人们仍然必须遮住大部分身体。
- 男人必须穿长裤和衬衣，最好是长袖衬衣。参加商务会面时通常穿着短上衣，打领带。衬衣扣一直系到衣领。沙特法律禁止男人戴颈链，西方人如有违背就会被逮捕入狱。
- 女性穿戴端庄得体，须穿着高领口的衣服，衣袖至少盖住肘部。衣服的底边沿必须过膝。着衣的整体效果宛如装在宽松肥大的隐蔽物；紧身、暴露的衣服是不可接受的。

因此，不宜穿着裤子或套装。由于并非长期需要戴帽子或头巾，最明智的做法是随身携带一块头巾。一旦出门，你的服饰是否适宜就显而易见了；如果沙特男性盯着你看，就说明你的穿着并非端庄得体。同样，这种眼光通常可以决定沙特女孩开始穿长袍的年龄。

新 加 坡

Singapore

文化注释

新加坡长久以来一直是东南亚地区资本主义快速发展的中心。它被认为是非常干净（甚至是无菌）的国家，不过，这里需要告诫旅游者，新加坡颁布的无数部法规对本国人和外国人一视同仁。到达新加坡之前，游客应熟悉这些法律，例如，禁止乱扔垃圾、禁止嚼口香糖、禁止吸毒、禁止携带色情物品、禁止携带武器、禁止擅自穿越马路、禁止吐痰、多数公共场合禁止吸烟。此外，使用完公共厕所后，一定要冲洗，否则将被罚款 150 美元。

基本资料

语言

新加坡有 4 种官方语言，即马来语、泰米尔语、汉语和英语。英语成为政府、商业和教育等领域的语言。

宗教

多数本土马来人是穆斯林，但是并非所有穆斯林都是马来人。穆斯林占全国总人口的 15%，只有几个种族（约占总人口的 13%）信奉基督教。那些寻根到印度次大陆的新加坡人来自多种不同的种族；他们信奉的宗教各异，有的信仰印度教，有的信仰伊斯兰教，有的信仰索罗亚斯德教，有的信仰印度锡克教或者其他宗教。多数中国人声称信仰佛教、儒教、道教，或者不信仰以上任何一种宗教，或者同时信仰以上宗教中的几种。总体来讲，新加坡没有国教。

文化定位

认知形式：新加坡人组织并传递信息的方式

在新加坡，我们发现新加坡文化只是有选择地接受外界信息。新加坡人接受的基础教育使人们形成了联想式思维方式，不过高等教育又使他们形成了从概念上分析信息的思维方式。新加坡人具有很强的国家、公司和集体的忠诚感，但是特殊关系比个人价值更重要。

谈判策略：新加坡人接受事实的方式

即时情感对新加坡人做出事实判断发挥着重大的影响。事实判断通常会受到国家主义思想意识的左右，与此同时，客观事实的积累也对事实判断发挥着一定的影响。

价值体系：行为的基础

浓厚的马来和印度亚文化与中国文化具有不同的价值体系。以下三个部分刻画了主流文化的价值体系——他们区分正误善恶的方法。

决策的核心

个体必须得到集体同意才能采取行动，并放弃个人的利益得失。集体中，最能体现社会精神特质的人（通常是最年长的成员）是真正的领导者。个体不能丧失颜面，也不能使他人颜面尽失，因此新加坡人宁愿使用礼貌而怪异的说法，也不愿直接拒绝否定对方。新加坡具有严格的权威机制保证社会的公正公平，要求人们服从管理。个体开展业务之前，必须与集体成员建立友谊。

减压之道

家庭是最重要的社会组成单元。政治权力、财富和受教育程度是决定个体社会地位的重要标准。新加坡人具有强烈的职业道德，它提倡抑制个体情感，反对争强好斗的做法。尽管新加坡是具有强烈的国家身份的多民族国家，但是由于社会体制不断地发生着变化，国家总是处于不确定的状态。多民族共处滋生了人们的不安全感。

平等与不平等问题

与美国相比，新加坡的商业更具竞争性和民族优越感。商业强调能力、优势和团队合作，高度重视个体为团队的发展取得的绩效、进步、突出表现和成就。同族人之间具有强烈的信任感，团队成员或公司员工之间具有强烈的互赖性。事实表明，占人口多数的中国人对马来人和印度人具有种族歧视。很明显，社会中存在着性别差异，但是西方的平等思想已逐步渗透入新加坡社会。男性在所有公众场合中仍占据统治地位。

商业惯例

约会

准　时

- 参加一切商务约会时必须准时赴约。让一位新加坡籍总裁久等是极其不礼貌的行为。

文化注释

在新加坡，不同的文化群体有不同的社交规则。总体来讲，应邀参加社交活动时，多数新加坡人会准时赴约，或者稍晚一些到场。传统主义者担心准时赴约参加宴会会显得自己贪婪，没有耐心。

一旦建立了亲密的友谊，客人会提前到场出席社交活动。如果你是主人而客人是你的密友，最好提前做好准备。

- 尽量至少提前两周安排会面，因为总裁的工作非常繁忙，而且频繁出差，特别是经常参加与其专业领域相关的会议。
- 在新加坡，英语是多数商务交易和所有公司或政府信函使用的语言。不过，新加坡人讲的英语往往带有本国的音调、句法和语法，常常会引起误解。
- 公司的办公时间一般是周一至周五 9：00—17：00。不过，许多公司的办公时间灵活，工人可以在 7：30—9：30 到达公司。一些公司周六通常只在上午工作半天。

- 传统的午餐时间是 12：00—14：00。不过公司已尽量把就餐时间压缩到1小时，即 13：00—14：00。然而，许多人的就餐时间会超过1小时。周五是伊斯兰教的圣日，周五上班的穆斯林会有2小时的午餐时间。
- 切记，新加坡是实力型精英国家。没有付出辛勤劳动和经过长时间奋斗，很少人能在商界或政坛崭露头角、有所作为。总裁的工作时间远远超过下属的工作时间。

谈判

- 在新加坡，谈判节奏要比美国慢得多。保持耐心。
- 通常情况下，仅仅一次商务旅行，很难在新加坡完成一项复杂的业务交易。你应当在几个月里进行数次商务旅行。
- 由于优雅礼貌的传统要求新加坡人不能公开否定对方的观点，因此很少听到新加坡人讲“不”（no）。礼貌而又含糊的“是”（yes）只是避免冒犯他人的巧妙做法。在新加坡，“是”的意思非常广泛，“我同意”“也许”“我希望你能从我缺乏热情的表现中知道，我的真正意思是‘不’”。
- “不”的明确表达方式是从牙缝中吸气。此动作产生的声音往往暗示着问题的存在，而不论嘴里说着什么话。
- 闪烁其词也暗示着否定，即便说话人并没有说“是”或“不”。说话人甚至假装根本没有听到这个问题。
- 切记，为了开展业务，新加坡人喜欢且乐意和你进行私人交往。这种关系并不会延伸至公司友谊。如果你的公司让另一位总裁接替你的职位，新总裁就必须重新构建这个关系（除非新总裁是你的至亲）。
- 在新加坡，礼貌是构建成功关系的重要因素。这种礼貌行为绝不会阻碍新加坡人随心所欲的性格。

文化注释

各文化间礼貌的行为标准迥然不同。许多新加坡人会询问你极度隐私的问题（如“你为什么不结婚？”或“你赚多少钱？”），却没有意识到西方人很反感这些问题。微微一笑，解释这些话题在你的文化中不能公开讨论。与此同时，你须认识到你自己也可能在不知不觉中违反了当地的礼貌行为标准。

- 新加坡人可能在西方人认为不适宜的场合下，微笑或大笑。微笑也许掩饰了尴尬、害羞、痛苦、冲突及（或）丢脸。新加坡商人会在商务谈判最严肃的时候开怀大笑。这也许表现了其紧张的情绪，而非轻浮的态度。
- 在新加坡，当众恼怒发火的人会颜面尽失。发脾气会让人认为此人无法控制自己。没有人信任或尊重这样的人。
- 做所有决策时，你须发表正反两面的观点。华裔新加坡人认为这是一种礼貌的做法。甚至在讲英文时，他们也可能以“是/不”（yes/no）的方式回答问题。他们不会问“一块儿吃饭怎么样？”（Would you like to have dinner?），他们可能问“你想不想一块儿吃饭呢？”（You want dinner or not?）“想不想”（want or not want）、“好不好”（good or not）、“能否”（can or cannot）等表达直接把中文译为英文。而西方人听起来，这些表达非常具有挑衅的意味。
- 询问华裔新加坡人问题时，须谨慎小心。对于“Isn’t my order ready yet?”（我所点的菜还没好吗？）这个问题，讲英语的人会做出否定回答“no”，意思是“no, it’s not ready.”（是的，还没好。）。而汉语的回答模式恰恰相反，“yes”意为“是的，还没好。”
- 新加坡非常尊重年长和资历深厚的人。如果你是代表团的成员，最重要的人应当走在最前面。如果你介绍两个人，应首先称呼最重要的一方，例如，史密斯总裁，这位是王工程师。
- 讲话时，声音平和温柔，保持沉着冷静的态度。给对方留出大量的时间思考你所讲的内容；在新加坡，人们不会在他人话音刚落便开口讲话。礼貌的行为标准要求他们在做出回答前，沉静片刻以示对对方的尊敬（通常是10～15秒）。
- 名片通常印成英文（最好凸印）。由于华裔人口占新加坡人口（甚至商人人数）的半数以上，最好在名片背面把英文译为中文（对中国人来讲，金色是最高贵的颜色）。
- 在新加坡，互换名片是非常正式的礼节。介绍完毕后，来访商人应呈递自己的名片。务必向在场的所有人递交名片。双手持卡，有文字的一面朝向对方，以便对方看清名片上的文字。接受方双手接过名片，仔细阅读片刻，然后小心地将其放入口袋。接收名片时，你也应如此。切勿把名片放在人们经常放钱包的裤后口袋里。切勿在别人的名片上写字。

- 谈话应回避对新加坡人行为方式的批判、宗教、官僚机制或政治、性等话题。
- 好的话题包括旅游观光、旅行、未来规划、公司的成功（讨论个人成功是一种自吹自擂的无礼行为）及食物（同时要称赞当地的食品）。

商务款待

- 积极应邀参加所有的社交活动。社交关系决定能否建立成功的业务关系。
- 食物对新加坡文化来讲至关重要，社交场合通常涉及食物。实际上，中国人地道的问候语，从字面意思上讲，就是“你吃了吗？”
- 以书面形式回复书面邀请函。中国人看来，白色和蓝色表示悲伤；不要用这种颜色的纸张打印请柬。红色或粉色纸张是打印邀请函的最佳选择。
- 总体来看，新加坡人会邀请夫妇二人参加宴会，但不会邀请他们共进午餐。然而，夫妇同时在场时不宜讨论业务事宜。
- 新加坡反腐败法非常严厉，它甚至禁止政府官员出席社交场合。

时差

- 新加坡当地时间比格林尼治标准时间早八小时（G.M.T.+8）。

社交礼仪

问候方式

- 新加坡主要有 3 个群体，即中国人、马来人和印度人。每个群体都有自己的传统习惯。
- 遇见年轻的或在国外受过教育的新加坡人，握手是最常见的问候方式。亚洲人的标准握手方式不仅是握住双手，而且是轻轻地握手，并持续 10 秒或 12 秒左右。（比较而言，北美人之间的握手大多只持续 3 秒或 4 秒。）握手时，双方通常互相握住对方的双手。

- 在新加坡，接受西方思想的女性会与异性和同性握手。新加坡男性通常等候女性首先伸手。被介绍时，女方只是微微点头，而不伸手与对方握手，这种问候方式完全可以接受。女性只有在问候时才能伸出双手；过度频繁的握手很容易被误解为轻浮的表现。（新加坡人之间，男性往往在见面问候和离开时都会互相握手。）
- 在新加坡华人中间，鞠躬是传统的问候方式。然而现在，多数人也握手或鞠躬并握手以示问候。与新加坡其他民族相比，华裔男性能较自在放松地与女性握手。
- 马来裔新加坡人大多是穆斯林。按照传统，穆斯林男性和女性不能有身体上的接触。实际上，如果一位穆斯林男性被一个女性触摸了，他必须接受宗教仪式来净化自己，然后才能祈祷。正因如此，女性不应伸手与马来裔男性握手，男性也不能伸手与马来裔女性握手。当然，如果西化的马来人主动与你握手，你应欣然接受。
- 马来人传统的问候方式称为 “行额手礼”（salaam），这与握手相似，只不过不必紧握双手。双方伸出一只手或双手，轻轻接触对方的手，然后把手放在自己的胸部。这种问候方式只在同性间进行。然而，如果头巾或围巾等服装使人不能进行真正的身体接触，马来男性和女性也许会行额手礼。
- 许多印度裔新加坡人信仰印度教。尽管没有像多数穆斯林那么极端，异性之间也尽量避免公开的身体接触。男性或女性之间可以互相握手，但是只有西化的印度教徒才会与异性握手。
- 印度裔新加坡人的传统问候方式只是微微弯腰，同时合掌（似乎在祈祷）。这种问候方式称为合十礼，年老的、思想传统的印度教徒才行合十礼。然而，西方职业女性与印度男性握手表示问候的做法也是可以接受的。

称呼方式

- 遇见多数人时，你应当称呼对方的职称和姓名。如果一个人没有职称（如总裁、工程师、博士），在其姓名前加上先生（Mr.）或女士（Madam）、太太（Mrs.）或小姐（Miss）即可。

- 马来人没有姓氏。穆斯林的名字是在其名后加上 bin（某某之子）加上其父亲的名字。例如，Osman bin Ali 即“名 Osman，Ali 之子”。正确的称呼方式应为 Osman 先生，而不是 Ali 先生，因为后者指的是其父亲。
- 马来已婚女性是在其名后加上 binti（某某之女）加上其父亲的名字。例如，Khadijah binti Fauzi 指“名 Khadijah，Fauzi 之女”。人们应当称呼她 Khadijah，如果已婚，则称其为 Khadijah 太太。出于商业目的，有些马来女性加上其丈夫的名字。因此，如果 Khadijah 嫁给了 Osman，她希望人们称她为 Khadijah Osman 太太。注意，英文中 binti 可拼写为 binte。
- 一些西化的马来人的名字删掉了 bin 或 binti。
- 新加坡的印度人遵循几种不同的命名传统。尽管从传统来讲，他们没有姓氏，有些印度人采用家族成员代代相传的族姓。
- 传统的印度人没有姓氏。印度男性在自己的名字前加上其父亲的名字的首字母。例如，V. Thiruselvan 指“名 Thiruselvan，V 之子”。出于法律目的，两个名字之间可加上“s/o”代表“某某之子”：Thiruselvan s/o Vijay。任何情况下，他都可被称为 Thiruselvan 先生。不过，如果名字较长，人们通常将名字缩短。V. Thiruselvan 更愿意人们称他为 Thiru 先生或 Selvan 先生。
- 印度女性的命名方式与男性相同：父亲名字的首字母加上自己的名字。写全名时，把“s/o”换成“d/o”（某某之女）。婚后，女性通常不再使用父姓首字母，而会在自己名字后加上夫姓。例如，S. Kamala（女）嫁给 V. Thiru（男）后，她会被改称为 Kamala Thiru 太太。
- 由于各民族的称呼方式错综复杂，最好询问新加坡人，你应当如何称呼他。重复练习直至能准确地称呼对方。主动告诉对方他们应如何称呼你（他们也许与你一样，不能确定哪个是你的姓氏），不过称呼的正式程度应与对方相同。当你称一位新加坡人为“Gupta 博士”时，切勿告诉对方“称呼我鲍勃就可以了”。

肢体语言

- 在新加坡，除了握手，异性之间没有任何公开的身体接触。切勿在公共场合亲吻或与异性拥抱，夫妻之间也应如此。相反，同性间可以进行身体接触。男人可以手拉手，甚至走路时可以挽着胳膊，这些行为是友谊的表现。

- 穆斯林和印度教徒认为左手是肮脏的，吃饭时只用右手。如果能使用右手，切勿用左手触摸物品或他人。使用右手接受礼品或持现金。（很明显，必需时可以使用双手。）
- 脚同样被认为是肮脏的，不要用脚推动或接触物体。
- 不要把脚跟或鞋跟朝向他人。因此，对于坐姿有以下要求：你可以把一条腿搭在另一条腿上，但是你不能把一只脚搭在另一条腿上。同样，不要把脚搭在任何物体上。
- 用食指指人是不礼貌的行为，马来人只用食指指动物。在许多印度人看来，用两根手指指人也是不礼貌的。当你必须指出某人或某物时，使用整个右手（手掌朝外）。同样，你还可用右拇指指向对象，同时其余四指向下弯曲。（一定将四指向下弯曲，否则的话年老的马来人会将露出拇指和小手指的拳头视为对其的侮辱。）
- 用拳头重击另一只手的手掌的动作是马来人忌讳的手势。
- 许多印度人和马来人把头部视为灵魂之所在。切勿触摸他人头部，爱抚小孩的头部也不可。
- 在印度裔新加坡人看来，左右摇头表示同意，尽管西方人认为这种动作表示“否定”。仔细观察：印度人左右摇头的动作与西方人表示否定的摇头不尽相同，西方人摇头时先是下巴左右摇动。
- 和世界上多数国家一样，召唤某人时，伸出手，手掌朝下，手指做出挖铲的动作。美国人召唤人的方式（手掌朝上，摆动一根手指）被视为一种侮辱他人的行为。
- 直直站立，双手放在臀部，这种“双手叉腰”的姿势通常被理解为生气或挑衅的姿势。
- 在新加坡，不同文化中谈话人之间的最佳距离也不尽相同。总体来讲，两人握手的距离（2～3 英尺）是谈话人之间的距离。印度人往往站得更远一些，大约 3 英尺或 3.5 英尺。

礼物

- 新加坡因其成为亚洲最为清廉的国家而骄傲。因此，法律明令禁止行贿受贿的腐败行为。政府职员不能接受任何礼品。
- 朋友之间可以馈赠礼品。尚未建立私人关系时，不要赠送对方任何礼物。否则的话，这个礼物会被视为行贿物品。
- 馈赠者面前不应打开礼物。当着对方的面拆看礼物，会让人觉得接受者贪婪，没有耐心。更糟糕的是，如果礼品不太适合或大煞风景，当面拆看会让人陷入尴尬的境地。接受者应当略表谢意，然后待馈赠者离开后拆看礼物。
- 春节期间，按照传统，人们会把钱包在红色信封里作为礼物送给孩子和日常业务中接触到的非政府机构的服务人员，这种礼物称为红包。务必赠送金额和张数为偶数的崭新钞票。许多雇主会赠送员工金额相当于月薪的红包。
- 由于穆斯林禁止食猪肉、饮酒，切勿向马来人馈赠这些物品，尽管肉类物品必须为按伊斯兰教规宰牲的肉食。其他食物可以成为很好的礼品。由于禁止赠送猪肉和酒，猪皮制品和含酒精的香水也成为赠送礼物的禁品。
- 马来人认为狗很肮脏，切勿赠送其玩具狗或带有狗类图案的礼物。
- 印度人认为素馨花只能用来扎花圈，而夏威夷人通常用素馨花编花环。
- 如果送给印度人钱物，钞票的张数务必为奇数（这恰恰与中国人的习俗相反），如给他们 11 元，而不是 10 元。
- 严守教义的印度教徒不吃牛肉，也不使用牛皮制品。因此，多数皮革制品不能当成礼品赠予他们。

服饰衣着

- 新加坡距离北赤道只有 136.8 千米左右。全年气候炎热潮湿，气温高达 24～31 摄氏度，相对湿度超过 90%。
- 雨季是 11 月至来年 1 月，但是全年都会突降阵雨。许多人每天都携带雨伞。
- 由于气候炎热潮湿，在新加坡，人们穿着休闲的职业装。男性的标准工作制服是黑裤子，浅色长袖衬衫和领带，不穿外套。许多职业女性穿着短袖衬衣，不打领带。

- 职业女性穿着浅色长袖短衫和裙子。在正规公司，职业女性须穿长袜和职业套装。与美国职业女性相比，新加坡职业女性的时装压有较多的镶褶边，并且附有较多的装饰。
- 作为外国人，在确定正式程度之前，你应穿着较正式的服装。男性应当穿着西服套装，打领带，适当的场合下，可脱去外套，解下领带。不论穿着何种服装，服装务必保持漂亮整洁。必要时每天沐浴数次。
- 许多新加坡男人上班时穿着印花布料的开领衬衫，这是非常流行的休闲服装。牛仔服是颇受欢迎的休闲服，但应避免穿着短裤。
- 鉴于伊斯兰教和印度教的敏感度，女性应穿着至少遮住上臂的服装。裙子必须过膝。

韩　　国　South Korea

文化注释

尽管在韩国多种宗教并存，但儒教对整个社会的影响力最强。它不仅是对至高无上的神灵的一种崇拜，而且是控制所有关系的严厉的伦理道德体系。

基本资料

语言

韩语是韩国的官方语言。学校教育普及英语，因此商人，特别是城市中的商人，通常能够熟练使用英语。

宗教

占据统治地位的宗教包括儒教、基督教（教徒占总人口 28%）、佛教、萨满教（泛神宗教）。

文化注释

孔子认为家庭是社会的基本单元。为了维系家庭和谐，人们必须彼此承担一定的义务和责任以维持人际关系。这些关系包括君臣关系、夫妻关系、父子关系、兄弟关系和朋友关系。除了最后一种关系，上述关系都具有等级性，因此官衔和年龄在双方关系中具有重要影响。仁慈友爱、刚正不阿、聪明睿智和忠诚守信是令人尊敬的美德。

文化定位

认知形式：韩国人组织并传递信息的方式

韩国的社会文化几乎拒绝接受所有的外界信息。韩国人接受的基础教育使人们形成联想式主观思维方式。在所有情况下，在行为控制方面，个人参与的作用远远超过法则和法规。

谈判策略：韩国人接受事实的方式

韩国人认为对某事件的个人情感便是对此事件的事实判断。国家主义的思想意识对韩国人做出事实判断发挥着重大的影响。谈判中客观事实对事实判断的影响日益加重。

价值体系：行为的基础

韩国人是虔诚的儒教教徒。他们努力营造这样一个社会：个体充分意识到相对关系，顺从而恭敬地履行对上级和长者的义务和责任，认识到自我有责任公平仁爱地对待下级和年少者。以下三个部分刻画了主流文化的价值体系——他们区分正误善恶的方法。

决策的核心

韩国文化是一种强调集体意识的文化，个体可以代表整个集体，但是所做决议必须得到全体成员的一致同意。团队中往往长者具有最高的社会精神特质。对亲属的忠诚通常胜于对朋友、邻居或国家的忠诚。自我往往不受重视，不过人们逐渐接受西方的个人主义。个体必须维护自己的尊严，也不应使他人蒙羞，因此人们不会直接说“不”。

减压之道

核心家庭是最重要的社会组成单元，同时大家庭往往给予家庭成员稳定感和安全感。人们具有很强的职业道德，但是务必维系社会成员之间的和谐。公司中，人们通常馈赠礼物以博得对方好感。接受者应回赠礼物。朋友间相互依赖性很强。很多时间他们都在一起度过，建立持续一生的友谊。

平等与不平等问题

公司重视专业技能和团队合作。由于人们大多属于同族，以及人们承受的社会压力，人们彼此相互信任，这使社会成员之间具有很强的相互独立性。社会尊重长者，年轻人尊重并顺从长者。长者向年轻人分配权力，下达任务。社会具有明显的性别歧视，但是西方的平等思想日益渗透入人们的思想之中，女权运动轰轰烈烈。男性在所有公众场合中仍占据统治地位。

商业惯例

约会

准　时

- 准时赴约。外国人尤其应当做到这一点，因为这是遵守良好商务行为的表现。然而，如果本国商人迟到的话，切勿心中不悦。
- 准时出席社交活动。

- 韩国人通常安排一对一的会面（日本人恰恰相反，他们喜欢召开集体会面）。然而，参加商务会面的韩国人会把你的提议介绍给整个公司。与此人建立稳固的关系是至关重要的。
- 年龄和职位在韩国很重要。与同龄商人构建友好关系相对比较容易。
- 出席集体会面时，团队中级别高的人应当首先进入会议室，其他人随后按照职位高低先后进入。会议室内，韩国人同样按照职位高低的顺序依次排序。
- 英语是学习最广泛的语言。商务会面可能用英语进行。宣传资料和信函同样会用英文撰写。
- 公司的办公时间是周一至周五 9:00—17:00。周六通常为 9:00—13:00。
- 商务会面的最佳时间段是 10:00—11:00 和 14:00—15:00，必须做好预约。公司一般举行商务宴会。会面通常安排在当地的咖啡店，但是很少安排商务早餐。
- 韩国公司职员的度假时间通常在 7 月中旬到 8 月中旬；尽量不要在这段时

间安排会面。10 月初、多数假期和圣诞节时期也不是会面的最佳时间。

谈判

文化注释

在韩国，成功构建业务关系的基础就是建立个体间相互尊敬的和谐关系。个人关系胜于公司关系。公司关系基本上很保守，而且受到很强的职业道德约束。和谐和体制重于创新和尝试。要真挚坦诚地处理业务往来，面对面接触，并在商务拜访结束后通过函电保持联系。

- 每次会面中，有条不紊地与谈判方交谈。首次会面尤为如此，切勿直奔主题。会议开始时，对方会端上茶水；你应礼貌地接受对方这种热情好客的款待。像对方那样讲究礼节，切勿表现得“很亲密”。
- 切勿因为韩国高度现代化的表象而愚蠢地认为韩国是完全西化的国家。尽管年轻一代越来越开放地接受全球性事物，但传统价值观在人们的思想中，尤其是年长一代人的思想中根深蒂固。你会发现与年轻的总裁谈判较轻松，因为他们更多地遵循西方的模式。
- 与北美或欧洲国家相比，韩国公司的办事节奏要慢得多。对于对方不能准时做出决策的状况，要保持耐心，切勿谈论你的最后期限。达成协议之前，你应多次前往韩国进行商务旅行。
- 当你向韩国总裁指出其公司中存在的问题时，如果他没有马上给你回电，切勿感到惊奇。韩国员工悉心维系与老板的和睦关系，通常等到时机成熟时他们才会向老板指出问题。工作日刚刚开始时尤为如此。
- 查明对方谈判团队的成员，并安排与这些人职位相当的人参加谈判。地位与身份相当重要，双方成员职位不相当的话，会使双方陷入尴尬。一般来讲，谈判代表应当年纪较大，在公司中担任重要职位。

文化注释

在韩国，男性的社会地位高于女性。看见女人给男人开门，并让男人先行通过的现象切勿感到惊奇。西方职业女性拒绝遵循这些规则。

在韩国，女性较少涉足商界，这意味着女性尤其要克服最初的犹豫踌躇心理。最好仔细考虑这种因素并向韩国人员指出你的团队中会有女性成员，这样对方就有时间采取措施应对这种局面了。

- 在韩国，谈判较易感情用事，而在西方，谈判更重视逻辑判断和盈亏。相互间的信任和包容是构建良好业务关系的基础。同样，谈判期间，当对方感情爆发时，有时你应充满自信地积极面对。韩国人容易直截了当地表达愤怒或失望的心情。保持平静的心态，在这种状态下，切勿严肃对待所讲的内容。
- 拜访前，提前向对方提交你的提议，以便其能够提前阅读。陈述开始和结束时你应概述提议要点。通过停顿和穿插提问的时间把整个信息分解成小部分。耐心回答大量问题。时常与谈判方主要负责人交流，即便他不会讲英文。切勿在宣传资料中使用三角形，因为三角形有否定的含义。
- 留意对方是否有对你不解的表现。沉默就是其中的一种表现。对方保持沉默时，不要询问韩国人，也不要期望他们会告诉你自己存在不解的地方，因为这会让他们很难堪。相反，你须重述所讲内容，或询问他们是否希望获得更多信息。你最好聘请一名翻译以避免双方发生误解。
- 最初的报价要给自己留出协商的空间。开始时对方会处于一个极端的位置，不过随后会做出让步，做出折中的决定。双方互相让步，为谈判创造了广阔的空间。
- 韩国人并不欣赏残忍的“直率”。尽管韩国要比其他亚洲国家更易接受毫不掩饰的否定“不”，韩国人并不像北美人那样直截了当。为了避免讲“不”，韩国人通常给出自认为对方希望听到的答案。让对方心情愉快要比准确无误却会引起不悦的做法更为重要。因此，通过提出不必做出是非回答的问题，明察秋毫。“是”或“点头”可能具有“也许”或“我明白了”的意思。“也许”通常意味着“不”。牙缝里吸着气，半眯着眼或歪着头，等着你重复所讲的话，这一动作暗示着听话者的否定回答。
- 对整个会议保持高度的判断力。如果韩国人看上去好奇心很强，你应顺着他们的意愿不断提问或回答问题。如果他们开始讨论与谈判无关的内容，注意这是一个暗示，表明他们要结束今天的商务谈判了。
- 会议开始和结束时应鞠躬。散会时鞠躬的时间长于问候时鞠躬的时间，表明会议进展顺利。
- 在韩国人周围，切勿大声喧哗。尽管韩国人比多数亚洲人更直率，但他们很讨厌吵闹粗鲁的行为。

- 尊敬长者。人群中首先问候长者。长者在附近时，切勿吸烟或戴眼镜。若在门口相遇，必须给长者让路。
- 在韩国，诚实谦虚非常重要。未经邀请，切勿进入他人家中或办公室。未经允许，不能自动就座。多次受邀之下，才能接受对方邀请。对自己在公司中的职位和做出的贡献抱有谦虚的态度，如果受到称赞，应礼貌地否认。遇到同样情况，对方也会如此对待。但是你不能因此不再称赞对方，因为对方很乐意听到他人的赞扬。
- 保留“颜面”——维护他人的尊严——是重要且微妙的事情。因此，切勿令他人难堪，公共场合下尤为如此。切勿批评竞争者或承认自己不知道问题的答案这个事实。
- 切勿混淆韩国和亚洲邻国的历史和文化现象。韩国具有国人引以为豪的与众不同的语言、文化和历史。这种自豪感和历史荣誉感非常强烈，并且形成了韩国人自我形象的重要部分。韩国人对日本非常敏感，因此不要馈赠韩国人日本的礼品，也不要提及与日本人的个人关系。
- 如果在公共场所奏响韩国国歌，须肃立。
- 注意不要过分夸奖他人拥有的物品，他们会觉得理应把这个物品送给你。
- 在韩国，人际交往至关重要。韩国人往往对不了解或没接触过的人持怀疑态度，尽量获得机会认识对方。
- 准备大量的名片。名片两面分别用英文和韩文印上你的姓名、公司和职位。名片非常重要，因为它显示着你的地位，它是赢得你在韩国文化中应受到的尊重的关键。用右手递送名片。如果你打算把钱包放在裤子后面的口袋里，切勿把对方的名片放在钱包里。切勿在名片上写字。
- 切勿用红笔签署合约或写他人姓名，因为这种做法表明此人已过世。
- 如果对方问及你的薪金或你的某物品多少钱等私人问题，切勿感到惊奇。在韩国，这并非一种不礼貌的行为，相反，它可能帮助你获得巨大的商业成功。

商务款待

- 一天中，最丰盛的餐宴在晚上举行，时间通常是18:00—20:00。韩国人大多在餐厅或咖啡屋款待客人，很少在家中招待他们。如果应邀到韩国人家中做客，这是你莫大的荣幸。就餐期间，切勿提及公事，除非主人首先谈到。不要希望主人会领你参观各房间，切勿在他人家中随便走动，不要走进厨房等房间。
- 脱鞋进入韩国人家中、餐厅或庙宇。摆放鞋子时，不要把鞋尖指向建筑物。穿鞋时，不要背对着庙宇。
- 登门拜访前提前打电话。离开时，表达你的谢意，并微微鞠躬。宴后，送给主人一张致谢函。日后，你应回请主人参加同等规格的餐宴。
- 下班后，韩国人通常会邀请你去酒吧或共进晚餐，席间会供应大量的酒水。这是建立非正式人际关系、评判他人人品的重要途径。酒能刺激人提出更直接的建议，不过，餐后必须仔细思考席间对方所做的评判和承诺。不要拒绝此类邀请，但切勿携带配偶一同前往。尽量在离开韩国前回请对方。
- 邀请方应当买单。年轻人替年长者买单是一种礼貌的行为。双方应当善意地争抢支付餐费。
- 韩国人进餐时吃很多大蒜。他们全身会有很浓的蒜味，你应有所习惯。不过，切记韩国人很反感红色肉类食者身上发出的气味。
- 坐在地上就餐时，男人应坐在地毯垫上，盘腿而坐。男人和女人可以腿挨着腿，但是在桌子底下不能伸开腿坐着。
- 韩国人吃饭时使用筷子，喝汤时使用瓷匙。你应试着用筷子进餐。就餐完毕后，把筷子放在桌子上。韩国人认为把筷子平行排放在碗前会带来噩运。筷子上黏有米粒是一种粗鲁的行为，因为这是供奉祖先的方式。
- 用右手传递食物，同时左手辅助。看到鸡爪子等食物时，不要瞠目结舌。如果邻座人的酒杯没有酒水，出于礼貌，你应把其酒杯添满。对方也会这样对待你，酒友通常会端着添满酒水的杯子喝酒。如果你不想再添满酒杯，切勿把杯中酒一干而尽。

- 从餐盘中夹起的食物不能直接入口，你应先把它放在自己的盘子或碗里。切勿用手直接拿食物。即便水果也应用筷子分成小片食用。碗盖或盖子放在座位下的地板上。骨头和壳状物应放在桌子上或空盘里，切勿放在自己的饭碗或盘子里。
- 进餐时，不要吃光盘中的所有食物，这表明你还没有吃饱，主人没能为你提供足够的饭菜。主人会数次提供更多的食物。即便你还想再吃一些，至少拒绝两次后才能接受多吃一些饭菜。如果你主办一个聚会，至少提供三次食物。
- 餐宴结束时，人们会一展歌喉。如被邀请唱歌，出于礼貌，你不应拒绝。如果被人要求你唱歌，而你又不喜欢这么做，那就准备用英文唱一首传统的西方歌曲，如“I'm a Yankee Doodle Dandy”或“You Are My Sunshine”。
- 最佳话题包括韩国的文化遗产、风筝、体育（尤其是奥林匹克运动会）及对方家人的健康状况（尽管除健康话题之外，询问对方家人情况是不适宜的），应避免涉及当地政治（讨论政府出于国家安全考虑禁止的一些活动等）等话题。

时差

- 韩国当地时间比格林尼治标准时间早九小时（G.M.T.+9）。

社交礼仪

问候方式

- 韩国人见面时，微微鞠躬以示问候，有时会目视对方并握手。握手时用左手支撑右手前臂以示对对方的尊重。
- 年轻人会主动问候对方，向对方鞠躬。老人会首先伸出手臂。商界中，柔弱地握手或微微点头便可以了。女性几乎不握手。西方男性不应与韩国女性握手；西方女性应主动与韩国男性握手。
- 长者受到人们的高度尊敬，因此出于礼貌，你应主动问候他们，首先跟他们聊几分钟。
- 通常你应称赞老人的身体健壮。

- 聚会或宴会上你应等候别人把你引荐给其他人，切勿自我介绍。如果遇见你想结识的人，邀请第三方引荐你们认识。
- 写信时，称呼收信人为“To my respected”加上其称谓和全名。切勿只注明姓氏。

称呼方式

- 韩国人的姓名与西方人的姓名不同。韩国人的姓名依次包括姓氏、辈名或族名，还有名字。例如，Kim Hyong Sim 姓 Kim，族名为 Hyong，名字为 Sim。西方人被韩国人的姓氏搞得一头雾水，韩国人对西方的姓名也是糊里糊涂，他们经常混淆西方人的姓名。
- 韩国的姓氏往往只有一个音节，而族名大多是两个音节。
- 最常见的姓氏是 Kim, Park, Lee。注意这些姓氏可音译成多种英文形式：Lee 可用英文表示成 Rhee, Yi, Li 或 Lee。
- 称呼他人时，只称呼其职称或职称和姓氏便可以了。Kim Hyong Sim 可称为 Mr. Kim（Kim 先生），Kim Sonsaengnim（Kim 先生或 Kim 老师），Kimssi，后缀-ssi 意思是 Mr.，Mrs.，Miss。未经允许，不得称呼对方名字。
- 已婚女性保留娘家姓。如果不知对方娘家姓，你可称一位女士某某（其夫姓）太太。

肢体语言

- 不要把手臂搭在他人肩膀上。同性之间通常手拉手。不应与老人、异性、非好朋友或亲友的人有身体接触。
- 韩国人认为脚是肮脏的，切勿用脚接触他人或物体。正式场合，男人应双脚平放。其他场合，男人应注意鞋跟必须朝下。女人可以双腿交叉。
- 为了表示对长者的尊重，与其握手或递送食物或文件等物品时，应用左手，手掌朝上，高度略高于右肘。
- 引起他人注意时，可手掌朝下，伸出手臂，上下摆动手指。召唤他人时单指向内摆动是非常不礼貌的行为。
- 打哈欠或使用牙签时应用手遮住嘴，微笑时不必像韩国女性那样遮住嘴。

- 公共场合打喷嚏是不礼貌的行为。如果韩国食物的调料让你的鼻子很痒，你应起身离席，再打喷嚏。
- 如果陷入尴尬境况，韩国人会狂笑不止。
- 目光交流对于传达对说话人的真挚情感和高度关注，至关重要。

礼物

- 到韩国人家中拜访时，最好带上礼品。最佳礼品包括水果、进口咖啡、高丽参或高档茶叶、巧克力或本国的工艺品。烧酒只能赠送给男性。
- 商务场合通常赠送礼品。首次商务旅行的最佳礼物包括印有公司商标的非个人产品（注意，切勿赠送日本或韩国生产的礼品）。
- 双手赠送或接受礼物。赠予者在场时，不能当场拆看礼物。应把钱放在信封里赠送他人。再三推让后方可接受馈赠。

文化注释

根据习俗，往往回赠对方等值的礼品。因此，选择礼品时应考虑到接受者的经济能力。如果收到一份无力回赠的昂贵礼品，你应退还对方。但是注意不要冒犯对方，你须指明非常感谢赠予者的慷慨豪情，但是礼物过于昂贵，你不能接受。

服饰衣着

- 商务场合，男性应当穿着正式的套装和白衬衣，打领带；女性应穿着正式裙装或套装。由于在家中和餐厅里，许多人坐在地板上进餐，切勿穿着紧身裙装。
- 非正式场合也应穿着端庄得体。女性穿着暴露会被人认为其品质低劣。年轻人可以穿着短裤。避免穿着黄色和粉红色服装。

西 班 牙

Spain

文化注释

20世纪80年代，特别是自1986年加入欧盟以来，西班牙国内的私有经济获得了迅猛的发展，并且得到了其他国家给予的高层次的经济支持。西班牙的发展前景越来越好，特别是1992年，更是可喜的一年：西班牙成功地举办了巴塞罗那奥运会、塞维利亚世界博览会，并且庆祝哥伦布发现新大陆500周年。

基本资料

语言

西班牙的官方语言是以卡斯蒂利亚方言为基础的标准西班牙语。它是西班牙的标准商务用语。

此外，北部的巴斯克人、西北部的加利西亚人和东北部边缘的加泰罗尼亚人都讲本民族的语言。

宗教

在西班牙，尽管占人口总数97%的人信奉天主教，但西班牙没有国教。

文化注释

西班牙人庆祝许多与天主教会相关的节日，举办与之相关的宗教仪式。复活节前一周举办的一个盛大的游行就是著名的圣地亚哥迪甘伯斯特拉朝圣。圣地亚哥在西班牙语中代表“St. James”，人们认为他的墓穴就建在教堂底下。中世纪时期，圣徒遗物使圣地亚哥成为继耶路撒冷和罗马之后最重要的朝圣的城市。圣徒遗物至今仍是个谜。

文化定位

认知形式：西班牙人组织并传递信息的方式

西班牙的社会文化乐于接受现行民主政治的精华。西班牙人接受所有事物的信息，但是转变他们的态度不容易。西班牙人通过联想式主观思维方式加工多数信息。处理问题时，个人参与的作用超过抽象的规则和规律。

谈判策略：西班牙人接受事实的方式

对某事件的个人情感是事实判断的最终决定因素，然而，教义和国家主义的思想意识也会影响事实判断。西班牙人很少根据客观事实做出决断。

价值体系：行为的基础

西班牙是平等思想的诞生地。这种思想认为由于每个人都是独一无二的，因此所有人都是平等的。所以，个体必须逐渐了解其他个体。以下三个部分刻画了主流文化的价值体系——他们区分正误善恶的方法。

决策的核心

个体负责做出自我决策，但是必须时刻不忘家庭成员和团队成员的最高利益。身份认同主要取决于家族名声和个人的社会地位。获得工作时，人际关系（亲友关系）要比个人的专业技能更为关键。社会顶级的精英人物是那些掌握大量经济资源和特权的少数群体。

减压之道

尽管天主教会的直接影响力已不再显著，但个体受教育程度越高，他信奉天主教的可能性越大。教会教义是多数人民遵守的基本道德规范，同时是国家机制、安全和稳定的基础。核心家庭已经取代大家庭，成为国家安全的基础。人们坚信国家主义。

平等与不平等问题

社会存在阶级差异、职业差异和专业差异，此外，中产阶级人数增多，农村贫困人口日益减少。过去革命或军事集团进行了体制变革，现如今，政府的民主机制发挥着积极作用。西班牙人的男子气概很强。然而，女性开始在教育、政治等领域和劳动大军中崭露头角。法律面前，男女平等。

商业惯例

约会

准 时

- 尽管你必须准时赴约，西班牙人通常不能做到这一点。你须耐心等待他们。
- 社交活动很少按照约定时间进行。询问对方你应当何时到场：大约要比预定时间晚 15～30 分钟。

- 与许多欧洲人和南美人一样，西班牙人先写日，然后写月，最后写年（如 1999 年 12 月 3 日写成 3.12.99）。
- 提前预约商务会面，赴约前通过信函加以确认。
- 在西班牙，公司的办公时间为每周 40 小时，但是办公时间的具体安排不尽相同。
- 在马德里，公司的办公时间为周一至周五的 9:00—13:30 和 15:00—18:00。7 月和 8 月，许多人回去度假，因此办公时间改为周一至周四 8:30—14:30，周五 8:30—14:00。
- 政府办公对外办公的时间通常为周一至周五 9:00—13:00。
- 如果周二或周四碰巧是一个节日，许多人在周末会休息 4 天。多数西班牙人每年有 30 天的带薪假期，通常他们选择 7 月或 8 月休年假。同样，你应避免复活节或圣诞节前后安排会面。
- 西班牙人通常会在进餐时间洽谈业务，不过许多西班牙人回家吃午饭，因此如果对方婉言谢绝你的邀请，切勿感到惊奇。

- 切勿在 8:30 之前约对方吃早餐。

谈判

- 在西班牙，个人接触是业务获得成功必不可少的因素。仔细选择西班牙商务代表，因为一旦确定了人选，你将很难更换他人。
- 对于西班牙人而言，信息是一件贵重的商品。正因如此，尽管表面上他们给予你很大的帮助，但他们并不愿意与你分享有用的信息。
- 谈判期间，须保持温柔的态度，但是必须保持你的尊严、真诚和民主。起初，西班牙谈判方看上去可能很拘谨，说话拐弯抹角，但等到双方建立联系后，你会觉得这很正常。
- 会面开始时，不应讨论业务问题。
- 政治、体育和旅行是最佳的话题。切勿讨论宗教问题。
- 斗牛被视为一种艺术，只能用西班牙术语加以评判；不应发表诋毁斗牛艺术的言论。
- 西班牙人直率地给他人和外国人提出意见，切勿因此感到不悦。
- 在西班牙，名片两面分别用西班牙语和英语打印。递送名片时，把西班牙语的一面朝向对方。
- 谈判会超过预计时间，对此你应有所准备。

文化注释

西班牙人以其高度自豪感和自我荣誉感而闻名。不过，外国商人有时会惊奇地发现，西班牙并不高度重视睿智和经验。（在西班牙，称某人“聪明绝顶”是对其含蓄的侮辱。）比起经商技能，西班牙人更因个人品德感到骄傲。

商务款待

- 如果对方接受邀请共进午餐，这正是讨论业务的最佳时机。然而，直到餐后共饮咖啡时才能讨论业务。
- 邀请西班牙客户到高级餐厅就餐，因为许多西班牙人对美食佳酿很有研究。

- 17：00 或 18：00 左右，许多西班牙人会到外面吃些东西。许多酒吧都提供餐前小吃，而且食物种类有所不同：盐味杏仁、橄榄、章鱼、番茄煎蛋等。这一两小时期间，西班牙人会挨家酒吧去吃餐前小吃，他们喝着雪利酒，拜访朋友。
- 直到 21：00 或 22：00 才会供应晚餐。
- 西班牙人可能不会邀请你到家中做客，因为这种交际活动只在亲密朋友间进行。不过，他们会邀请你到餐厅就餐。
- 如果对方邀请你到家中做客，开始时，你应婉言谢绝，对方再三坚持之下，你才能接受邀请。第一次邀请通常只是出于礼貌。如果再次发出邀请，你应接受邀请。
- 吃西餐时，应用左手持餐叉，右手持餐刀，切勿两手交换持餐具。用餐刀把食物放在餐叉上。进餐完毕后，把餐刀和餐叉并排放在盘子上；如果两者交叉放置或放在盘子对面，主人会给你提供更多的食物。双手必须放在餐桌上；要称赞主人（及餐馆里的服务生）。
- 如果应邀出去下馆子，随后你应回请对方，注意不要谈到“回报”主人。
- 注意许多餐馆会停业休工 1 个月。

时差

- 西班牙当地时间比格林尼治标准时间早一小时（G.M.T.+1）。

社交礼仪

问候方式

- 握手是标准的问候方式。
- 你会发现亲密朋友之间，西班牙男性除了握手，还会轻拍对方后背或与对方拥抱。
- 女性微微拥抱，抚摸对方面颊。职业女性也会问候与其关系密切的异性同事。

称呼方式

- 朋友和年轻人之间才称呼对方名字。通常情况下，等待西班牙同事首先称呼名字，或使用非正式称呼（tú），而不是正式称呼（Usted）。

文化注释

西班牙语中非正式称呼（tú）和正式称呼（Usted）与拉美用法不同。例如，西班牙人通常用正式称呼称呼国内的服务员，因为他们认为服务员也是平等的人，这种称呼能表达对其的尊重。非正式称呼往往用来称呼西班牙公司的同事。有时，员工甚至用非正式称呼称呼老板。在其他西班牙语国家，这将会被视为一种以下犯上的行为。

- 多数情况下，称呼他人的职称和姓氏。
- 称呼没有职称的人时，应当在其姓氏前加上 Mr.（先生），Mrs.（夫人），Miss（小姐）等。西班牙语中，它们分别等同于 Señor，Señora，Señorita。
- 多数西班牙人有两个姓：一个是父姓，列在首位；另一个是母姓，跟在父姓之后。称呼他人时通常只称呼对方的父姓。例如，可称呼 Señor José Antonio Martínez de García 为 Señor Martínez; Señorita Pilar Martía Nuñez de Cela 被称呼为 Señorita Nuñez。女人婚后，通常会在姓氏后加上其夫姓。以上述两人为例，如果二人成婚，后者的名字成为 Señora Pilar María Nuñez Cela de Martínez。人们称呼其夫姓便可以了，多数人会称她为 Señora de Martínez，或较随意地称她为 Señora Martínez。
- 作为一条惯例，与对方讲话时，称呼其一个姓氏便可以了。写信时必须称呼其两个姓氏。
- 至关重要的一点是，称呼他人时必须在其姓氏前加上其拥有的所有职称。例如，老师喜欢被称为教授（Professor），技工更愿意被称为工程师（Ingeniero）。

肢体语言

- 西班牙人在日常谈话中使用大量的肢体语言。各地区的肢体语言的重要性有所不同，因此仔细观察当地人的举止，若无法确定则询问对方。

- 招呼他人时，手掌朝下，挥手或挥动手指。
- 向下捻手指通常表示强调某一观点。
- OK 的手势（拇指和食指呈圆形）是不礼貌的。

礼物

- 一般来讲，如果收到礼品，应当即刻把它打开。
- 如果应邀到西班牙人家中就餐，最好带巧克力、油酥面团或鲜花等礼物。切记不能赠送大丽花或菊花等与葬礼相关的鲜花。
- 切勿赠送 13 朵花，因为西班牙人认为“13”将给其带来噩运。
- 首次会面不应馈赠商务礼品。
- 如果赠送商务礼品，须精心挑选；礼品上不应带有本公司的商标（可以赠送对方印有本公司商标的高级钢笔）。
- 当地的工艺品或本国的有插图的图书是适当的礼品选择；大学或运动队的衬衣和帽子是赠送孩子的最佳礼物。
- 礼品应当为驰名的高质量产品，而且礼品须经精美包装。

服饰衣着

- 西班牙人非常重视衣着服饰，因为西班牙人很在意能否给人留下具有良好的社会地位的印象。
- 穿着做工精细、颜色柔和、知名品牌的正式服装。
- 男士必须穿着正式服装，不过女性应当穿着时尚。
- 公共场合不得穿短裤。

斯里兰卡 *Sri Lanka*

基本资料

语言

斯里兰卡具有两种官方语言，该国两大种族僧伽罗人和泰米尔纳德人分别使用僧伽罗语和泰米尔纳德语。英语作为殖民时代的遗留文化是斯里兰卡的商务用语，大约占总人口 10%的斯里兰卡人使用这种语言。旅游业和商务人士及高层公务员能够熟练而流利地用英语交流。

宗教

随着佛教在印度的影响力日渐衰减，斯里兰卡成为南亚佛教最盛行的国家。信奉佛教的人数占总人口数的 69%，剩余人口中印度教徒占 15%，基督教徒和穆斯林各占 8%。

文化定位

认知形式：斯里兰卡人组织并传递信息的方式

在斯里兰卡，僧伽罗族和泰米尔族都乐于接受来自对方种族之外的所有新方法和新技术。多数教育是技能培训，很少涉及抽象概念。

总体来讲，斯里兰卡往往根据传统习俗和时事情况办事。人际关系要比商业行为中的抽象规则更为重要。

谈判策略：斯里兰卡人接受事实的方式

僧伽罗族（佛教徒）和泰米尔族（印度教徒）都将各自的宗教教义作为事实判断的依据，结合个人情感判断某事务的真伪，很少借助客观事实进行判断。

价值体系：行为的基础

在斯里兰卡，僧伽罗族和泰米尔族两个种族的势力最为强大，两个种族的价值观和目标经常发生冲突。以下三个部分刻画了主流文化的价值体系——他们区分正误善恶的方法。

决策的核心

僧伽罗族关注的是对自我及人际关系负责，而泰米尔族关注的是对集体负责，这个集体包括家庭、团体和宗教。两个种族的差异特征在社会体系中有所体现。社会个体做出决策时要时刻考虑到社会地位，考虑团队内部的威望，因此等级观念在社会中发挥着至关重要的作用。

减压之道

家庭是僧伽罗族和泰米尔族核心社会组织单位，它赋予每个个体强大的安全感。宗教信仰决定了个体及其家庭的生活模式。稳固的父系后裔体系确保了家庭的连续性和稳定性。高度的宗教容忍缓和了宗教差异的焦虑。

平等与不平等问题

多数民族僧伽罗族和少数民族泰米尔族极度不平等，从而导致不断发生暴力和恐怖活动。等级制度虽然仍旧存在，但等级界限已不那么明显。尽管族群渴望种族隔离，但政府实施民族平等的政策。男人在商界、公共生活和家庭中都占据统治地位，性别差异显而易见。

商业惯例

约会

准　　时

- 准时被认为是西方人眼里最重要、最渴望做到的一点。然而，如果斯里兰卡商人约会不准时，让你苦等，切勿大惊小怪。

➢ 斯里兰卡的市区在高峰时间交通阻塞问题极其严重，约会前一定要留出充足的交通时间。
➢ 较之北美商人，斯里兰卡人对时间持有较宽容的态度。会见重要人物时，他们不会在意等上两三小时。如果他们让你等了很久，切勿发怒。

- 周一至周五，斯里兰卡公司的上班时间为 8:30—17:00。多数公司在 12:00—14:00 停止营业。政府遵守正常的办公时间。
- 作为外国人，你必须至少提前一周预约。此外，约会前一两天进行再确认。（不过，斯里兰卡本国人通常不预先通知便会拜访他人。）
- 斯里兰卡人早晨和下午都有“饮茶休息”时间。切勿期望在这段时间得到任何员工的帮助，即使他们此时坐在桌子旁。“饮茶休息”时间里，斯里兰卡人不会处理任何事务。
- 许多初次商务会面定在餐桌上。饭店里共进午餐是常见的首次见面方式，不过在斯里兰卡人的家里共进午餐或晚宴也很平常。
- 斯里兰卡的多数节日都与该国盛行的佛教、印度教、伊斯兰教和基督教四大宗教紧密相关。

谈判

- 进入商业谈判之前，与谈判方营造一种和善友好的氛围至关重要。因此，谈判进行前，应当客套地闲聊几句。如果对方不能准时赴约，你应耐心等待，切勿希望业务能像在西方国家那样快速进行。敲定一笔业务可能需要你数次飞往斯里兰卡。
- 如果会议前，斯里兰卡人给你上茶，你应把它视为一种带有美好祝愿的行为，并且高度称赞茶的醇香。
- 在斯里兰卡，首次会面会安排在饭店里共进午餐。
- 僧伽罗族做出重要决策之前，他们会咨询占星家的意见。
- 在斯里兰卡，位居商界高层的女性人数尽管没有印度和巴基斯坦两国那样罕见，但是仍为数不多。

- 初次见面时双方通常会交换名片，你的名片必须用英文打印。只有当你能准确区分对方是僧伽罗族还是泰米尔族时，你才能在名片背面使用当地语言。外国人很难做到这一点，因此最好不要这么做。
- 等级制度在许多地区仍然是一种生活方式。你应当尊重这一文化现象，认识到有些场所和活动不接受某些人。不要强迫某人违反这套信条。
- 出于卫生，左手被斯里兰卡人视为禁忌。因此切勿用左手吃饭、传递食物或物品、触摸他人。

文化注释

尊重与宗教有关的物品。不要坐在或站在巨大的佛像上，不要触摸佛像。不要直接给和尚财物，因为佛教禁止他们触摸财物，你可把捐款放入寺庙入口处的捐款箱里。必须双手递交给和尚物品。

参观清真寺或庙宇时，着装必须遮住你的四肢（男人和女人都应如此），在门口脱掉鞋帽。切记，皮革制品严禁带入，因为这样做通常被视为不敬的行为。

商务款待

- 被邀请到当地商人家中做客或进餐，在斯里兰卡是习以为常的事情。出于礼貌，你应在自己下榻的宾馆的餐厅回请他们。
- 在斯里兰卡，没有预先通知便进行拜访并不是一种粗鲁的行为，特别是在对方家里没装电话的情况下。最佳的拜访时间应为 16:00—19:00。
- 进餐前，应花费两三小时的时间与对方交流谈心。最好在出访前先吃顿快餐。
- 进餐时，共享的菜肴放在餐桌的中央，每个人自便。切勿让分菜餐具碰到你的食盘，不要用左手用餐。由于人们都用手吃饭，因此通常情况下，就餐期间不提供餐具。斯里兰卡人用面包和米团裹起咖喱饭菜和蔬菜。注意观察主人，这种进餐方式需要大量的练习。如果你的饭菜放在了一个车前草的叶子上，切勿连同车前草一同食用，因为车前草叶就是食盘。
- 就餐时，不要一次夹过多的菜，要两三次夹菜以表示对主人夫妇烹饪水平的称赞。吃饱后，你应礼貌地回绝主人一再的款待。

- 佛教徒是素食主义者，印度教徒不食牛肉，穆斯林不食猪肉。
- 在餐厅吃饭时，宴请宾客的人应支付全部餐费。
- 适宜的话题包括：家人、家庭生活、学校及对斯里兰卡国家发展的看法。谈话最好避免涉及僧伽罗族和泰米尔族间的种族冲突、与印度的关系、宗教、等级制度和性。

时差

- 当地时间比格林尼治标准时间早五个半小时（G.M.T.+5.5）。

社交礼仪

问候方式

- 传统的问候方式是双手合掌放在下巴的位置，微微鞠躬，说“namaste”，意思是我向你身上体现出的上帝品行致敬。“Aaibowan”是僧伽罗族人的问候语。外国人不应首先做出问候动作，而应对对方的问候表示回敬。
- 受到英国人的影响，西方的问候方式握手对男人、女人都适用。
- 在聚会上，你应问候屋子里的所有人并一一与其握手。

称呼方式

- 按照习俗，称呼僧伽罗族人时，应在其姓后加上“先生”（Mahattaya）或“夫人”（Nona），或者直呼“先生”或“夫人”便可。泰米尔族人没有类似的称呼，他们称呼老者为“父亲”（Aiyaa）或“母亲”（Ammaa），以示对他们的尊敬。
- 称呼医务工作者或具有博士学位的人为“Doctor”。
- 斯里兰卡多种文化都有各自不同的称呼模式。最好询问他人，他们偏好哪种称呼。（具体称呼细节，参见“印度”章节。）

肢体语言

- 斯里兰卡表示赞同的非肢体语言与西方国家截然不同。点头表示“否定”，摇头表示“同意”。
- 用手指人被视为粗鲁无礼的行为。在召唤某人时，你应手掌朝下伸手挥动手指。
- 微笑被视为轻浮挑逗的表现。
- 斯里兰卡人认为头部庄严神圣，双足肮脏卑鄙。因此，不要触摸他人的头部，也不要把脚搭在桌子或椅子上。

礼物

- 如果斯里兰卡人在家宴请你，他们虽然不要求你携带礼物，但是最好准备一件礼品。合适的礼物包括水果、进口巧克力及本国制作的工艺品。
- 决定赠送酒水之前，必须确定对方是否饮酒。如果是的话，赠送一瓶进口威士忌是明智的选择。

服饰衣着

- 考虑到天气情况，斯里兰卡人尽管穿着正式的职业套装，但质地很薄。男人应当穿着浅色衬衣和裤子，很少穿外套、打领带。女人应当穿着端庄典雅的浅色宽松上衣和裙子。
- 休闲服最好既漂亮又凉快。除非在休假地或海滩，短裤、低胸性感或无袖的服装、泳装对女性来说是不适宜的。年轻人通常喜欢穿着西方服饰。

瑞　典　*Sweden*

文化注释

与其他斯堪的纳维亚语言一样，瑞典语的字母（“a”的两个变体和带有音变符号的“o”）列在字母表最后一个字母“z”之后。在电话簿中查找以上述瑞典语字母开头的名字时，要注意这一点。

基本资料

语言

瑞典的官方用语是瑞典语，瑞典语是掺入丹麦语、挪威语和冰岛语的日耳曼语言。少数民族拉普兰（Lapps）土著人使用他们自己的语言，萨阿米人（Sami）是对这一民族的蔑称。学校里普及的语言是英语，你会发现多数瑞典人会讲英语，如果你打算在大都市以外的地区做生意，德语十分有用。

宗教

占人口总数 90%以上的瑞典人信仰路德教，但还有其他一些基督教教派，如犹太教。福音派的路德教的教堂受到国家的支持，并且享有完全的宗教自由。

文化定位

认知形式：瑞典人组织并传递信息的方式

瑞典人是一个自豪骄傲的民族。瑞典人接受的教育告诉他们思考问题时应依据概念，进行仔细的剖析。他们往往根据普遍规律或法则解决自己的问题。

谈判策略：瑞典人接受事实的方式

所有事实都会受到这个福利国家的意识形态的影响。事实判断更多地受到客观实际而非主观情感的影响。

价值体系：行为的基础

瑞典是一个充满人文气息的国家，生活质量和环境保护是国家的重中之重。以下三个部分刻画了主流文化的价值体系——他们区分正误善恶的方法。

决策的核心

做出个人决策时，瑞典人充分考虑到社会福利体系，并且使所有相关人员达成共识。尽管瑞典人具有强烈的自我倾向，但是他们也帮助无法自助的人，同时大力提倡团队合作。瑞典人看重个人的主观能动性和个人成就，重视个人能力胜于个人的社会地位。他们认为自己有权在商务场所保守个人隐私。

减压之道

生活不稳定性是不可否认的事实，瑞典通过稳健的社会福利体系缓解生活焦虑，但是“精神紧张”使瑞典人持有严肃谨慎的生活态度。核心家庭是瑞典的主要家庭模式，它给人们强烈的安全感。社会组织形式和传统习俗使瑞典人很少对他人做出承诺，也很少与他人交往。

平等与不平等问题

瑞典基本上是一个中产阶级型社会，它采取一切措施缩小社会差异，因此，瑞典的贫富分化现象不是很明显。民族主义征服所有社会分歧，同质族群弱化了种族差异。然而，瑞典人迫切希望不断地挑战生活，因为他们需要考虑许多必需品。瑞典是一个提倡男女平等的国家，在那儿夫妻都有责任照管孩子。

商业惯例

约会

准 时

➢ 在商务和社交场合一定要做到准时，赴宴时切勿“时髦地迟到”。

- 必须提前两周预约。
- 切记许多欧洲人和南美人写时间的顺序是日、月、年（如 1999 年 12 月 3 日，写为 3.12.1999）。瑞典人也是如此。
- 周一至周五的办公室时间为 8:30 或 9:00—17:00。午餐时间为一小时，多数人在 11:30—13:30 就餐。
- 每年最短的休假为 5 个星期。
- 多数人选择在 7 月度假，因此在瑞典经商时，必须考虑这一点。
- 圣诞节期间（12 月 22 日—1 月 6 日），许多瑞典商人都不办公。

谈判

- 商务会议中，瑞典人不会闲聊，往往直奔主题。
- 谈判期间切勿情感外露。
- 瑞典人重视达成一致，避免产生意见上的冲突。
- 讲演时，要做到简明扼要、具体明确。切勿夸大事实，或者期望留有余地让瑞典人发挥想象力去理解。
- 谈判时切勿幽默。瑞典人通常总是保持严肃的态度，谈判时可能让人觉得乏味无趣。
- 许多商人能讲一口流利的英文，特别是在斯德哥尔摩、哥德堡、马尔默等大城市尤为如此。
- 避免批判瑞典文化、政治或他们的幽默感（北美人通常觉得这些简直不可思议）。
- 一般来讲，瑞典人避免讨论敏感话题，特别是和外国人。如果开始讨论此类话题，而瑞典人突然打断谈话时，切勿感到不快。

- 不要过于开放地表达情感。例如，你应当平和地说：“在这里我真是太高兴了。”
- 同样，看上去矜持拘谨甚至略微害羞腼腆会给瑞典人留下很好的印象。
- 避免在公众场合窃窃私语。
- 切勿询问个人事务，如果瑞典人不询问你的家人、工作等，切勿感到不快。
- 谈话要有深度，切勿简单浅显。
- 瑞典人能够轻而易举地容忍沉默，切勿鲁莽地填充谈话间短暂的沉寂。
- 瑞典人具有强烈的局部区域自豪感，访客切勿称赞一个地区强于另一个地区。
- 如果能够认识到芬兰、挪威、瑞典和丹麦等国的差异，斯堪的纳维亚人会很欣赏你。
- 瑞典人高度赞美大自然。
- 瑞典人很看重消遣娱乐。工作中会有短暂的工作休息时间。不要催促工作间歇或午休期间休息很长时间的瑞典人，即使这段时间给你带来很大的不便。

商务款待

- 商业午餐和商业宴会非常盛行，你应提前进行预约。建议你在正式餐厅召开商业餐宴。
- 邀请夫妇参加商业宴会，切勿邀请其参加商业午餐。
- 职业女性在瑞典买单是很平常的事情，餐费昂贵的情况下尤为如此。
- 尽管瑞典人把同事当作好朋友，但下班后他们通常不与同事交往。
- 如果应邀到瑞典人家中做客，你应送给女主人鲜花。
- 在瑞典，敬酒要比北欧的其他国家更为正式。
- 允许主人和年长于你的人向你敬酒，然后回敬他们。
- 瑞典语中 Skoal 就是“干杯”（Cheers）的意思。
- 主人说完 Skoal 之后，你再拿起酒杯。
- 坐在女主人的旁边是对客人的尊敬，此时，你应该发表讲话。

- 瑞典一年四季，特别是在圣诞节和感恩节期间都提供 smörgåsbord，即瑞典式自助聚餐，包括冷菜和热菜。

时差

- 瑞典时间比格林尼治标准时间早一小时（G.M.T.+1）。

社交礼仪

问候方式

- 握手是标准的问候方式。
- 经常见面的好朋友（特别是年轻人之间）问候时通常不握手。

文化注释

位于上层阶级的年长者的问候方式可能非常正式，问候和离开时必须与他们握手。注意他们通常避免“您”等第二人称代词，而是运用第三人称称谓（例如，与扎尔先生打招呼时，他们会说：“扎尔先生今天怎么样啊？”）。为了做到适当的正规问候，你应以同样的方式进行回答，尽管使用这种问候的年轻人少之又少。

- 在他人家中做客后，遇到主人时，应立刻感谢他的款待。
- 通常情况下，第三方会把你介绍给一个团队，若非如此，你应在房间里来回走动，和每个人握手，告诉他们你的名字。

称呼方式

- 瑞典人的名字顺序和美国一样：先名后姓。
- 你应用姓称呼每个人，除非他们欢迎你称呼他们的名。年轻人很可能直呼人名。
- 称呼没有职称的人时，应在其姓前加上先生、夫人、小姐或女士等。
- 有职称的人应在其姓前加上其职称，如欧尔信教授（Professor Olson），包括医生、工程师、教授等。

肢体语言

- 瑞典人没有很多的肢体语言。你也应当有所约束，讲话时切勿用手比画。
- 抬头表示“过来”。
- 和瑞典人交往时，须调整语调，因为瑞典人是相对安静的民族。
- 说话时直视对方。
- 除了握手，瑞典人不喜欢和任何人进行身体接触，除非是亲密朋友。不要触摸、拥抱瑞典人，不要拍打他们的后背以示友好，不要把胳膊搭在他们的肩上。
- 尽管瑞典人以其性开放而闻名世界，但是不要误把瑞典女性的性开放视为性挑逗。瑞典女性通常与陌生人说话，特别喜欢和外国人讲话，因为她们想锻炼自己的外语。
- 天冷的时候，瑞典人通常会戴帽子。男人遇见熟人时会触帽问候，与女士谈话时会摘掉帽子。

礼物

- 在瑞典，酒精饮料很昂贵，因此酒水是最好的馈赠礼品。美国生产的上等酒或葡萄酒是很好的商务礼品。
- 应邀到瑞典人家中做客时，鲜花、烧酒、葡萄酒、蛋糕或巧克力是馈赠女主人的最佳礼品。你也可以送给孩子们糖果。

服饰衣着

- 正式服装最为适合。参加商务约会，男士应该穿西服打领带，女士应当身着套装或礼服。
- 瑞典人通常在公众场合穿着时髦、考究。

瑞　士 *Switzerland*

文化注释

瑞士有 4 种官方语言：法语、意大利语、德语和罗曼语。除此之外，与其他斯堪的纳维亚语言一样，瑞典语的字母（“a”的两个变体和带有音变符号的“o”）列在字母表最后一个字母“z”之后。在电话簿中查找以上述字母开头的名字时，要注意这一点。

基本资料

语言

从语言学的角度讲，瑞士是一个错综复杂的国家。该国具有 4 种官方语言。瑞士西南部的日内瓦湖周围地区，人们讲法语。占总人口 10%的人说意大利语，而且这些人主要集中在瑞士南部的提契诺州。65%的瑞士人讲德语。第四种官方语言罗曼语属于拉丁语系，只有 1%的人使用这种语言。瑞士联邦非常重视保持传统语言和传统文化。在城市里，发现有瑞士人讲英语也不要大惊小怪。

宗教

多数瑞士人信奉基督教，其中天主教徒占 48%，新教徒占 44%。

文化定位

认知形式：瑞士人组织并传递信息的方式

瑞士是一个具有高度文化自豪感的国家，慎重对待外部影响。年青一代思想日益开放。讲德语和法语的瑞士人运用概念分析加工信息；而其他瑞士人往往通过联想思考问题。前者运用普遍规则解决问题，后者常常独立处理各种情况。

谈判策略：瑞士人接受事实的方式

讲德语和法语的瑞士人依靠客观实际界定事实，而其他瑞士人依靠主管情感做出判断。两者接受事实的方式都要受到国家主义的思想意识及理想主义的影响。

价值体系：行为的基础

瑞士的文化由四种价值体系各异的亚文化构成：讲德语、法语、意大利语的瑞士人，以及占本地人口1%的讲罗曼语的瑞士人。以下三个部分刻画了主流文化的价值体系——他们区分正误善恶的方法。

决策的核心

个体是决策者。尽管他可能尊重家庭、公司和国家的利益，决策制定者仍是个体。决策是一个缓慢而复杂的过程，在此过程中必须培养双方谈判者的关系。民族中心式的价值标准会影响决策的制定。家庭中，父母和孩子会共同讨论，做出决策。

减压之道

对瑞士人来讲，四种官方语言和两种宗教都十分重要，但是他们因此形成种种分歧和矛盾，导致国内动荡不安。人们能够在瑞士军队里和平相处，在这个高度一体化的军体中，所有瑞士人都能团结一心、共同奋斗。核心家庭是基本的社会组成单元，在各种语言和宗教混杂、相互作用的过程中，他们具有高度的民族自豪感。

平等与不平等问题

尽管长久以来，各个团队相处不甚和睦，但中央政府一直以来都能成功创造各方均可接受的社会环境。法律规定人人平等，感到自身受到歧视的公民可以诉诸法律解决问题。“提倡团结，摒弃趋从”是瑞士人的至理名言。瑞士人具有竞争意识，富有责任心，看重物质。他们为人宽容，具有高度的自豪感，维护个人隐私。瑞典依然存在着某些典型的性别差异，在一些行政区，女性仍旧遭受着性别歧视。

商业惯例

约会

准　时

➢ 瑞士人以守时而闻名世界。在商务和社交场合，他们一向守约准时。

- 切记许多欧洲人和南美人写时间的顺序是日、月、年（如 1999 年 12 月 3 日，写为 3.12.1999）。瑞士人也是如此。
- 瑞士人的办公时间一般为：周一至周五的 7:30—17:30。午餐时间为 1～2 小时。
- 商场营业时间通常为周一至周六的 8:00—12:00 和 13:30—18:30。规模较大的商场午餐时间照常营业。
- 多数人在 7 月和 8 月去度假，因此最好不要在这段时间安排重要的约会。

谈判

- 谈判是一件严肃而认真的工作，谈判期间不要表现你的幽默感。
- 深思熟虑，有条不紊地开展谈判，高压策略终将失败。切勿仓促做出决策。
- 一般来讲，瑞士人花费很长的时间构建人际关系。你要有耐心，友好的人际关系会使你事业的发展受益匪浅。
- 讲德语的瑞士人往往直奔业务主题，而讲法语和意大利语的瑞士人希望洽谈业务之前聊聊天。

- 如果你需要翻译，说话要语速缓慢，发音清晰。避免运用成语。不断地确认对方是否明白你讲的话。
- 由于许多人讲英语，无须翻译名片。

文化注释

如果你的公司历史悠久，在名片上注明它的创建时间。瑞士人尊重老年人。

- 赴约时，将你的名片递交给秘书。与客户会面时，也须递交你的名片，秘书会存档保存的。
- 最佳的聊天话题是体育、旅游、政治及瑞士的积极方面。
- 瑞士人把自己的独立性归功于军队的锻炼，其中包括全民服兵役。对于这个问题，人们情绪激昂。谈话中涉及这个话题时，会引发一场争论。
- 聊天时，特别是吃饭时，不宜谈论节食。切勿涉及个人隐私，可以谈论工作情况。
- 就餐期间，把手腕一直放在餐桌上。不要把手搭在膝盖上。
- 老年人在瑞士深受尊敬。公共汽车上，年轻人应该把座位让给老年人。
- 在瑞士，讲德语的男人路上遇见熟人时会触帽问候。
- 进入瑞士商店，应向店员打招呼，说声“你好”。
- 路人常常提醒陌生人改正“不当行为”，在讲德语的地区尤为如此。

商务款待

- 商业午餐和商业宴会很普遍，但是商业早餐甚为罕见。
- 商业午餐通常非常随意，有时会在公司自助餐厅招待客人。
- 在高级的餐厅举行商业宴会是给客户留下深刻印象的好机会。
- 瑞士人极少邀请商业伙伴到家中做客。
- 敬酒很正规。主人敬酒后，你应直视他们，说“祝您健康”（尽量用地方语言说），然后和身边的人干杯——最好和在座的所有人碰杯，然后喝酒。

时差

- 瑞士时间比格林尼治标准时间早一小时（G.M.T.+1）。

社交礼仪

问候方式

- 握手是标准的问候方式，瑞士人甚至鼓励孩子与人见面时握手表示问候。
- 通常应等待第三方来介绍自己。
- 在瑞士讲德语的地区，女性见面时有时会互相拥抱，但男性之间从来不这样。
- 在讲法语和意大利语的地区，男人和女人见面时可以相互拥抱表示问候。在讲法语的地区，人们还会彼此亲吻对方的左右脸颊。

称呼方式

- 瑞士人的名字顺序和美国一样：先名后姓。
- 孩子之间，才直呼其名。称呼成年瑞士人时，应在其姓后加上先生、夫人或女士等称谓。

肢体语言

- 把手插在兜里与人交谈是不礼貌的行为。
- 公共场合不宜嚼口香糖。
- 就座时，切勿将脚搭在膝盖上。
- 最好不要拍打他人的后背。

礼物

- 应邀到瑞士人家中做客时，鲜花或巧克力是最好的礼物。
- 只有情侣之间才赠送红玫瑰。

- 口译者或向导更喜欢获得个人馈赠，而不愿拿小费。

服饰衣着

- 商务人士应着装正式。
- 瑞士人重视对财富的谨慎稳重的态度，切勿佩戴招眼的珠宝首饰等。

泰　国 *Thailand*

文化注释

泰国是东南亚唯一不曾沦为欧洲殖民地的国家。泰国一贯脱离欧洲的统治（这是泰国人备感自豪的一点），泰皇蒙克库特和其子泰皇朱拉隆功执政期间与法国和英国签署了贸易协约。泰国（Thai）具有“自由”（free）之意。

基本资料

语言

泰语是泰国的官方语言。从语言学的角度看，它与汉语有些关联。在泰国，人们还讲述其他语言，包括汉语、老挝语、高棉语和马来语。

宗教

将近 95%的泰国人信仰小乘佛教（小乘佛教是佛教的早期形式）。大约 3%的人是穆斯林，还有 1%的泰国人信仰其他宗教（其中包括基督教）。

文化定位

认知形式：泰国人组织并传递信息的方式

泰国人培养标新立异的理念，他们开明地接受关于大多数事物的信息。他们生活在一个讲时效、重实际的社会里，较之未来，人们更重视现在，个人强于规则或规律。

谈判策略：泰国人接受事实的方式

泰国人依据主观的带有宿命论色彩的个人情感，在小乘佛教教义的影响下形成事实判断。在欧洲或美国大学受过高等教育的泰国人会依据客观实际做出事实判断。

价值体系：行为的基础

宗教对泰国人的生活影响巨大，但是它并不左右人们的所有举措。这也没有必要，因为佛教的形式允许选择一致行为。他们可以随意选择遵行的佛教教义。以下三个部分刻画了主流文化的价值体系——他们区分正误善恶的方法。

决策的核心

个体做出个人决策。泰国人并不过分自信，他们非常了解他人的感受和自己在社会等级中的地位。泰国人根据权力等级及下级听从上级的原则做出决策。因此，主管人往往是独裁者。上级独断专行，下级无条件服从上级。仁慈的上级和恭敬的下属是泰国人的理想模式。

减压之道

大家庭是社会的基本组织单位。社会结构包括家庭、村镇和佛寺。国王是社会凝聚力的核心。泰国人尽可能地抑制特殊期望，因为命运和运气发挥着重要作用。由于不能预测，所以你不能计划未来，因此泰国人生活在不确定的状态中。泰国人具有高度的自持力。

平等与不平等问题

社会地位至关重要，因为等级关系是泰国社会的核心。然而，人们通过因果回报，而非个人成就获得社会地位。尽管泰国正日益形成具有阶级意识的社会，贵族和王室是唯一具有真正阶级意识的阶层。政治和社会生活中地区差异和种族差异明显。泰国是一个男权社会。

商业惯例

约会

准 时

➢ 准时赴约是谦恭有礼的行为。外国人应当做到守时。
➢ 泰国曼谷交通阻塞严重，洪灾使交通问题更加恶化。约会间隔必须留出充足的时间，在雨季尤为如此。

- 到泰国，商务旅行的最佳时间是 11 月至来年 3 月。多数商人在 4 月和 5 月去度假。4 月，泰国欢度泼水节，此时，所有公司停业一周。
- 提前一两个月预约。
- 准备一封介绍信，尽量找一位中间人。
- 办公时间为周一至周五的 8:30—17:00。
- 商店营业时间为周一至周六的 10:00—18:30 或 19:00。规模较小的商店营业时间会更长。

谈判

- 与泰国商人的初次见面可能是在午餐或酒宴上，这样他们会深刻地了解你。但是，切勿在就餐期间讨论业务。
- 由于泰国人顺从上级和权威人士，所有请求和信函必须通过层层转递才能送到高层管理者手中。
- 灵活耐心地处理业务。泰国不像其他国家那样把工作日程安排得满满的，因此，实现目标需要花费足够长的时间。
- 切勿感情失控，也不要过分自信：这些被视为不端的举止。
- 泰国人竭尽全力避免发生正面冲突。他们从来不说“不”，而是做出似乎不合理的解释或假装听不懂英文。他们甚至跟你说要同上级商量一下，而这个上级根本就虚无此人。相反，他们很难接受否定的答复。
- 递交你的名片，最好在反面用泰文翻译。(可在曼谷制作名片。)

- 如果能学会泰文，即使几句话，也会给泰国商人留下深刻的印象。
- 如果某人在商务谈判上无以名状地笑，就须转换话题，因为你的谈话内容使他们很难堪。

文化注释

直接对抗是非常不礼貌的。不要提问需要做出价值判断的问题。(如“这些竞争性产品，哪个最好？”)这些问题过于直接，你应提问更为微妙的问题，逐步获取你的答案。(如“这些竞争性产品，你使用哪一种？”) 切勿设定问题的答案。(如“那么你使用这种了？因为它最好。”这样提问可能引发“是”的回答，即使喜好这种产品的真正原因可能是因为一位亲戚推荐这个品牌)。

商务款待

- 和一小群人娱乐消遣，可以带他们到大宾馆的西餐厅，安排自助餐来款待众多客人。通常也要邀请对方的妻子参加宴会。
- 就餐时使用西方的餐叉和勺子。左手持叉，右手拿勺(如果你是左撇子，可左手拿勺，右手持叉)。用勺边切食物，切勿使用餐叉。用餐叉把食物推进勺子里。
- 不要吃菜碟中的最后一块食物。主人把最后一块食物夹给你时，第一次你应礼貌地谢绝，第二次便可接下。吃最后一块食物是一种荣幸。
- 席间喝茶或喝啤酒，但是不要第一个吸烟。通常，要递烟给列席的所有男士。尽管传统的泰国女性不在公众场合吸烟喝酒，但西方女性可以这么做。

时差

- 当地时间比格林尼治标准时间早七小时(G.M.T.+7)。

社交礼仪

问候方式

- 像做祷告一样，双手合十，手臂和肘部紧贴身体，头部略做鞠躬姿并碰到你的手指，说问候语“拜”(Wai)。这是泰国人见面或分手时的传统问候方式。

- 泰国人会与西方人握手，但是如果你按传统方式问候他们，他们会感到很高兴。
- 当被引见僧侣时，不要碰对方；只需口头问候，无须握手。

称呼方式

- 称谓对泰国人很重要。
- 泰国的许多商人是华人。
- 泰族人占据多数政府职位，不过，他们经商的人也很多。
- 由于 20 世纪 20 年代，泰国采用姓氏制，泰国人通常有两个名字。名字顺序为名在前姓在后。
- 称呼泰国人的称谓（先生或太太）和他们的名。泰语中先生（Mr.）、太太（Mrs.）、小姐（Miss）的缩写为坤恩（Khun）(尽管还有更长的书写形式)。因此，可称呼前首相差猜·春哈旺（Chatchai Choonhavan）为坤恩春哈旺（Khun Chatchai）。
- 泰国人很流行给人起昵称，尤其是在你的名字对泰国人来讲很拗口时，泰国人会给你起一个昵称，不要感到惊讶。

肢体语言

- 公共场合禁止对异性表达爱意。不过，同性之间可以互相接触或拉手。
- 用脚指别人被视为最粗鲁的行为。切勿把一条腿搭在另一条腿上，不要在长者面前交叉双腿。
- 不要触摸任何人尤其是孩子的头部。
- 在汽车或火车上把座位让给僧侣。
- 打招呼时，手掌朝下，向身体内侧挥动。

礼物

- 不要在馈赠者在场时拆看礼品。
- 如果应邀赴宴，带上鲜花、蛋糕或水果。由于万寿菊或康乃馨使人联想到葬礼，切勿赠送这两种花。

- 其他受欢迎的礼物包括女性化妆品或香水、白兰地、领带、胸针、香烟、本国家出版的带插图的图书、有本土特色的娃娃和文具等。

服饰衣着

- 公司里，男人应穿着轻便的套装或休闲裤和夹克，白色衬衣和领带；女性应当穿着朴素大方的长裙或套装。女性切勿穿着黑色服装，因为黑色是泰国葬礼服装或葬服的颜色。
- 穿衣得体是成功的关键。泰国人很重视外表，因为外表表明你的社会阶层。职业女性通常涂眼影。
- 男性在非正式场合应穿着休闲裤和衬衫，领带可有可无；女性应当穿着浅色服装或裙子和宽松上衣。可穿着短袖上衣，但不能穿无袖上衣。男人和女人都可以穿牛仔服（不过，牛仔服太热了）。逛街时可穿短裤，但是穿短裤的人严禁进入寺庙。
- 在正式场合，男人应当穿传统的夏日正式服装，包括白色夹克、黑色裤子和黑色领带；女人应当穿长裙。尽管黑色是凝重的颜色，但是出席正式场合时，可以穿黑色服装。
- 参拜寺庙时不要穿旧的或廉价的鞋子。在进入寺庙时必须脱鞋，有时鞋子会被寺庙外面的人偷走。
- 逛街时不要用橡胶皮带，人们认为橡胶皮带非常廉价。

土 耳 其

Turkey

文化注释

土耳其占据着世界上的战略要塞，控制着黑海的入海口。从黑海进入地中海须途经博斯普鲁斯海峡和达达尼尔海峡，这两个海峡均位于土耳其境内。而且，作为北约成员国中唯一毗邻俄国、伊朗和伊拉克三国的国家，土耳其的战略重要性不言而喻。

基本资料

语言

土耳其语是土耳其的官方语言。土耳其语属于乌拉尔阿尔泰语群，因此和印欧语系的语言（如英语、德语或罗曼语）迥然不同。土耳其过去使用阿拉伯文字，1928 年政府推行拉丁字母表，使得教育简化，而今土耳其受教育率提高到近 70%。英语是应用最广泛的第二语言。

宗教

尽管 90%的土耳其人是逊尼派教徒，但是土耳其没有国教。其余 10%的土耳其人大多属于伊斯兰其他教派，还有少数人信仰基督教和犹太教。

文化定位

认知形式：土耳其人组织并传递信息的方式

从历史观点上看，总体来讲，土耳其密切接触外界信息。这或多或少地与土耳其所处的特殊地理位置有关，即连接欧亚大陆的桥梁。土耳其人接受的教育使他们通过主观判断和联想策略加工信息。土耳其是一个世俗化的伊斯兰国家，亲身经历重于规则或规律。

谈判策略：土耳其人接受事实的方式

任何问题的答案都来自即刻感受和伊斯兰教教义的影响。对土耳其人来说，事实很少来源于客观事实的积累。

价值体系：行为的基础

土耳其领土横跨亚欧大陆，它的价值体系也融合了东西方的价值观。以下三个部分刻画了主流文化的价值体系——他们区分正误善恶的方法。

决策的核心

男性领导是决策的制定者，但是他通常会考虑到家庭成员的利益。家庭、朋友和公司重于个人生活，并且决定着一个人的决策。进行正式谈判之前，必须确定谈判成员的关系。身份以社会体系为基础，教育是提升社会地位的重要途径。

减压之道

生活的稳定性和身份取决于个人在社会体系中的地位及浓厚的亲情。职业道德在人们思想中根深蒂固，但是时间并不是人们焦虑的主要缘由。对民族、家庭和社会的自豪感提升了个人的自我形象和自尊心。土耳其人情感外露，他们极度相信自己，为培养自持力，不怕冒险。

平等与不平等问题

土耳其有森严的社会等级体系，对阶级、种族（特别是库尔德人）和宗教持有某些偏见。德高望重的人控制着整个国家，引人注目的消费量和受教育程度是社会地位的标志。土耳其人不太相信家庭和亲密朋友之外的人。老者支配少者，男性支配女性（尽管法律赋予他们平等的权利）。长久以来，男性和女性属于不同的社会群体，不在公众场合相互接触。不过这种情况正在迅速改变。

商业惯例

约会

准　时

➢ 应准时出席所有商务约会。
➢ 伊斯坦布尔和安卡拉经常发生交通阻塞，因此要给自己留出充裕的出行时间。

- 提前发函预约。个人介绍（或至少是一封介绍信）有助于你赢得对方的信任。
- 处理国际业务的土耳其商人通常能够用一种或多种外语进行交流。土耳其商人通常懂英语、德语和法语。如果提前预约，土耳其商人就能用英语处理业务，他们可能聘用会讲英语的员工来书写商务信函。然而，如果你学会土耳其语，哪怕只有几句，土耳其人都会称赞你做出的努力。
- 不要期望土耳其商人在商务会议上会直奔主题。洽谈业务之前看似冗长的闲聊会让他们逐渐地了解你。
- 公司和银行的营业时间为周一至周五的 9:00—12:00 和 14:00—17:00。（注意，公司主管一般 9:30—10:00 到达公司，午餐后 14:30 回公司办公。）
- 尽管周五是穆斯林的斋日，但公司正常营业。周日是政府法定的休息日。
- 商务约会很少安排在 6 月、7 月和 8 月；多数土耳其商人在这段时期内休长假。
- 很明显，你不能在土耳其的假日处理业务。注意多数人在节日前一天的中午就开始休假了。

文化注释

土耳其欢度普通节日和宗教节日。11 月 10 日是当代土耳其奠基人凯末尔·塔图尔克逝世纪念日。不在塔图尔克逝世的时间即 9:05 默哀是对其不尊重的表现。

一年中有许多穆斯林节日：

- 莱麦丹“Ramazan”（其他伊斯兰国家又称 Ramadan）是斋戒月。遵守习俗的人从破晓到黄昏都要斋戒。炮声宣告黄昏的降临。非穆斯林在斋戒的回民面前进食、喝酒甚至吸烟，是不礼貌的。一定要谨慎。办公时间可能缩短。不足为奇的是，斋戒的人可能脾气暴躁，尤其是在夏日炎炎的斋戒月里，这种情况被称为斋戒易怒症。
- Sheker Bayram 是斋戒月结束后为期三天的喜庆日。孩子们挨家串户地要糖果，穆斯林互赠贺卡、大摆宴席、互相拜访。银行和机关会停止办公 3 天。
- Kurban Bayram 是祭牲节。此节日是为了纪念亚伯拉罕险些牺牲其子艾萨克的传统故事，因此这个节日是一年之中最重要的宗教和世俗节日。此节日为期 4 天，但是许多银行和公司会一周停止营业。旅游胜地和交通工具会全部订满。

谈判

- 家族企业中，决策者通常年纪很大。切记在土耳其，人们通常遵从长者的意见。切勿冲长者发脾气或大声喊叫。
- 在土耳其，谈判进展的速度比起在美国要慢得多，举止礼貌至关重要。谈判可能在漫长的饮茶或咖啡时间内展开。会议开始时，对方要询问许多关于你的背景和教育情况等的问题。这些问题看似与商务谈判毫不相关，然而，打断对方提问是十分不礼貌的行为。
- 无须将名片译成土耳其语。携带大量的名片，把它分发给会面的每个人。当你进入办公室，把名片递给接待员时，接待员可能留下名片通知上司你已到达公司，而不会把名片递交上司。因此，你应再递送给与你会面的人。
- 谈话中，避免发表对土耳其政治问题或土耳其和希腊关于塞浦路斯争端的看法。稳妥的话题包括家庭、个人爱好及兴趣、职业和无争议的国际事件。

询问土耳其父亲其家人的情况：再也没有比儿子更让土耳其人感到骄傲和自豪的话题了。

- 烟草在土耳其随处可见，无烟区实际上根本不存在。如果你对烟草味过敏，那你在土耳其的日子会很痛苦。

商务款待

- 总体来讲，多数商务款待会在餐厅举行。这并没有什么不好，因为土耳其的烹饪技术是世界一流的。然而，你可能没有机会款待土耳其人，因为土耳其人的热情好客誉满全球，你的土耳其同事会一再坚持款待你，并支付所有费用。当你应邀到餐厅赴宴时，他们不会让你支付任何餐费的。
- 只有当你邀请对方赴宴时，他们才会让你买单，即使在这种情况下，土耳其同事也会和你争着付账。
- 一般来讲，国际型宾馆的餐厅比一般的土耳其餐厅更枯燥乏味，令人厌倦，但是这些宾馆出售洋酒。
- 土耳其人和美国人使用相同的餐具。左手持叉，右手拿刀；刀子通常用来切割食物，或把食物铲到叉子上。
- 土耳其餐厅服务快捷。除了在国际型宾馆的餐厅里，土耳其人通常不会马上点完所有的食物。相反，他们一次只点一盘菜，吃完餐桌上的最后一道菜再决定下一道菜吃什么。
- 土耳其人通常在两道菜的间隔期间吸烟。
- 就餐完毕后，通常会提供牙签。你可以在餐桌上剔牙，但是一定要用手遮住嘴。

文化注释

土耳其的国家饮品是茶而不是咖啡。浓茶被倒入郁金香状的小玻璃杯（抓住杯子边以免烫伤手指），然后依照个人喜好倒水稀释。可向茶里放糖，但不能倒牛奶。由于玻璃杯容量小，会谈间你可能需要斟倒多次茶水。室外茶园随处可见，而且环境宜人。

土耳其人喝浓咖啡，并且最喜欢饭后品咖啡。每杯咖啡都是为每个人单独煮的，煮咖啡的过程中加入糖块，因此你必须说明你是想喝淡咖啡，还是加一点儿、适量还是许多糖。（美国人通常要求加入适量的砂糖。）不要把咖啡喝光，略微剩下一些。土耳其人喝咖啡时通常不倒牛奶，但喝速溶咖啡或稀释的美式咖啡时一般会加入牛奶。

时差

- 土耳其位于东欧时区，当地时间比格林尼治标准时间早两小时（G.M.T. +2）——除了在4—9月，因为这期间，土耳其时间会调快一小时。

社交礼仪

问候方式

- 问候土耳其人或被介绍与其认识时，紧紧握住他的手。根据习俗，分手时不必握手告别。
- 土耳其人问候同、异性密友时可紧握双手，亲吻双颊。
- 土耳其人尊敬长者。长者入室时，你应起身致意。当被介绍给一群人时，和每个人握手问候，先从年长的人开始。
- 切记，从根本上讲，土耳其是一个伊斯兰国家，因此你接触的多数土耳其商人是男性。女性通常被土耳其族人排斥在商界之外。切勿与土耳其女人过多交谈，除非别人正式介绍你们认识。在此情况下，待她伸出手后，你才能与其握手。你遇到的商场女性很可能是希腊人或亚美尼亚人，而非土耳其人。

文化注释

传统的土耳其问候语是“你好”（Merhaba）或“你好吗？”（Nasilsiniz？）。回应后者时，说“很好，谢谢！”（Iyiyim, teshekur ederim.）。如果你试着用土耳其语回答的话，他们会很高兴。

称呼方式

- 称呼土耳其专业人员的最简洁、最有礼貌的方式是称呼其职位。例如，称呼“医生”（Doktor）或“律师”（Avukat）便可。如果对方是职业女性，称谓后面加上Bayan。例如，Bayan律师太太或小姐。

- 如果土耳其同事没有职位，情况就越发复杂。多数土耳其人在 1934 年姓氏法的强令下才启用姓氏。名字顺序和美国人名的顺序一致：名在前，姓在后。
- 与你洽谈业务的多数土耳其人采用现代的称呼方式。现代称呼方法是 Bay（男性）或 Bayam（女性）后加姓氏。例如，根据传统习俗，称呼男性小说家 Cengiz Dagci 为 Cengiz bey。现代称呼方法是 Bay Dagci（注意 Bey 和 bay 的拼写差异）。女作家 Nezihe Meric 的传统称呼方式是 Nezihe hanim，而现代称呼方式是 Bayam Meric。

肢体语言

- 坐着时最好双脚平放。鞋跟或脚跟朝向他人是对他人的侮辱。在他人面前，女性交叉双腿是失礼的表现。
- 当着他人的面，双臂交叉是一种粗鲁的行为。
- 讲话时，双手不能插兜。
- 公众场合，特别是在餐厅里，切勿擤鼻子，迫不得已时，转过身尽量小声地擤鼻子。
- 公众场合，不要与异性亲吻、拥抱或拉手。
- 土耳其人表示“是”时，与美国人一样上下点头，而表示“不”的方式迥然不同。以下是表达“不”的两种方式：

  微挑眼眉表示“不”。挑眉的同时会发出“tsk”的声音。

  运用更广泛的方式是在挑眉的同时，头部向后倾斜，眼皮下沓（宛如透过双焦透镜中较低镜片看事物一样）。
- 美国人表示“不”的动作（左右摆头）在土耳其表示“我不明白”。如果你不经意回答问题时，做出这个动作，土耳其人可能认为你不懂这种土耳其语，他们会用另一种语言重新问这个问题。
- 土耳其看不懂半空中双手分开这个动作是描述渴望的长度（渔民用来描述“逃跑的鱼”）。土耳其人估计长度时，伸出一只胳膊，把另只手的手掌放在这只胳膊上，所描述的长度是从伸展手臂到手掌的距离。
- 为了引起注意，土耳其人手掌向外上下挥手，而非左右挥手。

- 土耳其人表示“跟我来”时，整个手攥起来，向下做铲的动作，而不是把食指拳起来。用手指别人是不礼貌的行为。

礼物

- 土耳其同事在餐厅等公开场合款待你时，礼品选择很有限。如果你知道对方喝酒，上好的威士忌或利口酒是最佳选择。
- 如果应邀到土耳其人家中做客——收到社交场合认识的人发出的请柬要比商业伙伴的请柬快得多，你应该赠送对方礼品。如果你不是唯一的客人，你的女主人可能不会当着你的面拆看礼物。照顾客人是其最关注的事情。
- 同样，如果你确定主人饮酒，葡萄酒或利口酒是合适的礼品。糖果、点心、玫瑰花或康乃馨也是馈赠礼品的最佳选择。花瓶、酒杯或玻璃水瓶等玻璃制品是备受珍爱的礼品。
- 如果对方邀请你逗留较长的时间（不仅是餐宴），你还可以赠送其他物品，英文唱片或书籍是其珍爱的礼品，因为这些物品在土耳其很难买到。一定要送给孩子糖果（尤其是巧克力）或小玩具等礼物。
- 正统的穆斯林严禁饮酒和人体叙述（包括照片和素描）。馈赠这些礼品前一定要确认主人是否严守这些戒律。

服饰衣着

- 人们穿着正式职业装：男士穿着黑色西装；女士穿着套装和高跟鞋。不过，土耳其夏天炎热，盛夏里男士可不穿短外套，解下领带；女士可穿着舒适的服装，但一定要端庄大方，即使在炎炎夏日，也不能穿领口低的服装，裙子不能过短。
- 参加新年和土耳其国庆节（10 月 29 日）举行的舞会必须穿着正式服装。男士穿黑色西装或无尾半正式晚礼服；女士身穿拖地礼服。
- 休闲装也要得体大方，在海滨胜地休假才能穿短裤。男性和女性都可以穿牛仔服，但牛仔服不能磨损或撕破。

文化注释

进入清真寺时，你必须穿着得体；可穿休闲服，但必须得体大方。在门口脱鞋，因为人们不能穿鞋踩在清真寺的地毯上。要是愿意，你可花费很少的费用从服务员那儿租一双拖鞋。女士可穿短裤，不过应该遮住头部、肩膀和胳膊。如果服务员认为你的着装不当，他们会租给你一条长袍。通常，你应当向清真寺提供小额捐款。避免在祷告时间或周五（穆斯林的斋戒日）参观清真寺。

乌克兰 *Ukraine*

文化注释

“乌克兰”意为“边境上的”，曾构成几个帝国的边界区域。在乌克兰形成前，人们就使用这个词语了。讲英语的人用“乌克兰”（Ukraine）表达“布朗克斯”（the Bronx）或“荷兰”（the Netherlands）的意思。现代英语取消了这个词的用法，“乌克兰”只是一个国名。

基本资料

语言

乌克兰语是乌克兰的官方语言，它与俄语相似，但不完全相同。不同的一点是现代乌克兰语在词语上受到波兰语的影响，而俄语并没有受此影响。如今，乌克兰语和俄语的关系如同荷兰语和德语的关系。尽管属于两种语言，但两国人仍能彼此交流（不过，学俄语的外国人如果未经学习，他们通常就听不懂乌克兰语）。

宗教

多数乌克兰人是乌克兰或俄罗斯正教徒。浸信会教友和犹太教徒不足总人口的 5%，大约 10%的乌克兰人是东仪天主教会的信徒。东仪天主教会是拜占庭东正教的分支，它承认天主教皇的权威。乌克兰没有国教。

文化定位

认知形式：乌克兰人组织并传递信息的方式

从历史观点来看，乌克兰人一直享有言论自由，乐于接受外来信息。与此同时，他们坚守自己的信念，迅速做出应对。乌克兰人接受的高等教育培养他们形成抽象、理念化的思维方式，这使得他们在自然科学方面的成绩突出。然而，他们的情感把思维禁锢在联想产生的特定事物上。

谈判策略：乌克兰人接受事实的方式

事实通常依据客观实际的积累。然而，乌克兰人理性客观的分析能力有时控制了其对讨论问题的主观感受，影响他们的唯一一种思想意识可能就是国家主义。

价值体系：行为的基础

乌克兰文化是一种矛盾的价值体系——乌克兰人高度理想化，但又深受个人和主观因素的影响。以下三个部分刻画了主流文化的价值体系——他们区分正误善恶的方法。

决策的核心

在乌克兰人看来，个体是主要的决策者。他们也许过于独立以至于难以达成集体一致。乌克兰人往往批判要求高度服从的集体生活。决策并不依据客观实际，而是根据掺杂许多想象和遐想的理想现实。乌克兰人常常感情用事，一时冲动便做出决策，混淆理论和实践。

减压之道

教堂在维护国家内部体系和长治久安的过程中发挥着重要作用。乌克兰人的宗教意识很强，但并非信奉正统派基督教。他们努力理解信条的精华，而非禁锢在教义上。紧密的家庭关系有利于缓解高度不稳定感造成的心理压力。然而，由于感情战胜理智，很多时候个人会从深深的爱恋变为无限的仇恨，从狂热到绝望。因此，乌克兰人似乎很难处于一种平和的状态。

平等与不平等问题

乌克兰人具有很强的道义勇气。他们渴望和谐，常常做出让步并包容分歧。缺乏强大的中央政府，社会各层渴求支配力，从而导致宗族和阶级矛盾。天生浪漫的乌克兰人追求的爱不掺杂性爱，更多的是精神上的母爱。乌克兰人天性温柔，这一点体现在乌克兰人的温文尔雅的表现及对女性的高度尊重方面。女性被视为国家的道德领袖。

商业惯例

约会

准　时

- 准时赴约，不过如果乌克兰人不守时的话，不要感到奇怪。会面时，乌克兰人通常会迟到一两小时。
- 苏维埃政权统治时期，人们不必严守时间，因为员工不会因为办事拖沓而遭解雇。
- 即使现在，乌克兰把耐心，而非守时，看作一种美德。
- 每次约会留出大量的时间，因为会议也许不能准时召开，而且可能比原计划的时间延长两三倍。

- 切记，许多国家的日期写法都不同。在乌克兰，日期顺序为日、月、年。如 3.12.1999 指 1999 年 12 月 3 日，而不是 1999 年 3 月 12 日。
- 获得会面的机会是一件花费精力的事情。坚持不懈地耐心等待，一旦获得了见面的机会，尽一切努力勿让对方取消会面。
- 办公时间为周一至周五的 9:00—17:00。
- 大商店的营业时间为周一至周六的 9:00 或 10:00—20:00 或 21:00。规模较小的商店通常 19:00 便停止营业了。午餐时间，多数商店关门一小时。食品店周日正常营业。

谈判

- 实事求是，重视技术细节。
- 在签订合约之前，切勿过分相信眼前的交易。也不要企望以后可以重新洽谈。现有的合约是你将得到的所有利益。
- 切勿认为第一个“不”是问题的回答，“不”只是快速的自然反应。保持愉快的心情，努力建立友好的个人关系，转变提问方式。
- 初次洽谈中，“最后报价”不是最终结果，须耐心等待，最后报价将令你欣喜若狂。
- 谈判室里，在极度不快的情况下，如果你或谈判代表没有中途退场达三次以上，谈判会顺畅进行。乌克兰人与俄罗斯人一样，期望对方退场并宣告终止谈判。中途退席以表强硬的态度，乌克兰人也会这么做。
- 应对乌克兰人在谈判中的这种心理，外国人有两种方法：保持耐心，等待对方退场；向乌克兰人一样大声回复。两种方法都可行。
- 仓促鲁莽经常使你陷入不利境地。如果给对方留下不能耐心等待的印象，你必将失败。
- 如果能让乌克兰人到西方进行谈判，你就享有了优势。在西方，乌克兰人离家在外，住店就餐都得花外汇，这就给他们形成了时间压力。
- 北美人认为谈判是一种相互让步妥协的活动。然而，传统的俄罗斯人认为让步意味着软弱。谈判中，他们坚决不会退让。即使在一件无足轻重的小事上他们也不会做出任何让步。尽管如此，总体来说，乌克兰人比俄罗斯人随和，乌克兰谈判者学习过俄罗斯人的谈判技巧。
- 乌克兰谈判者往往会统一意见。外国谈判者必须内部达成一致，在乌克兰人面前，意见统一。

文化注释

乌克兰人具有一定的地位意识。在任何一次谈判中，他们都可能有几位谈判者。他们希望你方具有与其谈判队伍中职位最高的人同级的主管参加谈判。一位外国公司主管面对一屋子的乌克兰谈判者，谈判将很难进行。

- 与乌克兰人建立合资企业是当今最普遍的业务形式。实现互惠贸易（如百事可乐用苏打交换红牌伏特加）的机会越来越渺茫。乌克兰人已经意识到外资企业拥有的任何能够公开交易的产品都可自行销售。

- 签署一个条款，要求合资方如果不能达成一致，提请中立国进行仲裁。瑞典是选择最多的第三国仲裁方。
- 乌克兰法规规定了成功外企理应承担的最大责任。由于这些法规不断地变动（乌克兰随时随地进行着改革），不要奢望乌克兰合作方能完全把握所有相关法律事宜。自行聘用乌克兰法律专家，如果他们提醒你昨天做的事明天就是非法的，切勿感到奇怪。许多法律界定模糊，他们的释义也在不断变化。
- 糟糕的是，乌克兰在自由化市场改革方面落后于俄罗斯，这对该国的商业发展大大不利。
- 确保携带大量的名片。在乌克兰很难获得电话簿，业务依靠名片档案。不过，如果对方没有回送给你他的名片，切莫感到奇怪，因为乌克兰人没有名片送给他人。
- 许多乌克兰人和北美人有许多相同特征：崇尚自然和户外，热爱技术和小器械，喜欢建造"大型"产品。所有这些都是最好的话题。
- 在日本等国家，回答问题时，人们往往说"是"。乌克兰人们的反应往往相反，经理人和政府官员总是说"不"。不过，商人为与国外保持业务往来，他们现在通常对商业计划给予肯定的答复。注意，他们并不会兑现所有承诺。
- 从历史上看，乌克兰否定商业计划的做法存在着很多原因。一个原因是不提倡创意创新。人们担心如果同意实施一个项目，一旦失败了就会承担责任。另一个原因是必须应对等级制度森严的官僚机构中的办事人员。你很少能遇到一个有权不取得其他官员同意便可批准项目的官员。不过他有权否决项目。有权说"不"是许多官员拥有的唯一实权，他们经常行使这种权力，也就不足为奇了。
- 肯定答复通常要有前提条件。做出决定之前，政府官员必须知道你是谁、你想得到什么、你的项目是什么、是否已取得其他官员的同意。这些信息可通过第三方进行传达，有时也可写信交流。
- 悲观主义是俄罗斯人的心态特征（较小程度上，也是乌克兰人的心态特性）。

他们总认为事情会向错误方向发展。如果他们对你的提议反应冷淡，你也不必大惊小怪。

文化注释

尽管乌克兰人会批判乌克兰生活的种种方面，但他们认为只有他们才享有这种批评的权利。听到外国人指责时，他们会很快为之辩护。

商务款待

- 在乌克兰，业务的成功取决于能否与乌克兰合作伙伴建立友好的个人关系。友好的个人关系形成于大量的社交活动。
- 宾馆和餐厅看门人只让某些人入内，他们会要求你出示相应的证件。如果他们对你不甚友好，不要感到奇怪。
- 餐厅里，等待上菜的时间会很长。不必看菜单，因为餐厅并不能提供菜单中的每道菜。你必须询问服务生今天有哪些菜。
- 乌克兰餐厅往往设有可供多人就餐的大桌子。如果就餐的只有两三人，须与他人共用一张餐桌。
- 桌子上有两个瓶子：一瓶水，一瓶伏特加。伏特加的瓶盖不能重新盖上，一旦开盖，乌克兰人希望你能把它喝光。
- 除了伏特加，乌克兰人还喝香槟酒。
- 18:00 左右举办宴会。
- 应邀到乌克兰人家中做客是一种莫大的荣幸。
- 乌克兰人认为造访朋友前不必打电话预约。一旦你们建立了真挚的友谊，乌克兰人会随时登门造访，只要从窗外看见你的家里亮着灯，即使夜已至深，他们也会这么做。
- 乌克兰人会频频让客人吃菜、饮酒。
- 餐厅或夜总会里，乌克兰人会邀请你跳舞或召唤你到他们的餐桌上。

时差

- 乌克兰位于独联体的最靠西的时区，比格林尼治标准时间早三小时（G.M.T.+3）。

社交礼仪

问候方式

- 乌克兰国家有多个同种、同文化的民族，即乌克兰人、俄罗斯人、白俄罗斯人、摩尔达维亚人和波兰人。尽管各族人民都有各自的文化传统，但他们之间同大于异。
- 在乌克兰，男士之间见面和分手时都会互相握手。
- 女士首先伸手和你握手。
- 尽管总体来说，乌克拉人不似俄罗斯人那么内向，但两族人在公众场合都少言寡语，沉着镇定，朋友之间才会微笑致意。
- 只有问候时，乌克兰人和俄罗斯人才会在公开场合表达爱意。朋友和好友之间才会当众拥抱，彼此亲吻面颊。

称呼方式

- 乌克兰和俄罗斯的人名顺序与西方的一致，不过中名是父系的姓。因此，Fyodor Nikolaievich Medvedev 名为 Fyodor（斯拉夫语中的“西奥多”），姓为 Medvedev，中名是“Nikolai 之子”的意思。
- 按照传统，乌克兰和俄罗斯妇女在姓氏后面加上字母“a”，例如，Medvedev 的妻子就是 Medvedeva 太太。
- 俄罗斯人的姓名差异不大。乌克兰人的姓名或多或少变化较大；以“-enko”结尾的姓氏表明此人是乌克兰人。尽管如此，在乌克兰单纯凭借姓名很难辨别一个人的种族，还需要结合生日和出生地等信息来判断。
- 切勿称呼别人的名字，除非对方请求你如此称呼。称呼乌克兰人和俄罗斯人时，在其名字之前加上先生（Mr.）、小姐（Miss）、太太（Mrs.）或女士（Ms.）。如果他们有称谓，加在其名字后面。
- 称呼他人甚至长者的名和父系的姓，表现出对他人的尊重，尽管许多外国人认为这种称呼冗长而拗口。当乌克兰人问及你的父姓，并把它胡乱变为一个不认识的父姓时，切勿感到惊讶。

- 乌克兰人和俄罗斯人有种种令人不解的爱称和昵称。随着你与他们建立了友谊，他们会欢迎你称呼他们的昵称或名字。此时，你应请求他们称呼你的名字。

肢体语言

- 乌克兰人和俄罗斯人相互交谈时，相距一臂之隔。
- 与俄语一样，乌克兰语中有大量的诅咒语，而且具有相当数量的猥亵、污秽的肢体语言。美国人的“OK”手势（拇指和食指呈一个圆形）和晃拳头的动作都可能被理解为粗俗下流之意。
- 翘拇指表示赞成。
- 坐着时，双腿不要张开或交叉。
- 将拇指插入食指与中指之间的“fig”手势在乌克兰表示“没有”或“你将一无所获”的意思，而在地中海地区，这个动作表示猥亵污秽。事实上，乌克兰家长会向自己的孩子做这个手势，表明孩子不会得到某事物。
- 在乌克兰电影院找座位时，挤到就座的观众前面，背朝他们是不礼貌的行为。通常情况下，从就座观众身边过时应面对他们。

礼物

- 目前市面上少有的物品都是备受珍爱的礼品。
- 许多服饰也是合适的礼品，从漂亮的衬衣到大码童鞋的鞋带，因为在乌克兰，服装的质量和选择都很有限。
- 其他好的礼品包括打火机、文具（从荧光笔到可揭起型留言便条）、廉价手表及保温瓶型产品（因为乌克兰人旅途中通常带足所需的食物和饮料）。
- 如果应邀到乌克兰人家中做客，尽量带上鲜花、利口酒或罕见的食品。
- 在乌克兰容易买到的烈性酒就是伏特加、香槟酒、干邑白兰地酒和乌克兰产的以蜂蜜为原料的兴奋性饮料。乌克兰人会对其他类型的酒感到好奇，尽管他们分辨不出波旁酒或舌兰酒的优劣。
- 洋烟是非常珍贵的礼品，万宝路和 KENT 烟是价格最昂贵的香烟。

文化注释

尽管根据传统，乌克兰人不庆祝生日，但在乌克兰人的“命名日”（东正教教会以其名字命名的圣徒的节日），通常会举办一次特殊的宴会庆祝此日。在此庆典上，他们会高兴地收下罕见的礼品。

盛宴是宗教节日的重要部分。切记，东正教教会遵照公历，而不是西方国家采用的阳历。如今，一般来讲，公历比阳历晚 13 天。因此，东正教圣诞节比多数西方国家的圣诞节晚 13 天。

服饰衣着

- 尽管乌克兰部分地区冬天寒冷，但总体来讲，乌克兰的气候比俄罗斯的气候温暖。乌克兰的克里米亚即使在冬天也很舒适，它是苏联最重要的度假胜地。
- 如果冬天去乌克兰，要带上棉衣或一到乌克兰就购买俄罗斯式帽子和手套。除此之外，需要带上一双防滑鞋或皮靴。
- 购买乌克兰服装时，切记，看起来外国人具有很大优势，因为外国人在乌克兰几乎随处都会受到优惠待遇。
- 由于乌克兰建筑物通常取暖很好，最好穿着多件衣服，这样在进屋的时候，便可以舒适地脱下外衣。
- 职业服装很正式。乌克兰人的穿衣风格落后于西方国家。
- 女性须穿高质量的高跟鞋，因为乌克兰街道年久失修，泥泞难行。舒适的平底鞋更实用一些；要自带鞋油。

美 国 United States of America

文化注释

众所周知，美国的公司主管往往会与刚刚相识的人直呼其名。这并非套近乎的行为，而是一种文化准则。即使身居重权在握职位的人也会鼓励他人称呼自己的昵称，从而形成平易近人、接近下级的形象。例如，1992 年总统选举阶段，获得胜利的民主党曾利用一首歌敦促民众“称呼我为 Al”，其意指副总统候选人小艾伯特·戈尔（Albert Gore Jr.）。

基本资料

语言

英语是美国的官方语言，西班牙语是应用最广泛的第二语言。

文化注释

关于美国人的读书能力至今仍无定论，具有“功能性的识能”的人大约占总人口的 85%~95%。美国的多数州实行 5~16 岁的义务教育。尽管美国设有大量的私立学校，但一直到高中，政府实行的都是免费义务教育。学校除了教授学术科目，还提供其他服务，其中包括娱乐活动、团体体育项目、音乐和艺术训练及社会活动。

宗教

在美国，教会和州通常分离，不过有 3/4 以上的美国公民加入宗教组织。多数人信仰基督教。犹太教徒和穆斯林各占总人口的 2%左右。

文化定位

认知形式：美国人组织并传递信息的方式

在美国，人们具有很强的文化优越感，因此美国人不乐于接受外来信息。美国人善于分析问题，因此能在极短的时间内总结、概括概念。比起传统，美国人往往更注重创新。美国人注重普遍规律，公司政策必须无条件服从普遍规律。

谈判策略：美国人接受事实的方式

谈判中，美国人根据积累的客观实际提出观点。他们的观点有时受到民主、资本主义和拜金主义等思想意识的影响且具有偏差，不过参与者的主观情感很少影响其观点。

价值体系：行为的基础

人们通常认为犹太教与基督教所共有的价值标准是美国人的行为基础。不过，这些价值标准似乎已日渐削弱，逐渐被利己主义和民族中心主义所取代。以下三个部分刻画了主流文化的价值体系——他们区分正误善恶的方法。

决策的核心

尽管美国可能是所有文化中最崇尚自我的文化，但在公司这个庞大的机器中，每个人已成微不足道的小嵌齿。与其他文化不同，美国文化具有强调个人能动性和自我成就的高度自恋取向。美国人会毫不费力地说“不”。个体享受的生活通常是一种隐私，不能在商务谈判中公开讨论。人们的友谊观念很淡薄，而且功利性很强。

减压之道

由于外部机制和自然科学提供了所有关键问题的答案并使每个人彼此相对独

立，因此美国人的生活焦虑感很弱。焦虑由最后期限和结果产生，因为工作的认同是最大的回报。美国人具有很强的职业道德，因此每个人似乎活着就是为了工作。各个领域的方方面面都有规章制度，各个层次都需要专家的指导。

平等与不平等问题

人们发挥的作用不平等，不过法律保障了个人的平等权利。社会上对少数民族具有种族和社会偏见。竞争是生活法则，但是各项职能之间具有很强的依赖感。卓越优秀和果断坚决是最重要的个性品质。物质发展比人文进步更为重要。传统的性别歧视现象尽管有所改观，不过女性仍在为争取同酬同权而努力奋斗着。

商业惯例

约会

准　时

- 美国人具有高度的时间观念。在休斯敦、洛杉矶和纽约等城市，交通拥挤会耽搁时间，确保留出足够的行驶时间。如果你被耽搁了，一定要提前打电话通知对方。
- 如果应邀赴餐，一定要准时赴约。
- 如果应邀参加鸡尾酒会，你要晚到一会儿。即使迟到半小时，也无须提前打电话通知对方。

- 在美国，人们写日期的顺序为：月、日、年。如 1999 年 12 月 3 日的写法为 12/3/1999。这和许多欧洲人和南美人完全不同，后者把日写在前面，然后是月，最后是年（如 1999 年 12 月 3 日的写法为 3.12.1999）。
- 必须提前预约。
- 一星期的工作时间为周一至周五的 8:30 或 9:00—17:00 或 18:00。许多人会加班工作。
- 许多“便利店”（出售汽油、牛奶、小吃等人们经常购买的物品的商店）通常 24 小时营业。

谈判

- 与在许多其他国家相比，美国的业务处理速度迅速。美国的销售员和准客户第一次见面时就会带来最终合约。大公司里，中级主管在会议上通常便可批准成交额低于一万美元的合约。
- 对于销售员来讲，尽管结识适当的人、认识许多业内人士至关重要，但更为关键的是创造出最佳销售纪录。公司根据销售人员的“以往记录”而不是开发业务关系来评估销售员的业绩并据此支付报酬。
- “账本底线”、新科技和短期收益一般是谈判的焦点问题。
- 不论是在办公室还是在餐厅，即使在家里，美国公司主管简单闲聊几句之后，便会进入业务讨论。
- 不必在乎同事的性别，除非涉及个人问题。不能询问女士的婚姻状况。如果一位女士提及她已结婚，你应出于礼貌简单询问其丈夫或孩子的情况。
- 切记美国是世界上最爱打官司的国家。从公司税务律师到“救护车追逐者”（侵权律师），美国的律师精通各行各业，专攻各类社会问题。
- 美国人谈话时，第一句一般说：“What do you do?”意思是：你是做什么的？为谁工作？”这么问不会被认为很粗鲁或很无聊。
- 人们之间经常互相称赞，这通常是谈话的开头语。如果你想和某人聊天，你可以称赞他所有的物品（如服装）或其完成的工作（一项任务或体育相关领域的成就）。
- 如果你跟对方不很熟悉，切勿谈论宗教、金钱、政治或其他有争论的话题（如流产、种族和性别歧视）。
- 普通的话题有工作、旅游、食物（和节食）、锻炼、体育、音乐、电影和书籍。
- 吸烟前，询问别人是否介意，或者看看是否有人吸烟。越来越多的公共场合禁止吸烟，如机场、办公大楼、甚至体育场。大餐厅通常设有吸烟区。许多宾馆专门设有允许吸烟和禁止吸烟的房间。
- 多数商人有名片，不过除非你想继续保持联系，否则人们之间不互送名片。
- 美国人不会拒绝收你的名片，但是他们也许不会给你他们的名片。对此不要感到不高兴。

- 美国人会把你的名片放入钱包，然后装进裤子后面的口袋里。这并没有不敬之意。

商务款待

- 业务会面通常安排在午餐期间。一般是 12:00 开始，14:00 结束。由于餐后要马上工作，午餐一般较清淡，人们会点一瓶酒（通常是葡萄酒或啤酒）。
- 晚餐是正餐；如果餐后没有鸡尾酒会，晚餐开始时间为 17:30—20:00。
- 商业早餐很常见，7:00 就开始了。
- 许多人大约在周末的 11:00—14:00 吃“早午餐”，即将早、中餐合而为一。商务会面可以安排在早午餐期间。
- 出去吃饭时，朋友间实行“AA 制”。
- 如果应邀出去吃饭洽谈业务，东家一般支付餐费。
- 如果出于社交关系，应邀出去吃饭，而东家没有买单，你应准备支付自己的那一份餐费。
- 如果你为了加强社交关系，邀请美国同事出去就餐，你必须弄清楚他是否希望你支付餐费。
- 拜访朋友家之前，必须事先打电话。
- 除非主人告诉你这是个正式聚会，否则多数聚会都是非正式的。
- 如果主人给你夹菜或让你喝酒水，你并非必须接受。同样，主人可能不会力劝你进食，因此想吃时，你可自便。
- 美国同事或朋友可能喜欢学习你们国家的敬酒方式。
- 右手持叉，用叉子切割食物。刀子只用来切割或分发某些食物。使用刀子时，左手持叉，或放下叉子。继续进餐时，仍旧右手持叉。
- 许多食物要用手来吃。模仿他人手食的方法，如果觉得不舒服，你可随意。
- 美国人并不认为边说边吃是一种粗鲁的行为，许多人在汽车里（甚至开车时）吃东西。美国有许多快餐店和免下车餐馆。
- 在快餐店，就餐后应清理自己的餐桌。

时差

- 美国的 48 个州位于 4 个时区。纽约当地时间比格林尼治标准时间晚五小时（G.M.T.–5）；夏威夷州的时间比格林尼治标准时间晚十小时；阿拉斯加大部分地区的时间比格林尼治标准时间晚九小时。多数州从春天中期到中秋采用夏令时。

社交礼仪

问候方式

- 标准的问候方式是微笑，经常在微笑的同时点头，挥手或口头问候。
- 洽谈业务时，双方会紧紧握手表示问候。因为轻轻地握手被认为是软弱的表现。男士通常等待女士伸出手后再与其握手。
- 好朋友和家庭成员见面时通常相互拥抱，拍打对方后背一两下，然后松开。
- 在休闲场合，微笑和口头问候便可。
- 如果看见熟人在远处，挥挥手便可以了。
- “How are you”（你好吗）并非询问你的健康情况。最好的回答是“Fine, thanks”（很好，谢谢）等简短回答。

称呼方式

- 多数姓名的顺序是名、中名、姓氏。
- 为了表示对对方的尊敬，在姓氏前加上博士（Dr.）、女士（Ms.）、小姐（Miss）、太太（Mrs.）或先生（Mr.）等称谓。如果你不能确定一位女性的婚姻状况，称呼其女士（Ms.）便可以了。
- 与某人初次见面时，称呼其称谓加上姓氏，直到对方不让你这么称呼他（往往见面后他们会马上要求你这么做）。有时，对方没有告诉你他的姓氏，这种情况下直呼其名和昵称。昵称也许是正式姓名的缩写形式（如 Alex 是 Alexandra 的昵称，Nica 是 Monica 的昵称）。
- 确保对方知道他该如何称呼你。

- "Jr."指代"Junior"（小），有时跟在男士姓氏或名字的后面，如 Jeff Morrison Jr.（小杰夫·莫里索）或 Jeff Jr.。两种情况都表示他是以其父亲的名字命名的。
- 罗马数字 III，或 IV 表明是同名先人的第三代或第四代子孙，如 Patrick Evans III（帕特里克·埃文斯三世）。

肢体语言

- 你和谈话方的标准距离应为两英尺左右。如果近于这个距离，多数美国公司主管会感到不自在。
- 一般来讲，同性朋友不会拉手。如果男性朋友手拉手，会被认为有同性恋倾向。
- 你可用食指指人，尽管这么做是不礼貌的。
- 召唤某人时，五指张开挥手或手掌向上，食指做向下铲的动作。
- 通常有两种姿势表示同意。一个是拇指和食指构成圆形表示"OK"的手势；另一个是攥紧拳头，拇指向上的翘拇指动作。
- 手掌向外或向内，食指和中指分开向上竖起，做出"V"状，表示成功"Victory"的意思。
- 拍打后背以示友好。
- 挥手再见时，手掌朝外挥动。
- 一只手的中指和食指交叉有两个含义：带来好运或暗示此人所讲内容与事实相反。较之成年人，孩子们通常做此手势。
- 召唤服务生的方法很多：目光交流，挑眉毛；挥挥手吸引其注意力、口述你所需的服务，如"水""咖啡"等。召唤服务员买单时，可做出写字的动作或说道"结账"。
- 看着对方的眼睛流露出你的诚恳，不过不能死死地盯着对方。有些少数民族把脸转过去以示尊重。
- 坐着时，美国人通常看上去很放松。他们会把一条腿搭在另一条腿上，或者把脚搁在椅子或桌子上。
- 洽谈业务时，保持良好的姿势，尽量不做随意的姿态。

- 递给某人物品时，你可把东西扔过去或用一只手递送给对方。

礼物

- 法律不提倡馈赠商务礼品，法律只允许对礼物减收 25 美元的税额。
- 到美国人家中造访时，不一定非得携带礼品；不过，你若赠送礼品，美国人会不胜感激。你可以赠送鲜花、草本植物或葡萄酒。
- 你若打算赠送鲜花，应提前把花送到，这样在你达到时，女主人就无须费心照料鲜花。
- 如果在美国人家中居住数日，你应赠送主人礼物，还可写一封致谢信。

文化注释

在美国人家中居住时，你应帮忙做些家务，如整理自己的床，饭后洗涮餐具等。

- 在圣诞节，人们会互赠礼物。对于商场伙伴，你可赠送适合办公室的礼物，或者利口酒或葡萄酒。圣诞节期间，多数商店出售用美丽的纸张包装的礼品。
- 到达或离开时是赠送礼物的最佳时机，最好赠送你的国家生产的礼物。
- 不宜馈赠给女士香水或服装等个性礼品。
- 送给孩子礼物是很棒的主意，不过要考虑到其家长的人生信仰和价值观。反战主义者（如多数教友派信徒）可能反对你送给其子女玩具枪。由于美国公民方向感很弱，你可赠送给其描绘本国地理位置的礼物，这些是最佳的选择：彩色地图、廉价的地球仪或一个印有地图的气球等。
- 业务结束后，赠送商业礼品。除非馈赠者明确规定了礼品的打开时间（如圣诞节时人们会规定拆看礼品的时间），人们往往马上打开礼品，展示给在场各位。
- 对方不会马上回赠你一份礼品，美国人会过一段时间回赠礼物。
- 请人吃饭或邀请其参加其他娱乐活动是常见的致谢方式。

文化注释

观看美国电影或电视节目的人认为美国商人不包装礼物——他们把礼物放入色彩缤纷且容易打开的盒子里，但这是影片虚构的。美国人跟其他国家的人一样，会包装礼品。

服饰衣着

- 在城市里，最好穿着正式的职业服装。
- 在乡村和小城镇，着装就不必那么正式、时尚。
- 非办公时间，人们穿着休闲服饰。你会看见人们穿着破旧的服装或短裤和无袖衬衣。
- 你可毫无顾虑地穿着本国的传统服饰。

乌 拉 圭 *Uruguay*

基本资料

语言

西班牙语是乌拉圭的官方语言。

宗教

乌拉圭是拉丁美洲世俗化程度最高的国家之一。教会和国家严格分离，全国总人口中，只有 70%的人归属于一个教派。其中罗马天主教徒占多数，新教徒和犹太教徒各占 2%。

文化定位

认知形式：乌拉圭并传递信息的方式

乌拉圭文化崇尚节制、让步，以及宽容对待其他民族和其他社会团体。多数情况下，乌拉圭人乐于接受外来信息。乌拉圭人接受的教育使他们形成了通过联想做出主观判断的思维方式。他们的教育体系不鼓励抽象的思维模式。较之遵守规则或规律，他们会坚守个人观点。

谈判策略：乌拉圭人接受事实的方式

乌拉圭人通过对某问题的形成的即时性主观感受，做出事实判断，有时会受到人性论思想意识的影响而产生偏见。乌拉圭人很少依赖客观实际论证问题。

价值体系：行为的基础

乌拉圭人颂扬人道的、非物质的和美学的价值体系，但具有注重实效、功利和物质的生活态度。以下三个部分刻画了主流文化的价值体系——他们区分正误善恶的方法。

决策的核心

个体是决策制定者且是决策所关注的对象。乌拉圭人注重个人主义，看重家庭，往往持有听天由命的态度。个体的认同取决于其在社会体系和大家庭的发展历史中所起的作用。由于专业技能不如个人与集体的融合力重要，亲情和友情在业务交往中起着主要作用。

减压之道

尽管与其他拉美国家相比，乌拉圭的核心家庭规模较小、亲属关系较弱，但是家庭构成了个体在社会中的地位。许多乌拉圭人鄙弃体力劳动者，时间不能主宰他们的生命。由于朋友网络对安全、工作和社交影响重大，乌拉圭人渴望构建人际关系。

平等与不平等问题

每个人都是独一无二的，因此人人平等。人们对人类具有与生俱来的信任感，坚信社会公正性。人数不多的上层社会，大多内部通婚，他们控制着多数商业贸易，拥有巨额财富。然而，人数众多的中产阶级颇具影响力。男人在社会中占据统治地位，但是女人通常会参与国家生活。在多数方面，男女平等。女人自立、不受约束，享有充分的自由。

商业惯例

约会

准　时

- 在乌拉圭，准时是头等大事。

➢ 商务会面很少能准时开始，因此迟到几分钟不会给你带来不利。同时，切勿奢望乌拉圭商人能准时赴约。

- 切记，许多欧洲国家和南美洲国家先写日，后写月，最后写年（如 1999 年 12 月 3 日写为 3.12.1999）。乌拉圭也遵从这种日期书写顺序。
- 办公时间为周一至周五的 8:30—12:00 和 14:30—18:30。
- 政府机关夏季和冬季的办公时间不同：3 月中旬到 11 月中旬，周一至周五的 12:00—18:30；11 月中旬至来年 3 月中旬，周一至周五的 8:00—13:30。
- 一般来讲，商店的营业时间为周一至周五的 9:00—12:00 和 14:30—19:00。
- 在乌拉圭，一年当中的最佳经商时间为 5—11 月。圣诞节和复活节及狂欢节前后两周可以处理少量业务。在乌拉圭，1—4 月正值夏季，决策制定者往往会在此期间外出休假。

谈判

- 乌拉圭的业务处理速度比美国的要缓慢得多。不过，多数公司主管已习惯于美国公司的办公方式。与美国公司主管打交道时，许多乌拉圭人将采取更快、更直接的谈判方式。
- 多数乌拉圭公司主管经验丰富、阅历资深，他们可能拥有国外教育背景。
- 尽管乌拉圭人并不严格守时，但多数成功的乌拉圭公司主管每天的办公时间很长。
- 乌拉圭是一个移民国家。你遇见的许多公司主管可能具有西班牙血统，其他人也许是德国人、意大利人或犹太人。
- 尽管许多公司主管讲英语，但你须事先核实是否需要翻译。
- 分发的名片和说明书等所有打印资料必须译成西班牙语。
- 乌拉圭人是超级体育迷。谈论体育通常是展开对话的最好方法。足球是最受欢迎的体育项目。乌拉圭是南美著名的旅游胜地，因此可以讨论观光游览。

商务款待

- 乌拉圭人习惯在吃午饭的时候洽谈业务。不过，晚宴是一种社交场合，如果对方不提，切勿在晚宴席间提及业务。
- 在乌拉圭的时候，对方可能邀请你共享午餐或晚餐。
- 如果你想回请对方，最好选择去迎合高层次消费群体的法国餐厅、中餐厅或乌拉圭餐厅。
- 商业宴会的最佳场所应选在国际宾馆的餐厅。
- 乌拉圭是畜牧业大国，餐厅里提供世界上最好的牛肉。
- 如果晚餐后，乌拉圭人邀请你去家里喝咖啡，若第二天是工作日，不要逗留过长时间。注意主人感到劳累希望休息的暗示。
- 乌拉圭人建有大量的乡间别墅，乌拉圭商人也许会邀请你前去参观。

时差

- 乌拉圭当地时间比格林尼治标准时间晚三小时（G.M.T.–3）。

社交礼仪

问候方式

- 除了密友之间，紧紧握手是传统的问候方式。
- 亲密的男性朋友见面时会握手，但是男士会亲吻亲密的女性朋友。亲密的女性朋友见面时，通常会彼此亲吻对方。

称呼方式

- 一般称呼他人的称谓和姓氏，只有孩子、家庭成员和密友之间才彼此称呼名字。
- 称呼没有职称的人时，称呼其“先生”（Mr.）、“太太”（Mrs.）或“小姐”（Miss）加上其姓氏。在西班牙，Mr.=Señor（先生，绅士）；Mrs.=Señora

（夫人，太太）；Miss=Señorita（小姐，女士）。

- 多数乌拉圭籍西班牙人有两个姓氏：一个是父姓，列在首位；另一个是母姓，跟在父姓之后。一般只称呼其父姓，例如，称呼 Juan Antonio Martínez García 为 Martínez 先生；Ana María Gutiérrez Herrera 为 Gutiérrez 小姐。女人婚后，通常会在姓氏后加上其夫姓。以上述两人为例，如果二人成婚，应称呼 Ana María Gutiérrez Herrera 为 Ana María Gutiérrez Herrera de Martínez。人人习惯称呼她为 de Martínez 太太，Martínez 太太是较不正式的称呼方式。
- 如果一个人具有职称，称呼他时，必须在其姓氏前加上职称。从大学毕业的人，不论其学历如何，都称为“博士”（Doctor）。老师喜欢被称为“教授”（Professor），技师喜欢被称为“工程师”（Ingeniero）。

肢体语言

- 尽管多数拉美人谈话时双方离得要比美国人近，乌拉圭人往往认为距离过近会使人精神紧张。因此，乌拉圭商人会给美国人更大的“喘息空间”。
- 在乌拉圭，美国人“翘拇指”的手势表示“OK”的意思。
- 右手的手指弯曲直至碰到拇指，表示质疑。
- 只能坐在椅子上，不能坐在壁架、箱子或桌子上。
- 不要把脚搭在脚凳以外的其他地方。把脚搭在桌子上是一种不礼貌的行为。
- 公共场合尽量不要打哈欠，张嘴打哈欠表明到休会的时间了。

礼物

- 馈赠礼品不是处理业务的主要方面。
- 当你提前收到去乌拉圭人家中做客的邀请时，送给女主人鲜花或巧克力，这些礼物通常应提前送到。玫瑰花是备受喜爱的花卉。
- 如果突然接到邀请，也不必焦虑。在乌拉圭，商务晚餐后往往会到某人家里喝咖啡。如果第二天是工作日，客人不应停留过长时间。

服饰衣着

- 在乌拉圭，人们穿着正式职业服装：男士身穿黑色西装，打黑色领带；女士穿着白色宽松上衣和黑色套装或裙子。在夏日，女士有时不穿尼龙长袜。男士应当效仿乌拉圭同事，夏日里要打领带，可以脱掉外套。
- 乌拉圭人不喜欢穿其他拉美国家流行的浅色服装，而喜欢穿着颜色端庄的服装。
- 出席正式场合（如剧院、正式宴会等），男士穿着一身黑色西装，而女士应该穿着晚礼服。
- 非正式场合下，男士和女士可穿短裤。如果与商业伙伴会面，你应避免穿着牛仔服、夹克或颜色鲜明的运动上衣，女士不应穿着短裤。

文化注释

旅游业是乌拉圭的重要产业，游客可穿着自己喜爱的服装。乌拉圭商业伙伴不在场的情况下，你可按照自己的喜好穿衣打扮。

- 狂欢节期间，外出不要穿着不能沾水的服装，因为把路人弄成落汤鸡是乌拉圭年轻人狂欢节时最喜欢搞的恶作剧。
- 夏季温暖潮湿，冬季寒冷多雨。带好应季的服装，切记南美的时令与北美的时令恰恰相反。

委内瑞拉 Venezuela

文化注释

委内瑞拉把西蒙·博利瓦（Simón Bolívar）视为国家珍宝级人物，因为他不仅领导委内瑞拉推翻了西班牙的殖民统治并获得独立，而且解放了众多南美洲国家。委内瑞拉的多数城市的市中心都建有博利瓦广场。在广场上，人们的言谈举止必须毕恭毕敬。委内瑞拉将其货币命名为博利瓦（委内瑞拉的银币及其货币单位）。

基本资料

语言

西班牙语是委内瑞拉的官方语言，该国人还会讲英语和多种美国印第安人方言。

宗教

委内瑞拉没有法定宗教，但是多数人（约占人口总数的96%）信仰罗马天主教。

文化定位

认知形式：委内瑞拉人组织并传递信息的方式

在委内瑞拉，为了便于讨论，在多数情况下，人们乐于接受外来信息。然而，委内瑞拉人不会轻易改变自己的态度。他们的教育体系使他们形成了通过联想做出主观判断的思维方式。个人参与解决问题要比运用解决问题的规律和规则更为重要。

谈判策略：委内瑞拉人接受事实的方式

委内瑞拉人依据参与者的即时性主观感受，做出事实判断，这不免会受到人性论思想意识的影响，而客观事实的积累对事实判断的影响不大。

价值体系：行为的基础

当石油市场陷入低迷，政府不得不提高税收以维持财政时，委内瑞拉丧失了某些人文主义价值观。以下三个部分刻画了主流文化的价值体系——他们区分正误善恶的方法。

决策的核心

个体对自己做出的决策及其对家庭或团队产生的影响负责。对委内瑞拉人来讲，家庭、数代同堂的家庭和朋友至关重要。一个人不能做出令家庭和朋友蒙羞的事情。由于专业技能不如个人与集体的融合力重要，进行重大谈判前，个体通常会与谈判方建立友谊。上层阶级决定着商业和贸易的经济体制，但是中产阶级执掌政权。

减压之道

宗教在委内瑞拉人生活中并不是一股强大的力量，但委内瑞拉人情感上皈依教会，这使他们具有一种稳定感。数代同堂的家庭让个体具有安全感。此外，委内瑞拉人似乎通过追随具有神授超凡能力的领导者获得安全感。尽管他们通常从事一个或更多项任务，完成项目似乎并不是目的。时间不会使他们感到焦虑。

平等与不平等问题

贫富差距现象相当明显，委内瑞拉人认为掌权者具有执掌政权的特权。在委内瑞拉，白人精英和黑人人数不多，混血儿人数众多。社会上存在着严重的阶级和种族偏见。男性男子汉气概颇强，女性在社交和工作行为方面有所限制。

商业惯例

约会

准　　时

➢ 在委内瑞拉，赴约时提前几分钟比迟到几分钟要好。由于加拉加斯的交通问题相当严重，必须留出充裕的交通时间。

- 切记，许多欧洲国家和南美洲国家先写日，后写月，最后写年（如 1999 年 12 月 3 日写为 3.12.1999）。委内瑞拉也遵从这种日期书写顺序。
- 办公时间为周一至周五的 8：00—17：00，中午至少一小时的午餐时间（许多主管吃午饭要花费两小时）。
- 商店的营业时间为 9：00—12：00 及 14：00 或 15：00—18：00 或更晚。商业街的营业时间会更长。
- 避免节日前两三天安排约会。

谈判

- 通过当地中介安排第一次业务洽谈，他们会适度地向你介绍合适的社交圈子。驻加拉加斯的美国大使馆会帮你联系委内瑞拉代表（西班牙语中称为 enchufados）。
- 信函、小册子和其他文件应翻译成西班牙语。
- 在委内瑞拉，邮递信函后应在早晨办公时间给对方打个电话。
- 如果接到委内瑞拉人的英文回复，你可以用英文通信。
- 商务会议上，首先进行自我介绍。切勿急于讨论业务。与此同时，不要试图与潜在客户建立即刻的友谊。

文化注释

在委内瑞拉通常有两类商人，在办事风格上迥然不同。年长的一代人希望了解你本人，回答问题时把你当作个体，而不代表你的公司和你的提议。而你接触的年青一代可能在美国受过教育，可能更多地考虑到你所代表的公司和提议，而非你本人。

- 首次与潜在的委内瑞拉业务伙伴接洽时，最好派一人前往，而非一支团队。稍后，你可委派团队中的其他成员前去洽谈。
- 与在美国相比，在委内瑞拉谈判进展得很慢。
- 避免控制谈话或给委内瑞拉谈判方造成压力，委内瑞拉人喜欢控制一切。
- 谈判结束时方能提及聘请律师等事宜。
- 在委内瑞拉，首次业务洽谈后，美国公司的高级主管最好致函委内瑞拉公司主管表达谢意。
- 业务谈判应注重长期利润而非短期效益。
- 避免谈论政府、人际关系和美国对南美洲的影响等话题。
- 直接询问别人的家庭是不礼貌的行为。
- 如果你了解委内瑞拉政治和文化历史，他们会很高兴。
- 介绍之后，马上递送你的名片。保管好他人的名片。
- 名片一面用西班牙文，另一面用英文。确保名片指明了你的职位。

商务款待

- 最好在早晨商务会面后邀请对方共进午餐，这样便能继续洽谈业务。
- 如果你邀请对方，须要求服务员把所有餐饮费的账单递交给你，女性尤为如此，因为委内瑞拉男同事会争着支付账单。
- 与午餐不同，晚餐是社交场合，不宜洽谈业务。
- 晚餐从 20:30 以后进行，一直持续到午夜。
- 通常邀请夫妻二人共同出席晚宴。
- 职业女性应当注意，单独与委内瑞拉商人外出会遭人误解。
- 两位高级主管应面对面坐着。
- 高级来访商人可以向谈判方敬酒，表达美好祝愿，同时背诵出表达愿意与委内瑞拉人共处的西班牙语句。
- 如果委内瑞拉人发出到其家中赴宴的邀请，你必须认识到这是关系密切的表现，不能草率处之。

时差

- 委内瑞拉当地时间比格林尼治标准时间晚四小时（G.M.T.–4）。

社交礼仪

问候方式

- 紧紧握手是传统的问候方式。
- 握手的同时，说出你的全名；委内瑞拉人也会这么做。

称呼方式

- 称呼没有称谓的人时，称呼其“先生”（Mr.）、“太太”（Mrs.）或“小姐”（Miss）再加上其姓氏。在西班牙，Mr.=Señor（先生，绅士）；Mrs.=Señora（夫人，太太）；Miss=Señorita（小姐，女士）。
- 多数西班牙人有两个姓氏：一个是父姓，列在首位；另一个是母姓，跟在父姓之后。一般只称呼一个人的父姓，例如，称呼 Juan Antonio Martínez García 为 Martínez 先生；Ana María Gutiérrez Herrera 为 Gutiérrez 小姐。女人婚后，通常会在姓氏后加上其夫姓。以上述两人为例，如果二人成婚，应称呼 Ana María Gutiérrez Herrera 为 Ana María Gutiérrez Herrera de Martínez。人们习惯称呼她为 de Martínez 太太，Martínez 太太是较不正式的称呼方式。

肢体语言

- 委内瑞拉人问候朋友时会轻轻拥抱，有时还会亲吻面颊。
- 委内瑞拉人谈话时双方离得很近，不要试图退缩或躲开，因为这会被理解为拒绝的表现。
- 谈话期间，委内瑞拉人通常会互相触摸手臂或外衣。

礼物

- 最好在建立友好关系之后，馈赠商业礼物。
- 赠送礼物的最佳时间是午餐时间，不要在办公时间赠送礼品。
- 对于业务而言，赠送高质量的礼物作用很大。例如，印有本公司名称的打火机、微型电器、精心挑选的书籍或 12 年陈酿的苏格兰威士忌等洋酒。
- 香水和鲜花（特别是国花兰花）是赠送给女士的最佳礼物，而且这些礼物不会被认为带有过多的私人情感。
- 你可以赠送给同事的孩子礼物，他们会很高兴。
- 在安排随后的商务旅行时，询问委内瑞拉同事他们是否希望你从美国带来一些物品。
- 商界里，女士不应赠送给男士礼物。
- 切勿两手空空地到委内瑞拉人家中做客。

服饰衣着

- 委内瑞拉女性穿着时尚，她们会穿上最漂亮的职业服装和短裙。
- 高档手表或珠宝饰物等细节会给委内瑞拉人留下深刻影响。
- 男士应穿着黑色毛料职业套装等正式服装。

反侵权盗版声明

举报电话：（010）88254396；（010）88258888
传　　真：（010）88254397
E-mail：　　dbqq@phei.com.cn
通信地址：北京市万寿路 173 信箱
　　　　　电子工业出版社总编办公室
邮　　编：100036